JAMES MARTIN HARVEY

NATIVITAS

ASTROLOGICAL STUDIES

VOLUME II

JAMES MARTIN HARVEY

NATIVITAS

ASTROLOGICAL STUDIES

VOLUME II

TRIOM

Centro de Estudos Marina e Martin Harvey
Editorial e Comercial Ltda.

1ª Edição

São Paulo
1993

* Revisão e Artefinal: TRIOM - Centro de Estudos Marina e Martin Harvey Editorial e Comercial Ltda.

* Composição e Fotolitos: Serifa Lines Fotocomposição S/C Ltda.

* Impressão: Eskenazi & Cia. Ltda. - Fotolito, Gráfica e Editora

* Ornatos com signos do Zodíaco utilizados na capa e nas ilustrações internas: Levy Pinotti e Marco Rossi

Dados Internacionais de Catalogação na Publicação (CIP)
(Câmara Brasileira do Livro, SP, Brasil)

Harvey, James Martin, 1904 -
Nativitas : astrological studies, v. 2 / James Martin Harvey.
São Paulo : TRIOM, 1993.

"Reprodução em fac-símile de mapas natais levantados pelo autor, organizada por Renata Carvalho Lima Ramos e Ruth C.L. da Cunha Cintra."
ISBN 85-85464-02-X
1. Astrologia 2. Horóscopos I. Título. II. Título : Astrological studies.

93-1/87 CDD-133.54

Índices para catálogo sistemático:
1. Horóscopos : Astrologia 133.54
2. Mapas natais : Astrologia 133.54

Reservada e exclusiva a titularidade e propriedade desta edição para
TRIOM - Centro de Estudos Marina e Martin Harvey
Editorial e Comercial Ltda.
Rua Araçari, 208 - CEP 01453-020 / São Paulo - SP
Tel.: 0055 11 820-8380

Pedidos pelo Reembolso Postal

Impresso no Brasil
Printed in Brazil

JAMES MARTIN HARVEY

NATIVITAS

ASTROLOGICAL STUDIES

VOLUME II

A fac-simile reproduction of natal charts researched
by the author, compiled by Renata Carvalho Lima Ramos
and Ruth C. L. da Cunha Cintra

*Reprodução em fac-simile de mapas natais levantados
pelo autor, organizada por Renata Carvalho Lima Ramos
e Ruth C. L. da Cunha Cintra*

TRIOM
Centro de Estudos Marina e Martin Harvey
Editorial e Comercial Ltda.

Mr. James Martin Harvey in his twenties

Mr. James Martin Harvey com vinte e poucos anos

We dedicate this work to our father Lucio Penna de Carvalho Lima, who, though not here any longer, still remains in our hearts.

Ruth and Renata

Dedicamos este trabalho a nosso pai Lucio Penna de Carvalho Lima, que, mesmo ausente, continua presente em nossos corações.

Ruth e Renata

In this 2nd. volume of Nativitas, Astrological Studies, the same fac simile system has been kept in order to pass on to the reader and researcher the vigour of Mr. Martin's original documents.

The engravings of the astrologer William Lilly (1602-1681), refered to at pages 39 and 40 and depicted on pages *276, 277* and *278*, have been taken out from Lilly's own book *Monarchy or no Monarchy in England*, printed in 1651; Lilly's portrait depicted on page 14 has been taken out from his book Christian Astrology, printed in 1647. Those two very rare books belong to the Martin Harvey's private library.

Ruth and Renata

Neste 2º volume de Nativitas, Astrological Studies, optamos por manter o mesmo sistema de fac simile a fim de transmitir ao leitor e pesquisador o vigor dos documentos originais de Mr. Martin.

As gravuras do astrólogo William Lilly (1602-1681) citadas nas páginas 39 e 40 e reproduzidas nas páginas 276, 277 *e* 278, *foram tiradas do livro* Monarchy or no Monarchy in England *do próprio Lilly, impresso em 1651. O retrato de Lilly reproduzido na página 14 deste volume, foi tirado de seu livro Christian Astrology impresso em 1647. Estes dois raríssimos exemplares fazem parte da biblioteca do casal Martin Harvey.*

Ruth e Renata

INDEX

ÍNDICE

Portrait of the astrologer William Lilly, from his book *Christian Astrology*, printed in 1647.

Retrato do astrólogo William Lilly, tirado de seu livro Christian Astrology, *impresso em 1647.*

ASTROLOGY PRO & CON

Lecture presented at the Sociedade Brasileira de Cultura Inglesa, São Paulo, Brazil, in the late sixties

Theory

Perhaps I should begin by saying what I think astrology is. Well, at least in its western form, this ancient art stems from the idea of a single principle permeating all creation. Five centuries before Christ the Greek physician Hippocrates explained this principle as "one common flow, one common breathing, all things are in sympathy." And another philosopher, Philo, wrote with equal charm at the beginning of our era: "God, being minded to unite in intimate and loving fellowship the beginning and end of created things, made heaven the beginning and men the end... (and) man bears about within himself, like holy images, endowments of nature that correspond to the constellations..." One might quote many others, but they all fit the old tag "as above, so below", and that is easier to remember.

Given this tremendous assumption, and a belief that every minute has its peculiar

ASTROLOGIA PRÓ E CONTRA

Palestra proferida na Sociedade Brasileira de Cultura Inglesa de São Paulo, Brasil, nos fins da década de 60

Teoria

Talvez eu devesse começar dizendo o que penso que é a astrologia. Bem, pelo menos em sua forma ocidental, esta antiga arte se origina da idéia de um princípio único que permeia toda a criação. Cinco séculos antes de Cristo, o médico grego Hipócrates explicava este princípio como "um fluir comum, um sopro comum, todas as coisas estão em simpatia." E outro filósofo, Philo, escreveu com igual encanto no princípio de nossa era: "Deus, tendo em mente unir em íntimo e amoroso companheirismo o princípio e o fim das coisas criadas, fez do céu o começo e do homem o fim... (e) o homem apresenta em volta e dentro de si mesmo, semelhante a imagens sagradas, dotes da natureza que correspondem às constelações..." Poder-se-ia citar muitos outros, e todos se ajustam à velha etiqueta "como acima, assim em baixo".

Dada essa tremenda suposição, e uma convicção de que cada minuto tem suas carac-

characteristics, the Little World of Man holds no problem (past, present or to come) which cannot be solved by the corresponding heavenly pattern. All one needs is a map of the sky for that moment — and ability to read it. But as Claudius Ptolemy wrote long ago: "even though a man approaches astrology in the most enquiring and legitimate spirit possible, he may frequently err... because of the very nature of the thing and his own weakness in comparison with the magnitude of his profession."

So vast a subject naturally divides into branches. First we have *Nativities*, figures for the birth of a person or thing from which to delineate character and destiny. *Horary* astrology, used to find an answer to any question by means of a figure for the moment when the question was put or the doubt occurred. In principle this is something like the ancient Chinese *Book of Changes* (I Ching) which grasps the total situation of any problem at any given moment. Horary astrology also includes *Elections*, or figures cast to elect the best moment for starting some new enterprise, or for setting out on a journey. Another specialized branch is *Mundane* astrology, which deals with countries and cities and peoples, and offers information concerning politics and wars. Further applications are in medicine, weather forecasting and agriculture.

terísticas próprias, o Pequeno Mundo do Homem não mantém nenhum problema, passado, presente ou futuro, que não possa ser resolvido pelo padrão celeste correspondente. Tudo o que se necessita é um mapa do céu para esse momento — e a habilidade para lê-lo. Porém, como Ptolomeu escreveu há muito tempo atrás: "muito embora um homem aborde a astrologia com o espírito mais indagador e legítimo possível, ele pode errar com freqüência... por causa da própria natureza do assunto e da sua própria fraqueza em comparação com a magnitude da sua profissão."

Um tema tão vasto naturalmente se divide em ramificações. Primeiro temos as Natividades, *figuras para o nascimento de uma pessoa ou coisa, da qual se delineia o caráter ou destino. Astrologia* Horária, *usada para se achar uma resposta para qualquer pergunta por meio de uma figura para o momento quando foi feita a indagação ou ocorreu a dúvida. Em princípio isto é algo como o antigo* Livro Chinês das Mutações, *o I Ching, que apanha o sentido da situação total de qualquer problema em qualquer momento dado. A astrologia horária também inclui* Eleições *(escolha), ou figuras calculadas para escolher o melhor momento para se iniciar alguma nova empresa, ou para começar uma viagem. Outro ramo especializado é a astrologia* Mundana, *que trata de países, cidades e povos, oferecendo informação relativa a políticas e guerras. Aplicações adicionais estão na medicina, previsão do tempo e agricultura.*

My own investigations were in historical nativities, in an attempt to find objective astrological evidence of heredity in 25 generations of the royal house of England. Johannes Kepler, the great astronomer who was born in 1571, made various references to this possibility. Here is an example: "When a mother is great with child and the natural time of delivery is near, nature selects for the birth a day and hour which correspond (in the heavens) with the nativity of the mother's brother or father." I thought that I found a positive answer, and at the invitation of French friends I actually presented my thesis to the VI International Congress on Astrology, held in Paris in 1953. But at the last minute a doubt crept in and the MS. travelled with a disappointing footnote (Nativitas, volume I).

I first encountered astrology in 1930, after meeting a man who became a lifelong friend. He drew my nativity and his reading of it surprised me. Incidentally, he knew his own perhaps too well, because he actually foresaw, all those years ago, that he would die last year. But my active interest was not awakened until much later, when an obtuse remark on the BBC encouraged me to make the heredity experiment just mentioned. However, that effort was not wasted. It led me into fascinating by-ways of history; my collection of historical nativities overflowed far and wide beyond the royal house of England; and I met many interesting and cultured persons.

Minhas próprias investigações foram em natividades históricas, numa tentativa de encontrar evidência astrológica objetiva de hereditariedade em 25 gerações da casa real da Inglaterra. Johannes Kepler, o grande astrônomo que nasceu em 1571, fez várias referências a esta possibilidade. Aqui está um exemplo: "Quando uma mãe está grávida e a hora natural do parto está próxima, a natureza seleciona para o nascimento um dia e hora que correspondem (nos céus) com a natividade do irmão ou pai da mãe." Eu julguei que tinha encontrado uma resposta positiva, e, a convite de amigos franceses, realmente apresentei minha tese ao VII Congresso Internacional de Astrologia, *que teve lugar em Paris em 1953. Porém, no último minuto, uma dúvida se introduziu e o manuscrito viajou com uma decepcionante nota ao pé da página (Nativitas, volume I).*

Meu primeiro contato com a astrologia foi em 1930, depois de conhecer um homem que se tornou um amigo de toda a vida. Ele traçou minha natividade e sua leitura dela me surpreendeu. A propósito, ele conhecia a sua própria talvez bem demais, porque realmente previu, há todos aqueles anos atrás, que morreria o ano passado. Porém o meu interesse ativo não foi despertado senão muito mais tarde, quando uma observação obtusa na BBC me encorajou a fazer a experiência da hereditariedade antes mencionada. Entretanto, aquele esforço não foi perdido. Ele me conduziu para o interior dos fascinantes atalhos da história;

My impression was this: although much in astrological methodology is unsound, and our understanding of this almost incomprehensible thing is elementary, there are nevertheless indications of a relationship between earthly phenomena and the solar system. In the second part of this talk I will give you my reasons for saying so, but before coming to those concrete and more interesting things, I should like to outline the theoretical bases as they appear to me.

Sir James Jeans

In recent years, one or two scientists have taken a less material view of the universe. For example, in 1931 Sir James Jeans began his remarkable book *The Mysterious Universe* with Plato's famous parable about captives in a cave, to whom truth was only the shadow of reality and he used it throughout his theme. Nearly 250 years earlier, the astrologer, Dr. John Partridge (1697), had begun his *Defectio Geniturarum* with the same parable. I do not suppose that Sir James ever took much interest in astrology, but some of his views come rather near to the ancient philosophy on which it is based. Listen to this:

> "The universe begins to look more like a great thought than like a great machine. Mind no longer appears as an accidental intruder into the realm of matter; we are beginning to

minha coleção de natividades históricas expandiu-se em todas as direções além da casa real da Inglaterra, e conheci muitas pessoas interessantes e de cultura.

Minha impressão foi esta: embora muita coisa na metodologia astrológica seja defeituosa, e o nosso entendimento desse mecanismo quase incompreensível seja elementar, existem, não obstante, indicações de uma relação entre os fenômenos terrestres e o sistema solar. Na segunda parte desta palestra eu lhes darei minhas razões para esta afirmação, porém, antes de chegar a essas coisas mais interessantes e concretas, gostaria de esquematizar minha visão das bases teóricas.

Sir James Jeans

Em anos recentes, um ou dois cientistas adotaram uma visão menos material do universo. Por exemplo, em 1931 Sir James Jeans iniciou o seu notável livro The Mysterious Universe *com a famosa parábola de Platão sobre cativos numa caverna, para quem a verdade era apenas a sombra da realidade, e a usou por todo o seu tema. Quase 250 anos antes, o astrólogo Dr. John Partridge (1697), havia começado sua* Defectio Geniturarum *com a mesma parábola. Eu não suponho que Sir James alguma vez tenha tido muito interesse em astrologia, mas algumas das suas opiniões chegam muito perto da antiga filosofia na qual ela está baseada*

suspect that we ought rather to hail it as the creator and governor of the realm of matter — not of course our individual minds, but the mind in which the atoms (out of which our individual minds have grown) exist as thoughts."

And also this:

"We cannot claim to have discerned more than a very faint glimmer or light at the best; perhaps it is wholly illusory, for certainly we had to strain our eyes very hard to see anything at all. So that our main contention can hardly be that the science of today has a pronouncement to make, perhaps it ought to be that science should leave off making pronouncements: the river of knowledge has too often turned back on itself."

Professor Fred Hoyle

In 1950, Professor Fred Hoyle went further. He saw the universe as a continuous act of creation and explained everything except the creator. For example:

"The idea that matter is created continuously represents our ultimate goal in this series of

Atentem para isto:

"O universo começa a se parecer mais com um grande pensamento do que com uma grande máquina. A mente não mais aparece como um intruso acidental dentro do reino da matéria; estamos começando a suspeitar que devemos antes saudá-la como a criadora e regente do reino da matéria — não naturalmente nossas mentes individuais, mas a mente na qual os átomos (dos quais cresceram nossas mentes individuais) existem como pensamentos."

E também isto:

"Não podemos pretender ter percebido mais do que um vislumbre muito fraco de luz; talvez seja completamente ilusório, pois certamente tivemos de forçar os olhos bastante arduamente para vermos alguma coisa de algum modo. Portanto nossa afirmação principal dificilmente pode ser de que a ciência de hoje tenha um pronunciamento a fazer, talvez deva ser que a ciência deveria parar de fazer pronunciamentos: o rio do conhecimento tem com demasiada freqüência se voltado sobre si mesmo."

lectures... From time to time people ask where the created material comes from. Material simply appears — is created. At one time the various atoms composing the material do not exist and at a later time they do... It is this creation that drives the universe."

Professor Hoyle also estimated that in the Milky Way (our particular galaxy) there are one million stars accompanied by planets "on which one might live without undue discomfort. If you were suddenly transported to one of them you would no doubt find many important changes, but the changes would not be as remarkable as the similarities."

Allowing for uncertainties, Dr. Hoyle thought that life such as ours must indeed exist on at least one hundred thousand bodies in the Milky Way.

Thus, like the Stoics before him, Sir James Jeans saw the universe as a great and permeating thought, an eternal mind, while Professor Hoyle believes it to be an act of continuous creation, with the additional suggestion that one of the end-products is life such as ours.

Professor Fred Hoyle

Em 1950, o Professor Fred Hoyle foi mais adiante. Ele via o universo como um ato de criação contínua e explicava tudo, exceto o criador. Por exemplo:

"A idéia de que a matéria é criada continuamente representa nossa meta final nesta série de conferências... De vez em quando as pessoas perguntam de onde vem a matéria criada. A matéria simplesmente aparece — é criada. Num período, os vários átomos que compõem a matéria não existem e, num período posterior, eles existem... É esta criação que impulsiona o universo."

O Professor Hoyle também calculava que na Via Láctea (nossa galáxia particular) existem um milhão de estrelas acompanhadas por planetas "nos quais pode-se viver sem desconforto indevido. Se fôssemos subitamente transportados para um deles encontraríamos, sem dúvida, muitas mudanças importantes, porém as mudanças não seriam tão notáveis quanto as semelhanças."

Descontando as incertezas, o Dr. Hoyle considerava que a vida tal como a nossa deve de fato existir em pelo menos cem mil corpos na Via Láctea.

This reminds us of Philo's idea which I quoted earlier, that heaven is the beginning of creation and man the end, and that they are united in intimate and loving fellowship. We are not, after all, so far removed from the old Greek ideal of *phusis*: that intellectual Fire permeating all creation, which the late Professor Gilbert Murray O.M. described "that purpose or forethought which, though sometimes failing, is working always unrestingly for the good of the world, and which needs its fellow workers."

Professor Carl Jung

As I have suggested, astronomers and physicists are not as a rule interested in astrology. Yet one very distinguished scientist, the late Professor Carl Jung, used it in his profession and did not mind saying so. In reply to a question, he wrote on 6 September 1947 to Dr. B.V. Raman of Bangalore, India, saying:

> "Since you want to know my opinion about astrology, I can tell you that I've been interested in this particular activity of the human mind since more than 30 years. As I am a psychologist I'm chiefly interested in the particular light the horoscope sheds on certain complications in the character. In cases of difficult psychologic diagnosis I usually get a horoscope

Assim, como os Estóicos antes dele, Sir James Jeans viu o universo como um pensamento grande e penetrante, uma mente eterna, enquanto que o Professor Hoyle acreditava que ele seja um ato de criação contínua, com a sugestão adicional de que um dos produtos finais é a vida tal como a nossa. Isto nos faz lembrar da idéia de Philo que citei antes, de que o céu é o princípio da criação e o homem o fim e que eles estão unidos em íntimo e amoroso companheirismo. Não estamos, afinal de contas, tão distanciados do velho ideal grego do phusis: *"aquele Fogo intelectual que permeia toda a criação, que o falecido Professor Gilbert Murray O.M. descrevia como "aquele propósito de antecipação que, embora as vezes falhando, está sempre trabalhando incansavelmente pelo bem do mundo e que necessita dos seus membros trabalhadores."*

Professor Carl Jung

Como sugeri, os astrônomos e físicos não estão em geral interessados em astrologia. Entretanto um cientista bastante ilustre, o falecido Professor Carl Jung, fazia uso dela em sua profissão e não se importava de dizer isso. Em resposta a uma pergunta, escreveu em 6 de setembro de 1947 para o Dr. B. V. Raman de Bangalore, India, dizendo:

in order to have a further point of view from an entirely different angle. I must say that I very often found that the astrological data elucidated certain points which I otherwise would have been unable to understand.
From such experiences I formed the opinion that astrology is of particular interest to the psychologist, since it contains a sort of psychological experience which we call 'projected' — this means that we find the psychological facts as it were in the constellations. This originally gave rise to the idea that these factors derive from the stars, where as they are merely in a relation of *synchronicity* with them. I admit that this is a very curious fact which throws a peculiar light on the structure of the human mind. What I miss in astrological literature is chiefly the statistical method by which certain fundamental facts could be scientifically established."

Professor Jung therefore believed astrology to be based not on cause and effect, but on an acausal factor which he named *synchronicity* and explained in his *Interpretation of Nature and the Psyche* (London, 1955). If I understand him rightly, the word *synchronicity* covers those "meaningful coincidences" which occur outside the statistical average range, and owe nothing to cause and effect. Professor Jung calls them "creative acts, the continuous creation

"Visto que o senhor quer saber minha opinião sobre a astrologia, posso lhe dizer que tenho estado interessado nesta atividade particular da mente humana há mais de 30 anos. Como sou um psicólogo, estou principalmente interessado na luz particular que o horóscopo lança sobre certas complicações no caráter. Nos casos de diagnóstico psicológico difícil, geralmente obtenho um horóscopo a fim de ter um ponto de vista adicional de um ângulo inteiramente diferente. Devo dizer que com bastante freqüência descobri que os dados astrológicos elucidavam certos pontos que eu, de outra maneira, teria sido incapaz de compreender.
De tais experiências formei a opinião de que a astrologia é de interesse particular para o psicólogo, visto que ela contém um tipo de experiência psicológica que chamamos 'projetada' — isto quer dizer que encontramos os fatos psicológicos como se estivessem na constelação. Isto originalmente fez surgir a idéia de que estes fatores procedem das estrelas, enquanto elas estão simplesmente numa relação de sincronicidade *com eles. Admito que este é um fato bastante curioso que lança uma luz peculiar na estrutura da mente humana. O que eu sinto falta na literatura astrológica é principalmente o método estatístico pelo qual certos fatos fundamentais poderiam ser cientificamente estabelecidos."*

of a pattern that exists from all eternity, and repeats itself sporadically though not derivable from any known antecedents." When they multiply to a point beyond mere chance, still without causal explanation, he regards them as "meaningful arrangements". He illustrated this theory with an astrological experiment involving several thousand marriages.

But Professor Jung also mentioned the proven relationship between sun-spot periods and the mortality curve, and their interference with "radio weather"; astrological tradition being confirmed by the fact that conjunctions, oppositions and square aspects of the planets are found to produce electromagnetic storms, whereas uniform radio weather occurs under the traditionally favourable trigonal and sextile aspects, and he said:

> "This gives us an unexpected glimpse into a possible causal basis for astrology... Although nobody knows what the validity of a nativity horoscope rests on, it is just conceivable that there is a causal connexion between the planetary aspects and the psycho-physiological disposition." And he added to the detriment of his own thesis: "wherever a cause is even remotely thinkable, *synchronicity* becomes an exceedingly doubtful proposition."

O Professor Jung, portanto, acreditava ser a astrologia baseada não em causa e efeito, porém num fator causal que ele chamava de sincronicidade *e explicava no seu* Interpretation of Nature and the Psyche *(Londres, 1955). Se o entendo corretamente, a palavra* sincronicidade *abrange aquelas "coincidências significativas" que ocorrem fora da escala média estatística, e nada devem a causa e efeito. O Professor Jung os chama de "atos criativos, uma criação contínua de um padrão que existe desde toda a eternidade e se repete esporadicamente, embora não derivável de quaisquer antecedentes conhecidos." Quando eles se multiplicam em quantidade além do mero acaso, ainda sem explicação causal, ele as considera como "arranjos significativos". Ele ilustrava essa teoria com uma experiência astrológica envolvendo milhares de casamentos.*

Mas o Professor Jung também mencionava a relação provada entre os períodos de manchas-solares e a curva de mortalidade e a sua interferência com a "metereologia do rádio"; a tradição astrológica seria confirmada pelo fato de que os aspectos de conjunções, oposições e quadraturas dos planetas produzem tempestades eletromagnéticas, ao passo que a regular metereologia do rádio ocorre sob os aspectos tradicionalmente favoráveis de trígono e sextil. E ele disse:

> *"Isto nos dá um vislumbre inesperado dentro de uma possível base causal para a astrologia... Embora ninguém saiba qual a validez em que se apóia a natividade de horóscopo,*

Dr. Michel Gauquelin

Professor Jung's application of synchronicity to astrology is not upheld in an elaborate statistical investigation published in 1955 by the French psychologist, Dr. Michel Gauquelin. His book is a devastating attack on astrologers, but he sums up his own findings as follows:

> "I find myself *a posteriori* in the presence of a remarkable justification (for astrological research): in one precise field I have been forced to a positive conclusion bearing witness to a relationship between men and the planets, *c'est peut-être dommage, mais c'est un fait* — perhaps that's a pity, but it's a fact."

He had cast some 12,000 nativities from birth certificates collected throughout France (where birth times are recorded) and had classified them in professional groups. The book handles about half of this material and prints all the birth data in full: the groups studied being sportsmen, priests, medical men, actors, politicians, scientists, and military men drawn from generals, admirals and other officers of high rank.

é apenas concebível que exista uma conexão causal entre os aspectos planetários e a tendência psico-fisiológica." E acrescentou, em detrimento da sua própria tese: "sempre que uma causa é remotamente imaginável, a sincronicidade *se torna uma proposição sumamente duvidosa."*

Dr. Michel Gauquelin

A aplicação da sincronicidade do Professor Jung à astrologia não é mantida numa elaborada investigação estatística publicada em 1955 pelo psicólogo francês, Dr. Michel Gauquelin. O seu livro é um devastador ataque aos astrólogos, porém ele resume suas próprias descobertas como se segue:

> *"Eu me encontro a* posteriori *na presença de uma notável justificação (para a pesquisa astrológica): num campo preciso fui forçado a uma conclusão positiva dando testemunho a uma relação entre os homens e os planetas,* c'est peut-être dommage, mais c'est un fait *— é talvez uma pena, mas é um fato."*

Ele havia levantado cerca de 12.000 natividades dos certificados de nascimento coligidos por toda a França (onde as horas de nascimento são registradas) e as tinha classificado

His statistical graphs show that when Mars, Jupiter and Saturn rise culminate, or reach the opposite points, they affect persons born at such moments. But the results differ according to the planet and the profession, and are sharper for celebrities than for people not so well known. This is interesting, because from the earliest times the four points just mentioned (the Angles, as they are called) have enjoyed the highest esteem, particularly the first two. And in Gauquelin's graphs it is precisely the rising and culminating points that have greatest emphasis.

Astrological tradition is likewise confirmed in the relationship of a given planet to a particular profession. *Sportsmen* have Mars significantly placed; *priests* have Saturn; *actors* and *politicians* have Jupiter; *military men* respond to Mars and Jupiter; *medical men* and *scientists* to Saturn and Mars. Affinity with Saturn and Mars is also present in *painters*, though in a different way. In their case the emphasis falls not on the Angles, but between them, almost as though angular prominence were being avoided. Gauquelin is surprised. But he overlooks two astrological ideas which associate mid-angle position with the emotions and the neglect of worldly prominence.

em grupos profissionais. O livro lida com cerca de metade deste material e publica todos os dados de nascimento por completo, os grupos estudados sendo esportistas, sacerdotes, médicos, atores, políticos, cientistas e militares, estes sendo escolhidos entre generais, almirantes e outros oficiais de alta patente.

Os seus gráficos estátiscos mostram que quando Marte, Júpiter e Saturno se elevam, culminam ou atingem os pontos opostos, afetam as pessoas nascidas em tais momentos. Porém os resultados diferem de acordo com o planeta e a profissão e são mais incisivos para celebridades do que para pessoas não tão bem conhecidas. Isto é interessante, porque desde os tempos mais antigos os quatro pontos antes mencionados (os Ângulos, *como são chamados) tem desfrutado da mais alta estima, particularmente os primeiros dois. E nos gráficos de Gauquelin são precisamente aos pontos de ascensão e culminação que é dada a maior ênfase.*

A tradição astrológica é igualmente confirmada na relação de um dado planeta com uma profissão particular. Os esportistas *têm Marte significativamente colocado; os* sacerdotes *têm Saturno; os* atores *e* políticos *têm Júpiter; os* militares *respondem a Marte e Júpiter; os* homens da medicina *e os* cientistas *a Saturno e Marte. A afinidade com Saturno e Marte também está presente nos* pintores, *ainda que de um modo diferente. No caso deles a ênfase*

From these bases, Gauquelin arrives, as it were *de novo,* at a few definitions: *Mars* denotes "energy, fighting qualities, physical activity" (sportsmen, military men, medical men); *Jupiter* denotes "the liking for an audience, the spirit turned outwards towards public things" (actors, politicians, military men); Saturn denotes "the urge to meditate, to think, the spirit turned inwards towards the deeper aspects of things" (priests and scientists). Tradition is thus exactly vindicated. It is a pity that we have no time to discuss Gauquelin's work further.

Summary

Before going on to practical astrology, I should like to sum up the first part. During the last 25 hundred years, some of us in Europe have thought of the universe as an organism obedient to one grand principle and permeated by a force working towards perfection. Within such a conception, astrological theory is tenable. An within the last few decades, distinguished scientists have begun to liken the universe to an eternal mind, seen by some of them as an endless creation of hydrogen from which everything evolves. Finally, two psychologists, one of them an international celebrity, have admitted to a connexion between the planets and ourselves. I have brought these learned thoughts together because they all seem to point the same way, and I myself am not qualified to offer an opinion.

cai não nos Ângulos, mas entre eles, quase como se a proeminência angular estivesse sendo evitada. Gauquelin ficou surpreendido. Mas ele passa por alto duas idéias astrológicas que associam as posições de meio-ângulo com as emoções e a omissão da proeminência mundana.

Destas bases, Gauquelin chega, como se fosse de novo, *a algumas definições:* Marte *indica "energia, qualidades de luta, atividade física" (esportistas, militares, médicos);* Júpiter *denota "o gosto por uma audiência, o espírito voltado para coisas públicas" (atores, políticos, militares);* Saturno *indica "a inclinação para meditar, pensar, o espírito voltado para os aspectos mais profundos das coisas" (sacerdotes e cientistas). A tradição fica deste modo indicada. É uma pena que não temos tempo para debater mais além o trabalho de Gauquelin.*

Resumo

Antes de continuar para a astrologia prática, gostaria de resumir esta primeira parte. Durante os últimos 2.500 anos, alguns de nós na Europa considerávamos o universo como um organismo obediente a um grandioso princípio e permeado por uma força trabalhando em direção à perfeição. Dentro de uma tal concepção, a teoria astrológica é sustentável. E dentro das últimas décadas, cientistas eminentes começaram a assemelhar o universo a uma

And now, as a link between theory and practice, I will give you one more quotation from Carl Jung, this time from his preface to the ancient Chinese *Book of Changes* which shares some of the foundations on which astrology rests; particularly in the unique significance of each moment of time:

> "With us it would be a banal and almost meaningless statement to say that whatever happens in a given moment possesses inevitably the quality peculiar to that moment. This is not an abstract argument but a very practical one. There are certain connoisseurs who can tell you merely from the appearance, taste, and behaviour of a wine the site of its vineyard and the year of its origin. There are antiquarians who with almost uncanny accuracy will name the time and place of origin and the maker of a work of art or a piece of furniture on merely looking at it. And there are even astrologers who can tell you, without any previous knowledge of your nativity, what the position of sun and moon was and what zodiacal sign rose above the horizon in the moment of your birth. In the face of such facts, it must be admitted that moments can leave long-lasting traces."

mente eterna, vista por alguns como uma infindável criação de hidrogênio da qual tudo se desenvolve. Finalmente, dois psicólogos, sendo um deles uma celebridade internacional, admitiram uma conexão entre os planetas e nós mesmos. Eu reuni estes pensamentos eruditos porque todos eles parecem apontar o mesmo caminho e eu mesmo não estou qualificado para oferecer uma opinião.

E agora, como um elo entre a teoria e a prática, dar-lhes-ei mais uma citação de Carl Jung, desta vez do seu prefácio para o antigo Livro Chinês das Mutações, *que co-participa de alguns dos seus princípios, nos quais se apóia a astrologia, particularmente na significação única de cada momento do tempo:*

> *"Conosco seria uma afirmação banal e quase sem significação dizer que tudo o que acontece num dado momento possui inevitavelmente a qualidade peculiar daquele momento. Isto não é uma alegação abstrata mas uma bastante prática. Existem certos* connoisseurs *que podem lhes dizer simplesmente pela aparência, gosto e procedimento de um vinho, o local do seu vinhedo e o ano da sua origem. Há antiquários que, com exatidão quase fantástica, especificarão a época, o lugar de origem e o fabricante de um trabalho de arte ou uma peça de móvel simplesmente olhando para ela. E existem até astrólogos que conse-*

Practice

Astrological delineation has three components: (1) *the planets,* a term including the sun and moon; (2) *the houses,* or the heavens at the plan and time under consideration, divided into twelve fixed sectors; and (3) *the zodiac.* If you look at a horoscope, the planets seem like brushes moving in the hand of a great artist who uses the zodiac for palette and the houses for theme. But the appraisal of such a picture is growing increasingly difficult, because there is no single system of houses; and during the last two decades certain thoughtful students have found the ancient fixed zodiac of constellations more reliable than the moving abstract zodiac in common use. I myself incline towards the ancient fixed zodiac, but am confused none the less.

Dom Henrique de Portugal

Now let us examine a remarkable nativity, that of Dom Henrique de Portugal (1394, Nativitas vol. II), son of Dom João de Boa Memoria and Dona Philippa of Lancaster, O Infante de Sagres, who opened a window on the world. I reconstructed this figure from details preserved by his friend, the official historian, Gomes Eannes de Zurara, who was also a student in astrology. The date and place are from Fernão Lopes, the Keeper of the Records.

guem lhes dizer, sem qualquer conhecimento prévio das suas natividades, quais eram as posições do sol e da lua e que signo zodiacal se elevava acima do horizonte no momento dos seus nascimentos. Em face de tais fatos, deve ser admitido que os momentos deixam traços de longa duração."

Prática

A delineação astrológica tem três componentes: (1) os planetas, *um termo que inclui o sol e a lua; (2)* as casas, *ou os céus no lugar e hora sob consideração, divididos em doze setores fixos; e (3)* o zodíaco. *Se olharem para um horóscopo, os planetas se assemelham a pincéis se movendo na mão de um grande artista que usa o zodíaco como paleta e as casas por tema. Mas a avaliação de um tal quadro fica cada vez mais difícil, porque não existe nenhum sistema único de casas; e durante as últimas duas décadas certos estudantes atentos determinaram que o antigo zodíaco fixo de constelações era mais digno de confiança do que o zodíaco abstrato em movimento de uso comum. Eu mesmo me inclino para o zodíaco fixo antigo, mas ainda estou confuso.*

Dom Henrique de Portugal

Agora, examinemos uma natividade notável, a de Dom Henrique de Portugal (1394,

You will notice heavy concentration in the XII house associated with imposed restrictions or voluntary withdrawal. And this includes the Sun (the ego and conscious will) *conjoined* with Mercury (the intellectual principle) which in any part of a map denotes a man shut up within himself, often obsessed by one purpose. But here that attitude becomes creative by association with Jupiter, the major benefic, representing the principle of expansion. These three, Sun-Mercury-Jupiter, are encouraged by Uranus, the planet of new ideas and scientific investigation. Dom Henrique's naturally introspective mind will have gained constructive independence from Uranus. Furthermore, it will be noticed that the essential solar conjunction is in the visionary sign of the Fishes.

Here is Saturn: setting and powerful. We saw from Gauquelin's work that such a position is common among scientists and those who meditate. It is also common in celebates and Dom Henrique died a bachelor. However, though no girl friends are reported, Mars associated with Venus in the background, aspected by Saturn and Uranus, suggests a discreet interest in women, though the sign involved does not promise fidalgas. One could go on talking about this Anglo-Portuguese prince for a long time. For example, the square aspect from Uranus to Mars is touchy, outspoken, will take risks, and is not very patient in disagreements; but I think I have

Nativitas vol. II) filho de Dom João de Boa Memória e Dona Philippa de Lancaster, o Infante de Sagres que abriu uma janela para o mundo. Eu reconstrui esta figura a partir dos detalhes preservados pelo seu amigo, o historiador oficial Gomes Eannes de Zurara, que também era um estudante de astrologia. A data e o lugar são de Fernão Lopes, o Guardião dos Registros.

Os senhores notarão forte concentração na casa XII associada com restrições impostas ou afastamento voluntário. E isto inclui o Sol (o ego e a vontade consciente) conjunto *com Mercúrio (o princípio intelectual), que em qualquer parte de um mapa indica um homem fechado dentro de si mesmo, obsecado por um propósito. Mas aqui essa atitude se torna criativa pela associação com Júpiter, o benéfico maior, representando o princípio da expansão. Estes três, Sol-Mercúrio-Júpiter, são encorajados por Urano, o planeta das novas idéias e da investigação científica. A mente naturalmente introspectiva de Dom Henrique terá alcançado a independência construtiva de Urano. Além disso, pode-se notar que a conjunção solar essencial está no signo visionário de Peixes.*

Aqui está Saturno: descendente e poderoso. Vimos pelo trabalho de Gauquelin que uma tal posição é comum entre cientistas e aqueles que meditam. É também comum em celibatários e Dom Henrique morreu solteirão. Entretanto, ainda que nenhuma namorada

said enough to show how the system works.

Lady Frances Howard

Let us now see how two nativities, similar at first sight, can in reality be quite different. This is Lady Frances Howard (1590, Nativitas vol. II), a daughter of Thomas, earl of Suffolk. She was born in 1590 and at the age of sixteen they maried her symbolically to Robert Devereux (1591, Nativitas vol. II), 3rd earl of Essex, who was six months her junior. Thereafter he went abroad for several years to complete his education, while she, accompanied by an unscrupulous mother, went to complete hers at the court of King James I, where she became the mistress of Henry, Prince of Wales, and later of Robert Carr, viscount Rochester, the King's favourite. She was said to be the most beautiful and fascinating woman at Court.

I found her birth data in the British Museum Library in a note book of the physician of James II, Dr. Francis Bernard (1628, Nativitas vol. I). I also found them among the MSS. of Elias Ashmole, the antiquary who acquired the papers of Dr. Simon Forman (1552, Nativitas vol. I), a learned but disreputable astrologer in whom Lady Frances reposed much confidence, and who supplied her in return with love filtres, was manikins and doubtful advice. When

fosse referida, Marte associado com Vênus em plano secundário, aspectado por Saturno e Urano, sugere um interesse discreto pelas mulheres, embora o signo envolvido não prometesse fidalgas. Poder-se-ia continuar falando sobre este príncipie anglo-português por muito tempo. Por exemplo, o aspecto de quadratura de Urano para Marte é melindroso, fez com que ele fosse franco, gostasse do risco, e não muito paciente em desacordos; porém penso que disse o suficiente para mostrar como o sistema funciona.

Lady Frances Howard

Vejamos agora como duas nativididades, semelhantes a primeira vista, podem na realidade ser completamente diferentes. Esta é Lady Frances Howard (1590, Nativitas vol. II), uma filha de Thomas, conde de Suffolk. Ela nasceu em 1590 e com a idade de dezesseis anos a casaram simbolicamente com Robert Devereux (1591, Nativitas vol. II), 3º conde de Essex, seis meses mais moço que ela. Depois disso, ele viajou para o exterior por vários anos para completar uma educação, enquanto que ela, acompanhada por uma mãe inescrupulosa, foi completar a sua na corte do Rei James I, onde se tornou a amante de Henry, Príncipe de Gales e depois de Robert Carr, visconde Rochester, o favorito do Rei. Dizia-se que ela era a mulher mais linda e fascinante da Corte.

Essex returned, she kept him at arm's length and did her best to poison him. Eventually, perhaps prudently, he agreed to a divorce, which was granted in 1613 with the King's assistance. Frances married her lover three months later and King James promptly elevated him to the earldom of Somerset.

But earlier that year, the two of them had poisoned Sir Thomas Overbury, Robert's former friend and mentor. Overbury had opposed his marriage with Frances rather crudely, and Frances loathed him. Moreover he knew too much and obstructed her family's ambitions. Those who did the actual poisoning were caught and executed; but two years had to pass before the Somersets were brought to trial before the House of Lords and condemned to death. However, King James commuted the sentence to imprisonment and pardoned them eight years later. But by that time the marriage had gone sour and Frances lived out her remaining ten years in ostracism — for her a continuation of imprisonment.

Here is her nativity. Once again we find a prominent XII house with the Sun and Mercury therein, conjoined, and in powerful aspect to Uranus. But you will remember that Dom

Encontrei seus dados de nascimento na Biblioteca do Museu Britânico num livro de notas do médico de James II, Dr. Francis Bernard (1628, Nativitas vol. I). Também os encontrei entre os manuscritos de Elias Ashmole, o antiquário que adquiriu os papéis do Dr. Simon Forman (1552, Nativitas vol. I), um astrólogo erudito mas de má reputação em quem Lady Frances depositava muita confiança e que, em retribuição, fornecia a ela filtros de amor, bonecos de cera e conselhos duvidosos. Quando Essex retornou, ela o manteve à distância e fez o melhor que pode para envenená-lo. Eventualmente, talvez de modo prudente, ele concordou com um divórcio, que foi concedido em 1613 com a ajuda do Rei. Frances se casou com seu amante três meses depois e o Rei James o elevou prontamente à dignidade de conde de Somerset.

Porém anteriormente àquele ano, ambos tinham envenenado Sir Thomas Overbury, o antigo amigo e mentor de Robert. Overbury havia se oposto a esse casamento com Frances de um modo um tanto áspero e Frances o detestava. Além disso, ele sabia demais e obstruia as ambições da família dela. Aqueles que realmente o envenenaram foram apanhados e executados; mas, dois anos tiveram que se passar antes que os Somersets fossem levados ao tribunal ante a Câmara dos Lordes e condenados à morte. Entretanto, o Rei James comutou a sentença para prisão e os perdoou oito anos mais tarde. Porém, por aquela época, o casamento tinha-se deteriorado e Frances viveu seus restantes dez anos no ostracismo — para ela uma continuação da prisão.

Henrique's Sun-Mercury, similarly placed, were associated with the beneficent Jupiter and in helpful aspect to Uranus. Frances has her Sun-Mercury sandwiched between the two malefics. In other words, her heart and mind were conditioned by the cold and calculating Saturn on the one hand and by the violent and passionate Mars on the other. And this inauspicious combination was in conflict with Uranus, self-willed and unconventional, dominating the whole theme from the sector of public life at the Midheaven. Worse still, this unruly combination made an adverse impression on her subconscious mind, represented by the Moon at the bottom of the heavens. Jupiter at the fifth House, in contact with fishy Neptune, promises lovers in high position and these she certainly had. The only redeeming feature that I can find is Venus in favourable contact with the Moon, in other words a combination between charm and the instinctive manner, which imparted that extraordinary fascination for which she was famous.

The 42 years of Frances Howard were passed almost entirely under restraint: the first 16 controlled by her parents; then 7 years tied to a man she wished dead; followed by 19 years spent mostly in prison or cut off from society. And all this XII house business is under the scourge of Uranus, the individualist who cannot bear restraint, tormenting her from the midheaven of fame and society. Hers was indeed a terrible destiny.

Eis aqui sua natividade. Mais uma vez encontramos uma casa XII proeminente com o Sol e Mercúrio conjuntos e em poderoso aspecto com Urano. Mas os senhores lembrar-se-ão que o Sol-Mercúrio de Dom Henrique, colocados de maneira semelhante, estavam associados com o benéfico Júpiter e em aspecto útil com Urano. Frances tem o seu Sol-Mercúrio em sanduiche entre dois maléficos. Em outras palavras, seu coração e mente estavam condicionados pelo frio e calculista Saturno de um lado e pelo violento e apaixonado Marte do outro. E esta combinação não auspiciosa estava em conflito com Urano, obstinado e inconvencional, dominando todo o tema desde o setor da vida pública no Meio-Céu. Pior ainda, essa combinação desenfreada e turbulenta faz uma impressão adversa na mente sub-consciente dela, representada pela Lua no fundo dos céus. Júpiter na quinta Casa, em contato com o piscoso e ilícito Netuno, promete amantes em alta posição e esses ela teve certamente. O único traço redentor que posso encontrar é Venus em contato favorável com a Lua, em outras palavras uma combinação entre o encanto e o modo instintivo, que conferia aquela fascinação extraordinária pela qual ela era famosa.

Os 42 anos de Frances Howard foram passados quase que inteiramente sob algum tipo de restrição: os primeiros 16 controlados pelos seus pais; depois 7 anos ligada a um homem que desejava morto; seguidos por 19 anos passados a maior parte na prisão ou isolada

This nativity is useful to illustrate the comparison of horoscopes. For instance, there are fateful links between the nativities of Frances and Dr. Simon Forman. Her malefic solar conjunction falls on his midheaven or professional standing; and her Moon, or subconscious mind contacts his ascending personal degree, thus giving them an instinctive understanding of one another. Her astrological links with Essex are numerous and remarkable. Outstanding among these is his Saturn conjoining her Sun, which must have oppressed her while giving him a sense of attraction mixed with fear. And to her feeling of oppression will have been added an active dislike engendered by her Saturn in opposition to his Moon. Essex himself had a nativity unfortunate for marriage. And this is seen in his life, because after the experience with Frances Howard he waited until he was forty before trying again. The second wife ran way after two years.

Expert reading of nativities

Simple interpretations such as these can be made by anyone who buys a textbook. But an expert reading requires an additional but undefinable ability. Some 14 or 15 years ago I had the privilege of making a few experiments in collaboration with a lady unusually gifted

da sociedade. E todo esse assunto da casa XII está sob o flagelo de Urano, o individualista que não pode tolerar restrição, atormentando-a do meio-céu da fama e sociedade. O seu foi, na verdade, um destino terrível.

Esta natividade é útil para ilustrar a comparação de horóscopos. Por exemplo, existem elos fatídicos entre as natividades de Frances e o Dr. Simon Forman. A conjunção solar maléfica dela cai no meio-céu ou posição profissional dele; e a Lua dela, ou mente subconsciente, está em contacto com o grau pessoal ascendente dele, assim dando a eles um entendimento instintivo um do outro. As ligações astrológicas dela com Essex são numerosas e notáveis. Saliente entre estas é o Saturno dele conjunto com o Sol dela, o que a deve ter oprimido enquanto dava a ele um sentido de atração misturado de temor. E ao sentido de opressão dela terá sido acrescentada uma aversão ativa causada pelo Saturno dela em oposição à Lua dele. O próprio Essex tinha uma natividade infeliz para o casamento. E isto é visto pela sua vida, porque depois da experiência com Frances Howard ele esperou até ter quarenta anos antes de tentar outra vez. A segunda esposa fugiu depois de dois anos.

Leitura hábil de natividades

Interpretações simples como estas podem ser feitas por qualquer um que compre um

in natal astrology. I supplied her with mediaeval horoscopes, not otherwise available, and without any indication of the person or the date. The only background she had was a brief label such as "He was a King of Portugal"; and her part was to return to me a reading of his character and the times he lived in, accompanied by the technical reasons for everything she said. Our first experiment was with Dom João I de Portugal, whose birth in 1358 is reliably recorded (Nativitas vol. II). The result was published by the *American Federation of Astrologers* and created quite a sensation. I sent a copy to my friend, Elaine Sanceau, the eminent biographer of Portuguese celebrities, who had written a book about him. She replied:

> "I am absolutely amazed by the analysis of the nativity of D. João I. The accuracy of it all is breath-taking. All I can say is that astrology is a far more exact science than we supposed. For everything Mrs. Bastian says fits in with the known facts of D. João's life. Even the handicap of his birth is duly noted, and we may readily believe that it was often made into a weapon to wound him. The difficulties made for him by older people also seem to me quite correct. With the exception of João das Regras, Alvaro Pais, and one or two such others, his supporters were nearly all recruited from the younger generation. The older and more reactionary element was mostly on the side of D. Beatriz and the King of Castile.

livro-texto. Porém uma leitura perita requer uma habilidade adicional, mas indefinível. Há cerca de 14 ou 15 anos atrás eu tive o privilégio de fazer algumas experiências em colaboração com uma senhora dotada de modo incomum para a astrologia natal. Eu lhe fornecia horóscopos medievais, de outro modo não disponíveis e sem qualquer indicação da pessoa ou data. O único "background" que ela tinha era um rótulo breve tal como "Ele foi um Rei de Portugal"; e a parte dela era me entregar uma leitura do seu caráter e os tempos em que viveu, acompanhada das razões técnicas por tudo o que dizia. Nossa primeira experiência foi com Dom João I de Portugal, cujo nascimento em 1358 está registrado de maneira digna de confiança (Nativitas, vol. II). O resultado foi publicado pela Federação Americana de Astrólogos *e criou uma sensação e tanto. Enviei uma cópia para minha amiga, Elaine Sanceau, a eminente biógrafa de celebridades portuguesas, que tinha escrito um livro sobre ele. Ela respondeu:*

> *"Estou absolutamente assombrada pela análise da natividade de D. João I. A exatidão de tudo isso é excitante. Tudo o que posso dizer é que a astrologia é uma ciência muito mais exata do que supomos. Pois tudo o que a Sra. Bastian diz se ajusta com os fatos conhecidos da vida de Dom João. Até mesmo o "handicap" do seu nascimento está devidamente anotado, e podemos prontamente acreditar que foi muitas vezes tornado em ar-*

His character and the time in which he lived were just as she says. If she really knew nothing about the man, the accuracy of the whole thing is quite uncanny."

Certain aspects of Dom João's character, mentioned in this reading, were not in Elaine Sanceau's book and were unknown to me. This is important, because another experiment of ours was questioned on the ground that collaborators are often in subconscious rapport. This criticism was made in connexion with the nativity of *Richard II of England (1367, Nativitas vol. II),* whose birth was recorded by the chronicler Jean Froissart. Froissart was well qualified to do this, because at the time he was sitting downstairs having his breakfast. This investigation was published in 1951 by the well known American astrologer, Llewellyn George, in his *Astrological Bulletina Annual.* I sent a copy to Mr. John Harvey who had written a book on the Plantagenets with Richard as the central figure. Mr. Harvey wrote back:

"I do not for a moment cast doubt upon anyone's bona fides, but the factor I suspect is subconscious telepathy. After all, you were well aware of the general biography of Richard II, even if your collaborator was not; and it does seem quite possible that a considerable amount of mental transference took place. I may be wrong, but I seem to find in this reading

ma para ferí-lo. As dificuldades criadas para ele por pessoas mais velhas também me parecem inteiramente corretas. Com exceção de João das Regras, Álvaro Pais, e um ou dois outros iguais, seus partidários foram quase todos recrutados da geração mais jovem. Os elementos mais velhos e mais reacionários estavam a maior parte do lado de D. Beatriz e do Rei de Castela. O seu caráter e a época em que viveu foram justamente como ela diz. Se ela realmente não sabia nada sobre o homem, a exatidão da coisa toda é absolutamente fantástica."

Certos aspectos do caráter de Dom João, mencionados nesta leitura, não estavam no livro de Elaine Sanceau e eram por mim desconhecidos. Isto é importante, porque outra experiência nossa foi questionada por motivo de que colaboradores estão muitas vezes em relação sub-consciente. Esta crítica foi feita em conexão com a natividade de Richard II da Inglaterra *(1367, Nativitas vol. II), cujo nascimento foi registrado pelo cronista Jean Froissart. Froissart estava bem qualificado para fazer isso, porque na ocasião ele estava sentado no andar de baixo tomando o seu "breakfast". Esta investigação foi publicada em 1951 pelo bem conhecido astrólogo americano, Llewellyn George, no seu* Astrological Bulletina Annual. *Enviei uma cópia para Mr. John Harvey que havia escrito um livro sobre os Plantagenets com Richard como figura central. Mr. Harvey escreveu de volta:*

traces of Shakespeare's Richard II precisely where, in my view, Shakespeare was wrong, or inadequate. This does not mean that I think she was aware of Shakespeare's Richard II in connexion with the astrological reading; but that the Shakespeare view has had such enormous influence that it strongly coloured the mental picture you yourself had in mind."

I replied that if I had any picture in mind, it was of Miss MacKintosh *Richard of Bordeaux,* a play that impressed me and took a view of Richard similar to Mr. Harvey's own. And I added:

"But most of all I had before me the fragmentary Richard seen in Froissart who I was reading when the experiment was made. Very present in my mental picture of him was his courage as a boy, his great love for his first wife, and the treacherous flaw in his character, principally as shown in the arrest of his uncle Thomas of Gloucester. There is no reason to doubt Froissart, who was an honest chronicler and knew both men well. Mrs. Bastian missed the first and last of these threse things completely, and saw the second imperfectly. In fact, when I received her reading I looked for these three details immediately and was disappointed at their omission: my first reaction was of failure."

"Eu nem por um momento lanço dúvida sobre a bona fide *de ninguém, mas o fator que suspeito é telepatia sub-consciente. Afinal de contas, o senhor estava bem ciente da biografia geral de Richard II, mesmo que sua colaboradora não estivesse; e parece mesmo inteiramente possível que uma quantidade considerável de transferência mental tivesse lugar. Posso estar errado mas pareço encontrar nesta leitura traços de Richard II de Shakespeare onde, em minha opinião, Shakespeare estava errado, ou insuficiente. Isso não quer dizer que eu penso que ela estava ciente do Richard II de Shakespeare em conexão com a leitura astrológica; mas sim que a visão de Shakespeare teve tal influência que coloriu fortemente o quadro mental que o senhor mesmo tinha em mente."*

Eu respondi que se tinha qualquer quadro em mente, era o Richard of Bordeaux *de Miss MacKintosh, uma peça que me impressionou e tomou uma perspectiva semelhante à própria de Mr. Harvey. E acrescentei:*

"Mas acima de tudo eu tinha ante mim o Richard fragmentário visto em Froissard que estava lendo quando a experiência foi feita. Muito presente em meu quadro mental dele estava a sua coragem como menino, o seu grande amor pela sua primeira esposa e a traiçoeira falha em seu caráter, principalmente como mostrada na prisão do seu tio Thomas

Our third experiment was with Dom Henrique, whose nativity you have seen accompanied by my own textbook sketch. The long and detail reading done by Mrs. Bastian was published by the *American Federation of Astrologers,* and once again I sent a copy to Miss Sanceau for her criticism. She replied:

"The Infante's horoscope is uncannily correct in most of what it says about him. As you say, it does not cover the whole ground and an important side of his destiny (the work of discovery) has been missed, but the character sketch is amazingly accurate. That he had any 'blindness to the practical, sensible, objective approach to things' I think is wrong? but it is the only palpable mistake that I gather. And how true that most of the sorrows of his life concernd his brothers!"

Afterwards I sent Miss Sanceau's book on Prince Henry to Mrs. Bastian, and when she had read it she replied:

"I am now sorry that I did not make more use of solar houses for Dom Henrique, as I did for his father. By solar division, Uranus comes to the 9th Cusp, and in such a position

de Gloucester. Não há nenhum motivo para duvidar de Froissard, que era um cronista honesto e conhecia bem os dois homens. Mrs. Bastian omitiu completamente a primeira e a última destas três coisas, e viu a segunda imperfeitamente. De fato, quando recebi sua leitura procurei por estes três detalhes imediatamente e fiquei decepcionado com a omissão deles: minha primeira reação foi de insucesso."

Nossa terceira experiência foi com Dom Henrique, cuja natividade os senhores viram acompanhada pelo meu próprio esquema do livro-texto. A leitura longa e detalhada feita por Mrs. Bastian foi publicada pela American Federation of Astrologers, *e mais uma vez mandei uma cópia para Miss Sanceau para o seu juízo crítico. Ela respondeu:*

"O horóscopo do Infante está extraordinariamente correto na maior parte do que diz sobre ele. Como o senhor diz, ele não cobre todo o terreno e um lado importante do seu destino (o trabalho da descoberta) foi omitido, porém o esboço do caráter está assombrosamente exato. Que ele tinha qualquer "cegueira para a abordagem objetiva, sensata e prática para as coisas" penso que está errado, mas é o único equívoco palpável que eu deduzo. E como é verdadeiro que a maior parte dos desgostos da sua vida referem-se aos seus irmãos!"

it would have been difficult not to see New Horizons and a drive to discovery. This just shows what happens if one overlooks things."

Prediction

I will conclude with some examples of prediction. They are exceptional because in this branch success is difficult. Nevertheless they show that success is possible. The first is from William Lilly (1602-1681) who was perhaps the most famous of English astrologers. Though of humble origin, he acquired considerable learning and a remarkable library. In 1647 he wrote the first English text book on this subject, *Christian Astrology*, and *here is his portrait* taken from the book published in the same year (page 14). Four years later he put out a pamphlet entitled *Monarchy or no Monarchy in England* which concluded with a number of woodcuts having no explanation other than this:

"Had the courtesie of the present Times deserved it at my hands, thou hadst seene an Explanation of the sixteen Pages following, which in Aenigmaticall Types, Formes, Figures, Shapes, doth perfectly represent the future condition of the English Nation and Commonwealth for many hundred years to come..."

Em seguida enviei o livro de Miss Sanceau sobre o Príncipe Henrique para Mrs. Bastian, e quando o leu ela respondeu:

"Agora me arrependo que não fiz mais uso das casas solares para Dom Henrique, como fiz para o seu pai. Pela divisão solar, Urano vem para a cúspide da 9ª Casa, e em tal posição teria sido difícil não ver Novos Horizontes e um impulso para a descoberta. Isso mostra justamente o que acontece quando se passa por cima das coisas."

Predição

Concluirei com alguns exemplos de predição. Elas são excepcionais porque neste ramo o sucesso é difícil. Não obstante elas mostram que o sucesso é possível. O primeiro é de William Lilly (1602-1681) que foi talvez o mais famoso dos astrólogos ingleses. Embora de origem humilde, ele adquiriu considerável erudição e uma notável biblioteca. Em 1647 escreveu o primeiro livro-texto inglês sobre esta matéria Christian Astrology, *e aqui está o seu retrato, tirado de um exemplar impresso no mesmo ano (pág. 14). Quatro anos depois publicou um panfleto intitulado* Monarchy or no Monarchy in England, *que terminava com algumas reproduções de gravuras em madeira que não eram acompanhadas de outra explicação além desta:*

Some defy elucidation. But others were generally believed to predict a plague, a great fire in London, and the downfall of episcopal power. Fourteen years later a plague did in fact carry off 70,000 Londoners in less than six months; and in the following year a great fire raged in London for four days from the Tower almost as far as Chancery Lane (ps. 276, 277 and 278).

Now let us look at the aenigmaticall types. *Here is the Plague.* In his autobiography Lilly refers to it as "an Hieroglyphick... representing a great sickness and mortality, wherein you may see the representation of people in their winding-sheets, persons digging graves and sepultures, coffins, &c." All this is true enough, but it does not necessarily predict a plague in London. However, there is no doubt about *Lilly's first woodcut of the Fire,* because the central figures are The Twins, or Gemini, the traditional sign for London. And this is followed by a general view of what is evidently the Thames from the Tower to St. Paul's Cathedral and reminds one very much of what Samuel Pepys wrote in his Diary on the evening of Sunday 2 September 1666:

> "When we could endure no more upon the water, we (went) to a little ale house on the Bankside (the south bank opposite St. Paul's), over against the Three Cranes, and there

> *"Tivesse a cortesia da Época presente merecido isso em minhas mãos, tereis visto uma Explicação das dezesseis Páginas seguintes, que em* Tipos Enigmáticos, Formas, Figuras, Imagens, *representam perfeitamente a condição futura da Nação Inglesa e da Comunidade Britânica por muitas centenas de anos futuros..."*

Algumas destas gravuras desafiam elucidação. Porém, foi geralmente aceito que outras prediziam uma praga, um grande incêndio em Londres e a queda do poder episcopal. Quartorze anos depois uma praga levou de fato 70.000 londrinos em menos de seis meses; e no ano seguinte um grande incêndio devastou Londres por quatro dias desde a Torre e quase até Chancery Lane (págs. 276, 277 e 278).

Olhemos agora para os tipos enigmáticos das gravuras. Aqui está a Praga. *Em sua autobiografia Lilly se refere a ela como "um hieroglífico... representando uma grande enfermidade e mortandade, onde podeis ver a representação de pessoas em suas mortalhas, pessoas cavando sepulturas, túmulos, caixões, etc." Tudo isto é bastante verdadeiro, mas não prediz necessariamente uma praga em Londres. Entretanto, não há dúvida sobre a Primeira gravura do Incêndio de Lilly, porque as figuras centrais são Os Gemeos, ou Gemini, o signo tradicional de Londres. E isto é seguido por uma vista do que evidentemente é o Tamisa des-*

staid till it was dark almost, and saw the fire grow; and, as it grew darker, appeared more and more, and in corners and upon steeples, and between churches and houses, as far as we could see up the hill of the City, in a most horrid malicious bloody flame, not like the fine flame of an ordinary fire."

I cannot show you Lilly's woodcuts predicting the fall of episcopal power because a former devout owner of my copy tore them out.

After the Great Fire, when a Parliamentary Committee was looking into its causes, some of the members remembered Lilly's woodcuts, and summoned him to appear on 25 October. Sir Robert Brooke, the Chairman then said:

"Mr. Lilly, This Committee thought fit to summon you to appear before them this day, to know if you can say any thing as to the cause of the late fire, or whether there might be any design therein. You are called the rather hither, because in a book of your's, long since printed, you hinted some such thing by one of your hieroglyphics."

de a Torre até a Catedral de St. Paul e nos faz lembrar muito do que Samuel Pepys escreveu no seu Diário na noite de domingo 2 de setembro de 1666:

"Quando não podíamos mais aguentar sobre a água, fomos para uma casinha de cerveja no lado da Margem (a margem sul oposta a St. Paul), por cima encostado aos Três Guindastes, e ali permanecemos até que ficasse quase escuro, e vimos o fogo crescer; e, à medida que escurecia, o fogo aparecia mais e mais, nas esquinas, sobre as torres e campanários, entre as igrejas e casas, tão longe quanto podíamos avistar acima da colina da Cidade, na mais horrenda, e malígna labareda sangrenta, e não como a chama fina de um fogo normal."

Não posso lhes mostrar as gravuras de madeira de Lilly predizendo a queda do poder episcopal porque um antigo e devoto dono do meu exemplar arrancou a página.

Depois do Grande Incêndio, quando uma Comissão Parlamentar estava investigando suas causas, alguns dos seus membros se lembraram das gravuras de Lilly e o intimaram a comparecer em 25 de outubro. Sir Robert Brooke, o Presidente disse então:

This gave Lilly anxious moments. In reply to a question he said that he had never foressen the date of the fire, and after it had happened he could not by his art find out the cause. "I conclude" he said, "that it was the only finger of God; but of what instruments he used thereunto I am ignorant." Lilly added for the benefit of his readers: "The Committee seemed well pleased with what I spoke, and dismissed me with great civility." He was known to many Members of Parliament and his friend and patron, the influential Elias Ashmole, had worked hard to help him.

The II World War

In 1942 an American Astrologer, Ellen McCaffery M.A., published a remarkably accurate prediction of the end of the II World War. It can be found at the end of her *Astrology: Its History and Influence in the Western World,* and reads in an abbreviated form as follows:

> "As I look over this last chapter for final corrections, it is December 7, 1941. A friend has just telephoned to tell me the dire news, so let me add this paragraph... I have looked into the horoscope of the United States... (and) the war is approximately of four years' duration... Victory for the allies comes in sight after January 1945 (and) there are three distinct periods when victory is due: October 1945, January 1946, March 1946."

— Mr. Lilly, esta Comissão julgou apropriado intimá-lo a comparecer ante ela neste dia, para saber se o senhor pode dizer alguma coisa quanto à causa do último incêndio, ou se poderia haver qualquer intenção nisso. O senhor é chamado de preferência até aqui, porque num livro seu há muito tempo publicado, o senhor insinuou coisa semelhante por um dos seus hieroglíficos.

Isto fez com que Lilly passasse alguns momentos angustiados. Em resposta a uma pergunta ele disse que jamais havia previsto a data do incêndio, e depois do mesmo haver acontecido não poderia, pela sua arte, encontrar a causa. — "Concluo" — disse ele, — "que foi unicamente o dedo de Deus, porém de que instrumentos Ele usou para isso, estou ignorante." Lilly acrescentou para o benefício dos seus leitores: "A Comissão pareceu ficar bem satisfeita com o que eu falei e me dispensou com grande cortesia." Ele era conhecido de muitos Membros do Parlamento e o seu amigo e patrono, o influente Elias Ashmole, havia trabalhado arduamente para ajudá-lo.

A II Guerra Mundial

Em 1942 uma astróloga americana, Ellen McCaffery M.A., publicou uma predição notavelmente correta do fim da II Guerra Mundial. Ela pode ser encontrada no final do

That victory would be in sight after January 1945 is exactly confirmed in General Eisenhower's official report signed on 13 July 1945. And Ellen McCaffery's prediction of final victory in October 1945 was only one month too late. When one remembers that she had written these things nearly four years before on the day of Pearl Harbour, one is astounded.

An experiment with the constellations

I have already mentioned that in recent years some students have abandoned the abstract zodiac in favour of the constellations. The leader of this movement is my friend Cyril Fagan, a brilliant mathematician who for many years was President of the Irish Astrological Society. His theory has shown itself to be especially valuable in prediction by means of solar and lunar returns. That is to say, the year ahead can be judged from a figure drawn from the exact moment when the Sun returns to the place it occupied among the stars at birth and the month ahead can be judged from a figure when the Moon returns to the place she occupied at birth. As a practical test, I submitted the following case to him.

In May 1946 two young people married. Late in the evening of 4 August 1947 the husband was murdered in their home in São Paulo, his wife having retired upstairs.

seu Astrology: Its History and Influence in the Western World. *e lê-se em forma abreviada como segue:*

"Enquanto examino este último capítulo para as correções finais, é 7 de dezembro de 1941. Um amigo acaba de telefonar para me dar as notícias portanto deixe-me acrescentar este parágrafo... Examinei o horóscopo dos Estados Unidos... (e) a guerra tem aproximadamente quatro anos de duração... A vitória para os aliados surge depois de Janeiro de 1945 (e) há três períodos distintos quando a vitória é devida: Outubro de 1945, Janeiro de 1946 e Março de 1946."

Que a vitória estaria em vista depois de janeiro de 1945 foi exatamente confirmado no relatório oficial do General Eisenhower assinado em 13 de julho de 1945. E a predição de Ellen McCaffery da vitória final em outubro de 1945 foi apenas um mês tarde demais. Quando nos lembramos de que ela escreveu estas coisas quase quatro anos antes no dia de Pearl Harbour, ficamos assombrados.

Uma experiência com as constelações

Eu já mencionei que em anos recentes alguns estudantes abandonaram o zodíaco abstrato em favor dos das constelações. O líder deste movimento é o meu amigo Cyril Fagan

Nevertheless she was arrested and brought to trial on 24-25 February 1948. Public interest was intense, and the excitement in court obliged the Judge to take strong action. She was acquitted on a majority verdict, but the public prosecutor appealed and she went back to prison.

I obtained this lady's birth data and drew lunar returns covering the date of the murder and that of the trial. These I sent to Cyril Fagan with a request for an interpretation; but I supplied him with no information other than saying: "These lunar returns cover two very important dates in the life of a young woman." I likewise withheld the nativity and the solar return, as they might have prejudiced the experiment. Rather naturally Cyril Fagan complained that "only a limited picture can be seen from the lunar return taken by itself." Nevertheless he sent me this judgment:

"The first lunar return (i.e. the murder) shows the Sun falling on the place of the natal Moon. This invariably means tears, grief, bereavement. It shows pity, compassion, and an event that necessitated an important alteration in her mode of life and in her menage. Both Luminaries being with Mercury, she was highly nervous, restless, talkative, excitable, and had

(1896), um matemático brilhante que por muitos anos foi Presidente da Sociedade Astrológica Irlandesa. *A sua teoria mostrou ser especialmente valiosa na predição por meio das revoluções solares e lunares. Isto quer dizer que o ano em curso pode ser julgado de uma figura levantada do momento exato quando o Sol retorna para o lugar que ocupava entre os astros no nascimento, e o mês em curso pode ser julgado de uma figura quando a Lua retorna ao lugar que ela ocupava no nascimento. Como um teste prático, eu submeti a ele o seguinte caso.*

Em maio de 1946 duas pessoas jovens se casaram. Tarde da noite de 4 de agosto de 1947 o marido foi assassinado em sua casa em São Paulo; sua esposa havia se recolhido no andar superior. Não obstante ela foi presa e levada a julgamento em 24-25 de fevereiro de 1948. O interesse público foi intenso, e a excitação no tribunal obrigou o Juiz a tomar fortes medidas. Ela foi absolvida num veredito de maioria, porém o promotor público apelou e ela voltou à prisão.

Eu consegui os dados de nascimento dessa senhora e tracei a revolução lunar cobrindo a data do homicídio e a do julgamento. Estas eu mandei para Cyril Fagan com o pedido para uma interpretação; porém não lhe forneci nenhuma outra informação além de dizer: "Estas revoluções lunares cobrem duas datas muito importantes na vida de uma jovem mulher." Do mesmo modo retive a natividade e a revolução solar, pois elas poderiam ter prejudicado a experiência.

little composure. The position of Jupiter in the 7th appears to have guaranteed that finances would be sufficient. Venus in square to Neptune and trine to Jupiter denotes a deep love affair, but it was in the background. The configuration of Neptune suggests that the attachment was not quite orthodox. But as these planets are all more or less in the background, it might not be wise for me to emphasize them too much.

The second lunar return (i.e. the trial) is more dramatic. The culmination of Pluto suggests drama, a tense situation, the sensation: it often denotes the severing of ties, and even sequestration. Pluto aspects Venus and Neptune and again both are in powerful configuration from the background. There was danger of heated words, some discussion if not arguments, and an altogether agitated time. Yet here again we get evidence of unexpected financial aid. The native may have contemplated going away in the midst of the turmoil. The culmination of Saturn invariably denotes frustration, delay, disappointment and bitterness."

One could hardly ask more than that, especially as I can add that the lady did apparently receive unexpected assistance, and that a love affair was mentioned at the trial, though not proven. She was acquitted at the second hearing.

Por outro lado, Cyril Fagan naturalmente se queixou que "somente um quadro limitado pode ser visto da revolução lunar tomada por si mesma. Não obstante ele me enviou este julgamento:

"A primeira revolução lunar (isto é o assassinato) mostra o Sol caindo no lugar da Lua natal. Isto invariavelmente significa lágrimas, desgosto, aflição, luto. Mostra piedade, compaixão, e um acontecimento que tornou necessária uma alteração importante em seu modo de vida e em sua ménage. Ambos os luminares estando com Mercúrio, ela esteve extremamente nervosa, intranquila, loquaz, excitável e teve pouca compostura. A posição de Júpiter na 7ª Casa parece ter garantido que as finanças seriam suficientes. Vênus em quadratura com Netuno e trígono com Júpiter indicam um profundo caso de amor, porém estava em plano secundário. A configuração de Netuno sugere que a ligação não era inteiramente ortodoxa. Porém estes planetas estão todos mais ou menos em plano secundário, não seria prudente para mim enfatizá-los demais.

A segunda revolução lunar (isto é, o julgamento) é mais dramática. A culminação de Plutão sugere drama, uma situação tensa, sensações (excitações). Muitas vezes denota o rompimento de ligações, e até mesmo sequestro. Plutão aspecta Vênus e Netuno e outra vez ambos estão em poderosa configuração por trás da cena. Houve o perigo de palavras

That, Ladies and Gentlemen, concludes my paper. I have taken no active part in astrological studies for some years: there are many things to learn and life is short. But I feel that my quest was not fruitless for I gained a wider and deeper understanding of things. Thank you for listening so patiently.

James Martin Harvey

coléricas, alguns debates, se não mesmo discussões e um período inteiramente agitado. Entretanto outra vez aqui temos evidência de ajuda financeira inesperada. A pessoa pode ter intencionado ir embora no meio do tumulto. A culminação de Saturno invariavelmente indica frustração, demora, decepção e amargura."

Dificilmente poder-se-ia pedir mais do que isso, especialmente quando posso acrescentar que a senhora evidentemente recebeu auxílio inesperado e que um caso de amor foi mencionado no julgamento, embora não provado. Ela foi absolvida na segunda audiência.

Com isso, Senhoras e Senhores, concluo meu ensaio. Não tenho tomado parte ativa em estudos astrológicos por alguns anos: existem muitas coisas para se aprender e a vida é curta. Porém sinto que minha pesquisa não foi infrutífera, pois alcancei um entendimento mais amplo e mais profundo das coisas. Obrigado por ouvirem tão pacientemente.

James Martin Harvey
(tradução de Flávio Cândido)

FAC-SIMILE

Since the author used only standard calculating methods, the results presented in these charts may be improved with the use of current available tecnology.

The listed charts not included in this book may be ordered directly from:
TRIOM - Centro de Estudos Marina e Martin Harvey.

Posto que o autor utilizou somente métodos convencionais de cálculo, os resultados apresentados nestes mapas poderão ser aperfeiçoados por meio da tecnologia atualmente disponível.

Os mapas listados que não constam deste volume poderão ser solicitados diretamente a TRIOM - Centro de Estudos Marina e Martin Harvey.

HENRY THE YOUNG KING 1155.2.28

2nd child & 2nd son of Henry II. & Eleanor of Aquitaine
Crowned by his father's command at Westminster on Sunday June 15 1170. He died during his father's life at Martel in Gascony on the feast of St. Barnabas the Apostle 1183.

Calculated for noon on the sundial at London on Monday February 28 1155, from the tables of Hynes, Schoch, and Foelsch.

Hypsomatic zodiac
VP: 16°55′

Tropical zodiac

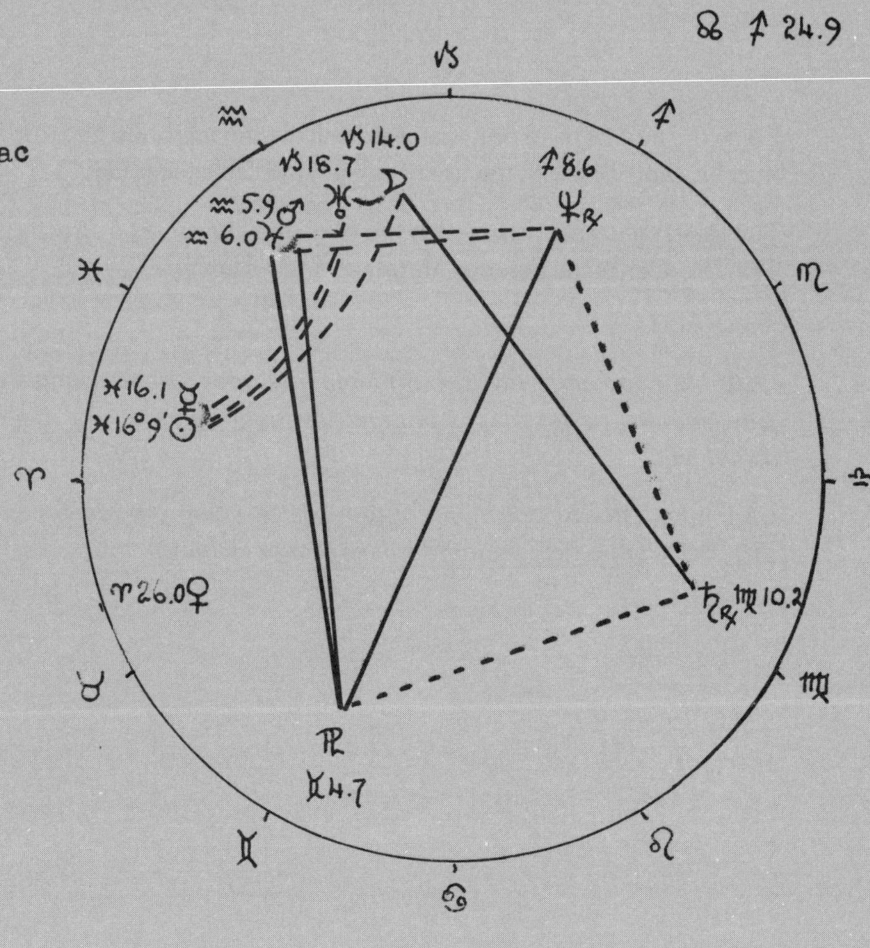

Radulfi de Diceto Ymagines historiarum in Opera historica: Rolls No. 68. vol.1. p.301.

MCLV. Natus est Lundoniae pridie kalendas Martii feria iida filius Henrico regi Anglorum ex regina Alienor, et vocatus est Henricus; quem Ricardus Lundoniensis episcopus baptizavit.

Diceto copied Torigni, but he was in a position to check the date from London records: his day of the week checks with the date in the month.

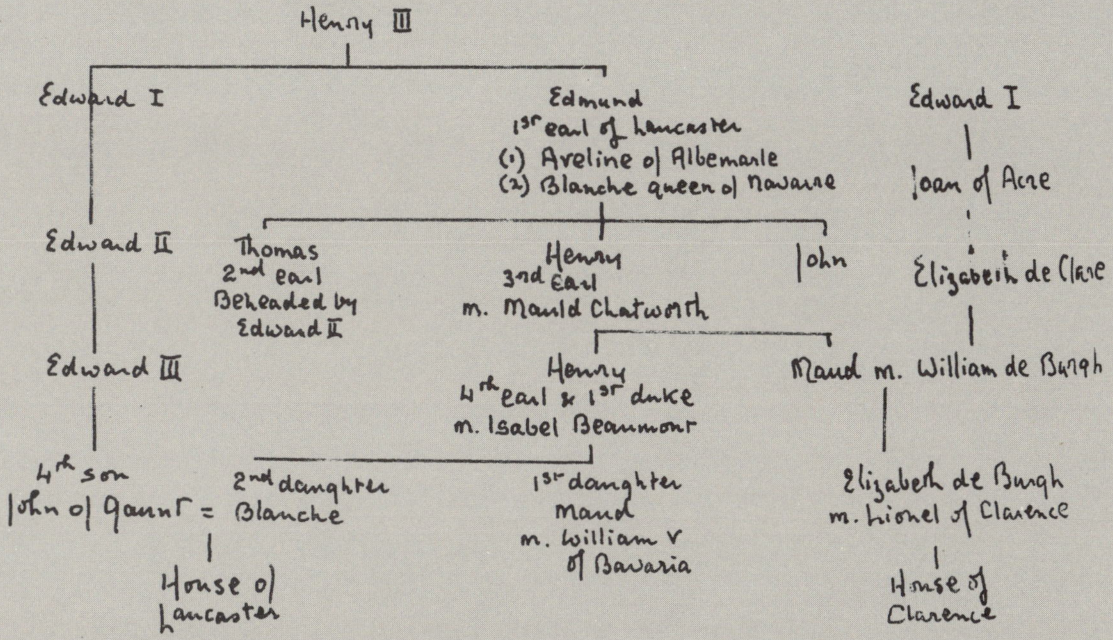

GEOFFREY OF BRITTANY 1158.9.23

Duke of Brittany & earl of Richmond

5th child & 4th son of Henry II. & Eleanor of Aquitaine

Noon positions, apparent time, Greenwich, calculated for Tuesday September 23 1158, from the tables of Hynes, Schoch and Foelsch.

Hypsomatic zodiac
VP: 16°54′

Tropical zodiac

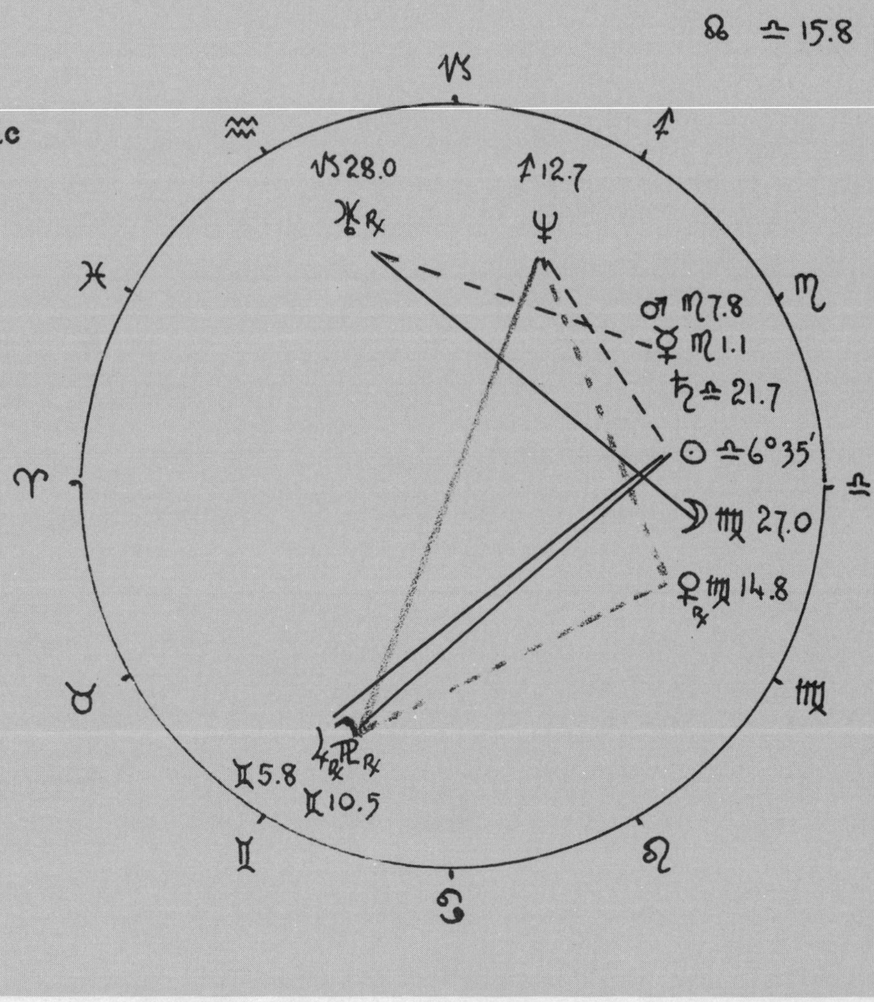

A Genealogical History of the Kings of England, and Monarchs of Great Britain, &c. From the Conquest, Anno 1066. to the Year, 1677. in seven Parts or Books. (&c.) By Francis Sandford Esq; Lancaster Herald of Arms. In the Savoy: Printed by Tho. Newcomb, for the Author, 1677.

p. 67. Geoffrey Duke or Earl of Britain, and Earl of Richmond, the Fourth Son of King Henry the Second, and Queen Eleanor, was born upon the Ninth of the Kalends of October, (viz. the Twenty third day of September) in the Fourth year of his Fathers Reign, An.1158. He took to Wife Constance, the Daughter and Heir of Conan, surnamed Le Petit, Earl of Britain, with whom Her said Father gave unto Him the Counties of Britain and Richmond, and did his homage to King Henry his Father for the same, and received also the Fealties of the Barons of Britain, An.1168. About Ten years after (viz. An. 1178.) Earl Geoffrey was Knighted by his Father at Woodstock, and by His Command employed in the War against his Brother Richard Duke of Aquitaine; in which he behaved himself so perfidiously, that he acquired the appellation of, The Child of Perdition: Nor are some Authors backward in telling us, That it was the revenge of his Disobedience, that pursued him to an untimely end. For being in a Tournament at Paris, he was trodden to death under his Horses feet, upon the Fourteenth of the Kalends of September (viz. the Ninteenth day of August,) An. 1186. in the Two and thirtieth year of the Reign of King Henry the Second, and buried before the High Altar, in the Church of our Lady, in the same City.

Sandford gives as his sources for the date of birth: Chron. Norman. and Robert of Gloucester.

Chronica Roberti de Torigneio
Chronicles of the Reigns of Stephen, Henry II, and Richard I
Ed: Richard Howlett, F.S.A. [4 vols] vol. IV. 1889. Rolls No. 82.

p. ~~175~~. 197

A.D. 1158. Romanorum Fredericus, 6. Francorum Ludovicus, 21. Anglorum Henricus 4.

Mense Septembri, IX. kalendas Octobris, natus est filius Henrico regi Anglorum, et vocatus est Gaufredus... Inde venit rex ad Montem Sancti Michaelis, et audita missa ad majus altare, comedit in refectorio monachorum cum baronibus suis.

4. H. II = 19.12.1157 to 18.12.1158

IX. kal. Oct. Sep. 23

ELEANOR QUEEN OF CASTILE 1162.10.13
Wife of Alfonso VIII. of Castile
6th child & second daughter of Henry II. & Eleanor of Aquitaine

Calculated for noon on a sundial at Rouen 1E6 on Saturday October 13 1162, from the tables of Hynes, Schoch & Foelsch.

Hypsomatic zodiac
VP: 16°50′

Query:

1. Where did Sandford get the date?
2. Is Domfront the same as Rouen?
3. Is the date 1161 or 1162?

Children who survived: Berenguela . separated from King of León
Constanza = m. Louis of France
Urraca = Alfonso II of Port
Henry = III succeeded
Leonor = m. King of ~~[illegible]~~ Aragon

☊ ♋27.4

Tropical zodiac

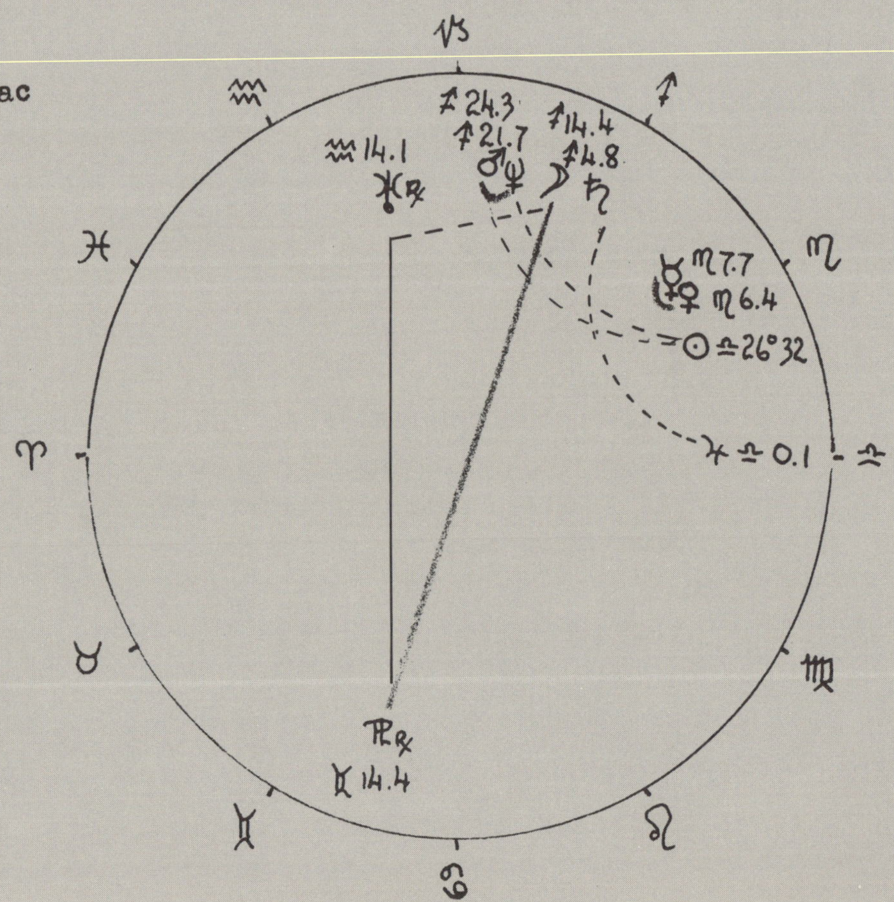

A Genealogical History of the Kings of England, and Monarchs of Great Britain, &c. From the Conquest, Anno 1066. to the Year, 1677. in seven Parts or Books. (&c.) By Francis Sandford Esq; Lancaster Herald of Arms. In the Savoy: Printed by Tho. Newcomb, for the Author, 1677.

> p. 70. Eleanor (Queen of Castile) Second Daughter of King Henry the Second, so named in memory of her Mother Queen Eleanor, took her first breath in the City of Roan, upon the Thirteenth day of October, in the year of our Salvation 1162. she was married to Alphonso the Eighth, King of Castile, An. 1177. and was by Him the Mother of Three Sons, Sancheo, Ferdinand, and Henry; all which died without Issue; and of Four Daughters, viz. Berengaria, Blanch, Vracca, and Eleanor. Berengaria was espoused to Alphonso the Ninth, King of Leon, in whose Right He had also the Kingdom of Castile; and by Her Issue, Ferdinand the Third, King of Castile and Leon, who by Beatrix His First Wife, Daughter of Philip of Swenia, Emperor Elect, was Father of Alphonso the Tenth, King of Castile and Leon: And by Joan Countess of Poutive, His second Wife, He had issue Queen Eleanor, the Beloved Wife of Edward, First of the Name, King of England.

Sandford gives his source as Roger of Howden, but I cannot trace any mention of Eleanor's birth therein.

Flores Histcriarum (Roger of Wendover), in the translation of J.A. Giles (Bohn 1849) has the following:

> A.D. 1162. ... In the same year, Eleanor queen of England bore her husband a daughter at Rouen, and the child was named after her mother.

Chronica Roberti de Toriqneio in Chronicles of the Reigns of Stephen, Henry II. and Richard I. Ed. Richard Howlett, F.S.A. [vols 4] vol. iv. 1889. Rolls No. 82.

page 211.

> A.D. 1161. Romanorum Fredericus, 9. Francorum Ludovicus, ~~16~~.24. Anglorum Henricus, 7.
>
> Regina Alienor apud Donnum Frontein filiam peperit, quam Henricus presbyter cardinalis et legatus Romanae ecclesiae baptizavit, et Achardus, episcopus Abrincensis, et Robertus, abbas Sancti Michaelis de Periculo Maris, cum aliis multis, de fonte susceperunt; et vocata est Alienor de nomine matris suae.

7.H.II = 19.12.1160 to 18.12.1161

LEWIS VIII OF FRANCE SURNAMED THE LION 1187.9.3
Son of Philip II Augustus of France and Isabel of Hainault

Calculated for Paris 48N50 2E20, Thursday 3 September 1187 at 11h. a.m. apparent time, from Hynes, Schoch and Foelsch.

Tropical zodiac
VP: 16°29'
Campanus houses
RA MC: 152°52
☊: ♓29.9

<u>The authorities cannot be reconciled concerning this date, which may be September 5.</u>

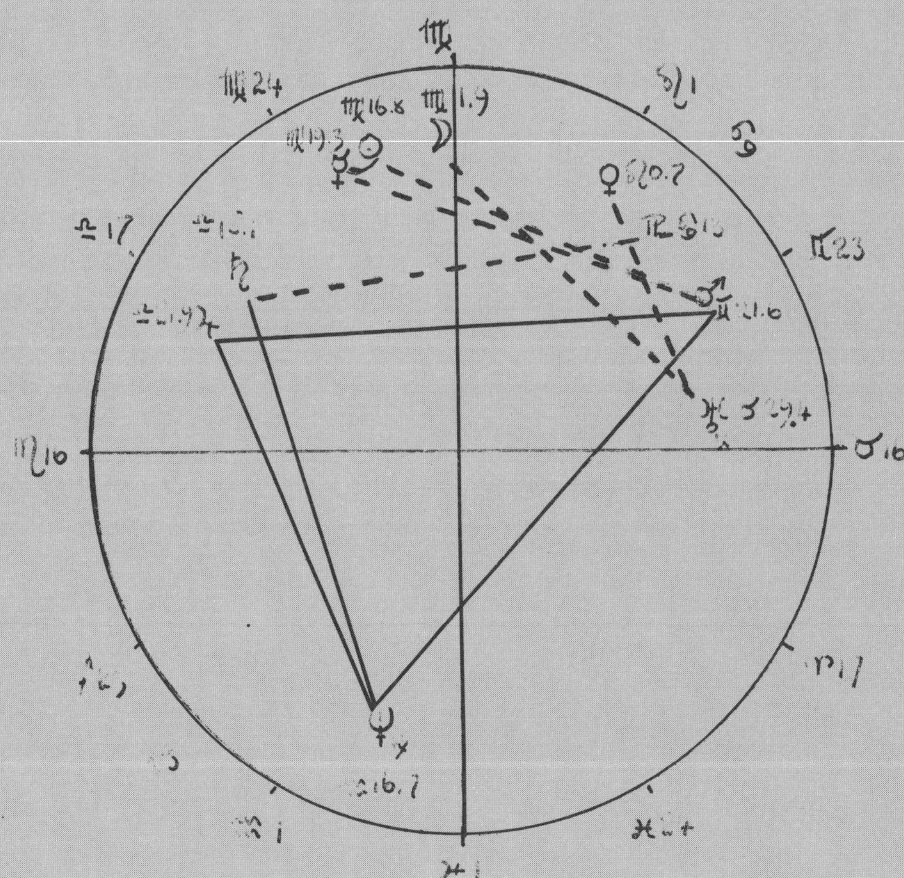

De nativitate Ludovici filii Philippi Augusti

54. - Anno Dominice incarnationis MCLXXXVII. quarta die setembris, hora tertia, fuit eclipsis solis particularis in XVIII gradu Virginis, et duravit per duas horas. Sequenti die videlicet quinta die septembris, natus fuit Ludovicus filius Philippi Augusti inclyti Francorum regis, feria secunda, hora xi diei usualis. In cujus nativitate civitas Parisii in qua natus est, tanto gaudio fuit repleta, quod per septem dies, singulis noctibus cum faculis cereis accensis, populus totius civitatis, laudes debitas solventes creatore suo, ducendo choreas canere non cessavit. Eadem hora qua natud est, cursos missi sunt per universas provincias, gaudia tanti regis exteris nunciantes; qui nimio exhilarati gaudio, laudantes benedixerunt Deum, qui talem ac tantum heredem regno Francorum suscitare dignatus est.

<u>Gesta Philippi Augusti, Rigordi Liber</u>
Oeuvres de Rigord et de Guillaume le Breton.
Société de l'Histoire de France: ed. H. François Delaborde. 1882.

Rigord lived from c.1148 to 1206. He was a physician and later a monk—first of Argenteuil then of St Denis. He described himself as <u>regis Francorum chronographus</u>. Apart from a short chronicle of the kings of France his work is Gesta Philippi Augusti (1179-1206), in which he used Annunciation style and counted regnal years from the coronations. His work was continued by William the Breton (c.1160-1225) who continued it to 1220.

Unfortunately, despite its wealth of detail, his recording of the birth of Lewis VIII does not have the day of the week correct and does not agree with other recordings.

Rigord says that on 4 September <u>hora tertia</u> there was an eclipse of the sun; on the following day, that is on 5 September, Monday, at the eleventh hour <u>usualis</u>, Lewis was born. There was in fact an eclipse of the Sun in Virgo 17°51' at a minute or two before noon on <u>Friday</u> 4 September: this is GMT, in Paris by the sundial it would have been some twelve minutes later than noon GMT. Therefore, although it took place on the date given by him, the hour is wrong (either by the clock or canonically), and the following day was a Saturday, not a Monday.

In his <u>Histoire Genealogique et Chronologique de la Maison Royale de France</u>, Father Anselme says:

Louis VIII. du nom roy de France, surnommé le Lion, prit naissance á Paris le jeudy 3. September 1187. Rigord dit que ce fut le 5. a onze heures du matin, mais le jeudy etoit le 3. de ces mois lá.

Father Anselme does not give his sources. Perhaps one of them was <u>Roger of Howden</u>, who was a contemporary but also copied from Benedict of Peterborough up to 1192 or used the same sources. Roger says: 'In the same year (1187), Isabella, the queen of France, and daughter of the earl of Hainault, was delivered of her firstborn son on the third day before the nones of September, being the fifth day of the week, who was named Louis.' (This agrees with Anselme)

Without further evidence it is impossible to reach a definite opinion.

Note the com[illegible] of the 5th day of the month of Virgo with the 5th day of the week [illegible]

HENRY OF WINCHESTER 1207.10.1

Henricus Dei gratia Rex Anglie Dominus Hibernie Dux Normannie et Aquitannie Comes Andegavie

Firstborn of king John of England by his second wife Isabel of Angoulême

Calculated for noon on the sundial at Winchester on Monday October 1 1207, from the tables of Hynes, Schoch, & Foelsch.

Hypsomatic zodiac
VP: 16°13′

Tropical zodiac

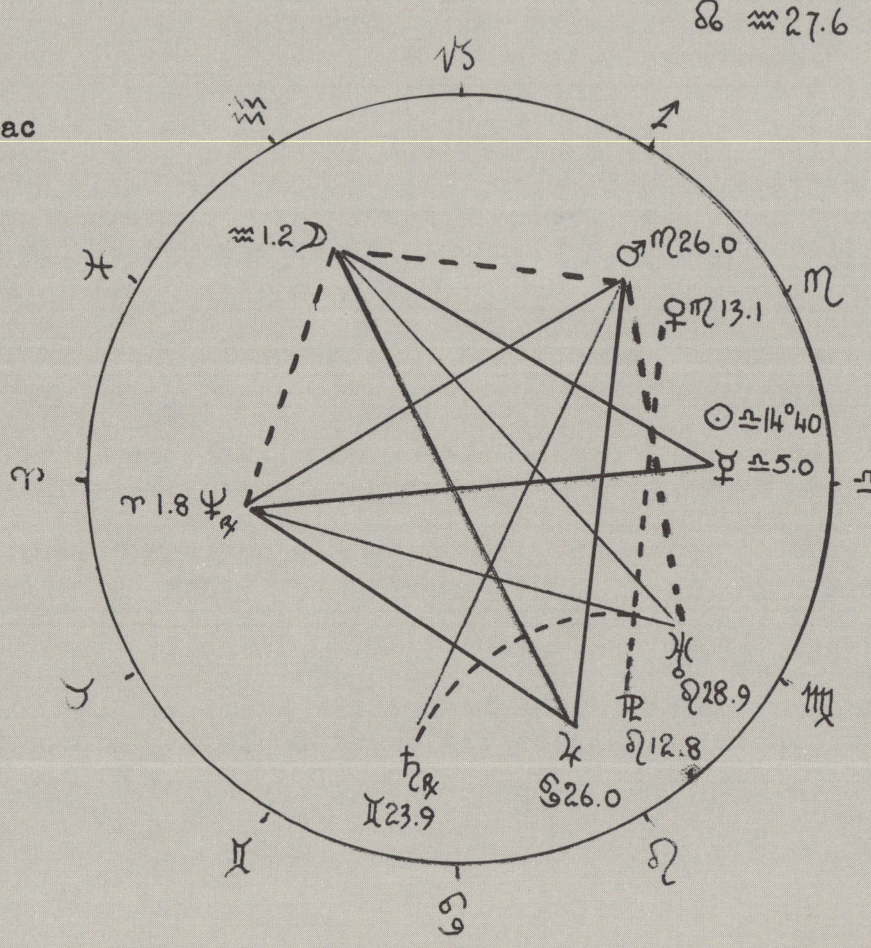

The most complete recordings of Henry's birth are in _Annales monastici_: Rolls No.36:

Annales monasterii de Waverleia: ibid. vol.2, p.259. MCCVII. ... Natus est Henricus, primogenitus filius regis Johannis, in die Sancti Remigii apud Wintoniam.

Annales monasterii de Wintonia: ibid. vol.2, p.80. MCCVII. ... Hoc anno natus apud Wintoniam Henricus filius regis Johannis de regina Isabella kal. Octobris vocatus nomine avi sui Henricus.

Other contemporary sources which all confirm the year, month and day are Roger of Wendover's _Flores Historiarum_, Rolls No. 95, vol.2, p.135; and _Gesta Regum continuata_, in _Gervasii Cantuariensis opera_, Rolls No.73. vol.2. p.107.

D. JAIME DE ARAGON 1208.2.1
el Conquistador: 1213-1276

Calculated for Saragossa 41N38 OW58 (true place not known to me) at noon on the sundial on Friday February 1 1208 (year from January 1) from the tables of Hynes, Schoch & Foelsch.

Hypsomatic zodiac
VP: 16°12′

☊ ♒ 21.3

Tropical zodiac

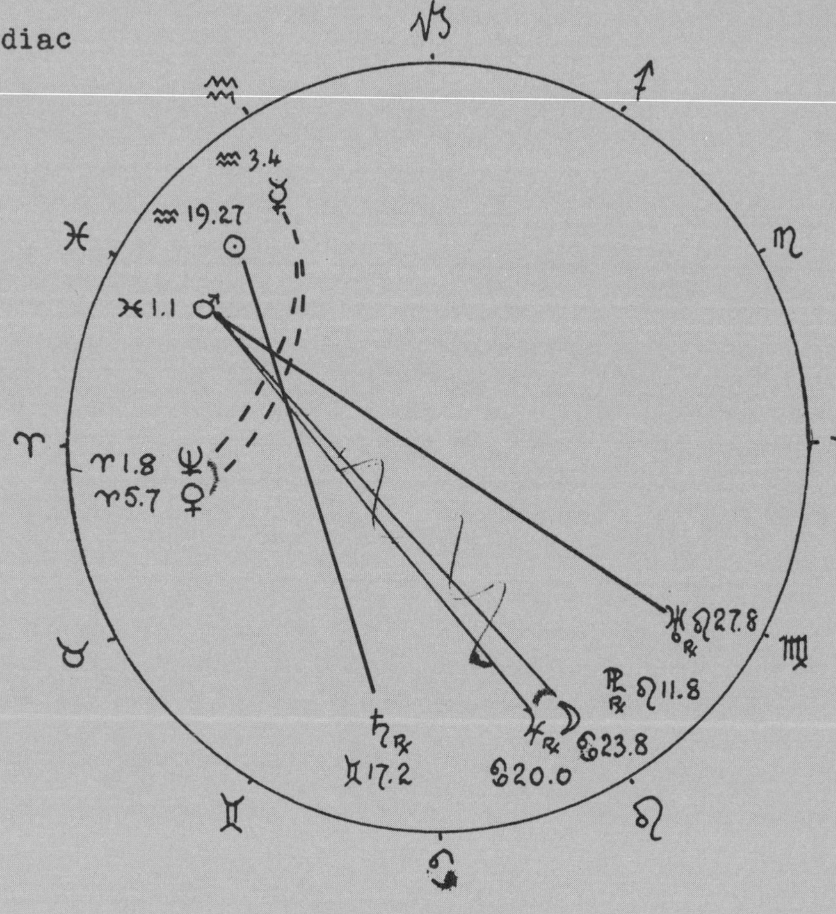

The Chronicle of James I, King of Aragon, surnamed the Conqueror. By himself. Edited by Pascual de Gayangos. London 1883.

> And thus it was the will of our Lord that my birth should be in the house of the Tornamira, the eve of our Lady Saint Mary, Candlemas day.

In a note Goyangos says that from various dates mentioned in the chronicles, and from other authentic sources, the birth of James must be assigned to February 1 1208

Andrés Giménez Soler in _La Edad Media en la Corona de Aragón_ (1930) says that according to Desclot, who knew him, James stood a hand taller than the tallest man of his time and was broad in proportion. He had red hair, a white skin, black eyes, and was straight and graceful: he was handsome and knew it. The chroniclers excuse his womanizing by saying that women sought him more than he them. He married thrice, the first time at thirteen to Leonor of Castile who gave him Alfonso, but he tired of her and in 1229 she was rejected on grounds of consanguinity. His second wife was Violante of Hungary who dominated him, hated her stepson Alfonso, and spoiled the three sons and three daughters that she bore Jaime. She caused great disorders. After her death he wooed a noble Aragonese lady, Teresa Gil de Vidaurre, and married her secretly when she refused to lie with him. Later he tried to cast her off when she contracted leprosy, but she appealed to Rome and won her case supported by Berenguer de Castellbis, bishop of Gerona; in revenge the king cut out the bishop's tongue alleging that he had violated the royal confessional. Soler sayd that he was incapable of deep affection, was a bad husband and a bad father: he persecuted his son by Leonor, and allowed the eldest son of Violante to murder his bastard brother Pedro Sanchez and rejoiced at the murder.

When very young James was taken from his mother and was placed with strangers at Carcassone. At the age of six the Templars took charge of him but in 1216 his life became freer. No attention was paid to his education and although thousands of original documents survive from his time none is signed by him and no autograph of his is known. The chronicle attirubed to him is believed to have been written by his order by a Dominican in Latin and afterwards translated into Catalan. Soler sees him as a superficial man, arragant and conceited, inconstant, strong with the weak and weak with the strong: traits that were accentuated by his upbringing and because he could do what he liked from an early age. Soler says that he lacked political vision and held a narrow view of kingship and in the vanity of his imperialism he sacrificed the nation's interests and lived in turmoil with his subjects. As a soldier he was rash and attacked at haphazard. His conquests (the Balearic Islands and to the south) turned out well not through his foresight but through the weakness of his adversaries

RICHARD OF CORNWALL 1209.1.5

2nd child & 2nd son of king John & Isabel of Angoulême
He was crowned king of the Romans at Aachen on Ascension Day May 17 1257. He died at Berkhampstead on Saturday April 2 1272.

Calculated for Winchester 51N4 1W18 at 11h.30m. p.m. sundial time on Monday January 5 1209, from the tables of Hynes, Schoch & Foelsch.

<u>Semi-speculative</u>

Hypsomatic zodiac
VP: 16°11′

RA.MC. 107°32′
☊ ♒ 3.2

Tropical zodiac
Campanus houses

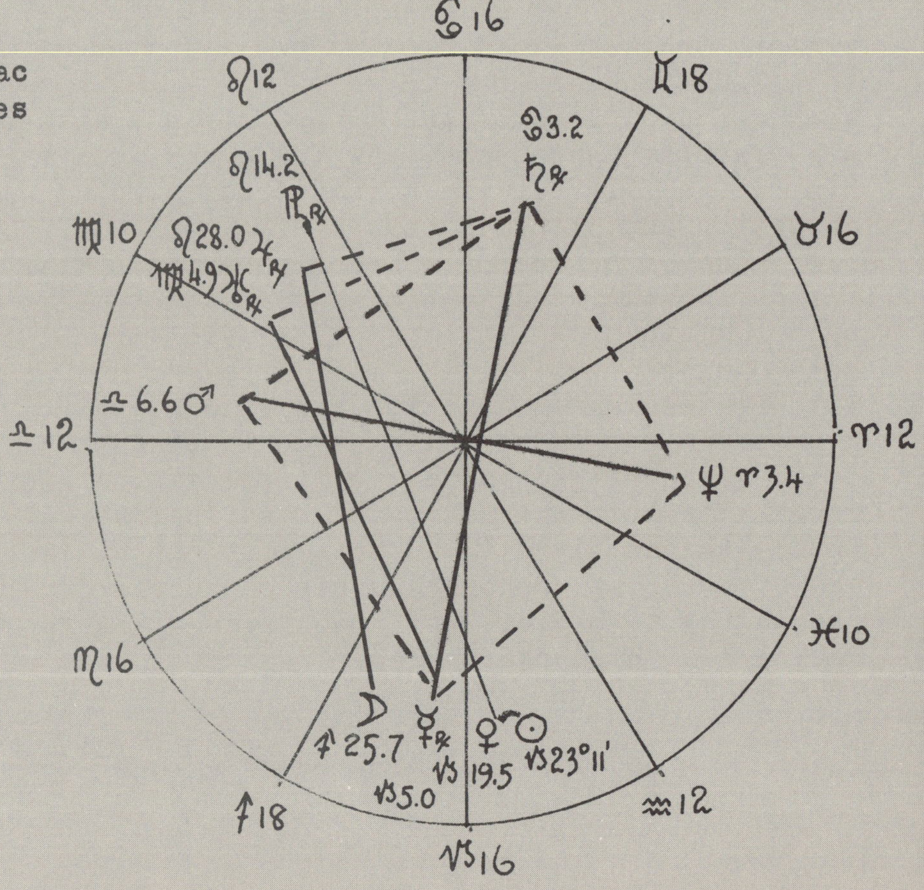

There has been confusion about Richard's birth, but it is cleared up by the anonymous *Flores historiarum*: Rolls No.95. vol.2. pages 135 and 137. The MS. covering this period was written at St.Albans from the Chronicle of Roger of Wendover; but although much was copied verbatim there were alterations, omissions, and additions, while many passages were re-written in the compiler's own words. He seems to have been particularly interested in dates of birth. In the two passages given below the part copied from Wendover is left in ordinary type, and the additions are in *italics*.

> Anno gratiae MCCVIII°. Rex Johannes celebravit Natale Domini apud Windleshores, ac deinde sol passus est eclipsim *imminente Martio*. Eodemque tempore Philippus Dunelmensis et Galfridus Castrensis episcopi naturae debita persolverunt. Eodemque anno Ysabella Anglorum regina peperit regi Johanni filium qui vocatus est Ricardus, *ita quod completo tempore puerperii natus est in vigilia Epiphaniae anno proximo sequenti*, *et hic casus multas facit in historiis contradictiones* ..

> Anno gratiae MCCIX°. Amotum est scaccarium a Westmonasterio usque Northamtonam per regem, in odium Londoniensium, *usque ad Natale*. *Et quia diebus Natalitiis quos in confinio anni praeteriti et futuri scriptores ponunt*, *natus est regi Johanni filius quem vocavit Ricardum*, *aliqui hoc anno*, *aliqui hoc anno praeterito*, *natum fuisse contendunt*. *Matris tamen ejus usque ad vigiliam Epifaniae duraverunt in puerperio crepundia*.

From which it is clear that some chroniclers mistook pregnancy for birth; these passages are interesting from a chronological standpoint, pointing as they do to the position of Christmas as the beginning of the year.

Further evidence comes from the contemporary *Annales monastici*: Rolls No.36: the most important of which are, in this case, *Tewkesbury* giving the birth at night, vol.1. page 59; and *Margam* which shows the place to have been Winchester, vol.1. page 29. Respectively, they read:

> MCCIX. Regina Isabel peperit Ricardum, nocte Epiphaniae.

> MCCVIII. Mense Januarii peperit regina Ysabel apud Wintoniam filium qui vocatus est Richardus.

It might be added that the *Annals of Winchester*, vol.2. page 80. confirm the year MCCIX. but say "in die Epiphaniae". However, it must be remembered that in church usage the day began after Vespers on the previous day.

In view of the foregoing the natus has been set for 11h.30m. p.m. sundial time as representative of a birth late at night on the eve of the feast of the Three Kings.

EDWARD I. OF ENGLAND 1239.6.17

Eldest son of HENRY III. by his Queen, Eleanor of Provence. His regnal years date from Sunday 20 November 1272, and he was crowned on the Sunday after the feast of the Assumption, 19 August 1274. He died at Burgh-on-Sands near Carlisle on Friday 7 July 1307. He was styled Edwardus Dei gratia Rex Anglie Dominus Hibernie et Dux Aquitanie. His surname was Longshanks.

Calculated for Westminster, Friday, 17 June 1239, 23h.30m. apparent time, from the tables of Schoch and Foelsch.

Tropical zodiac
VP: 15.8
Campanus houses
RA MC: 265º27'
☊: ♊ 14.4

He married D. Leonor of Castile (born 1240) daughter of D. Fernando III & his second wife Jeanne de Ponthieu, on 29 September 1254 (Michaelmas) at the convent of Las Huelgas by her brother D. Sancho.

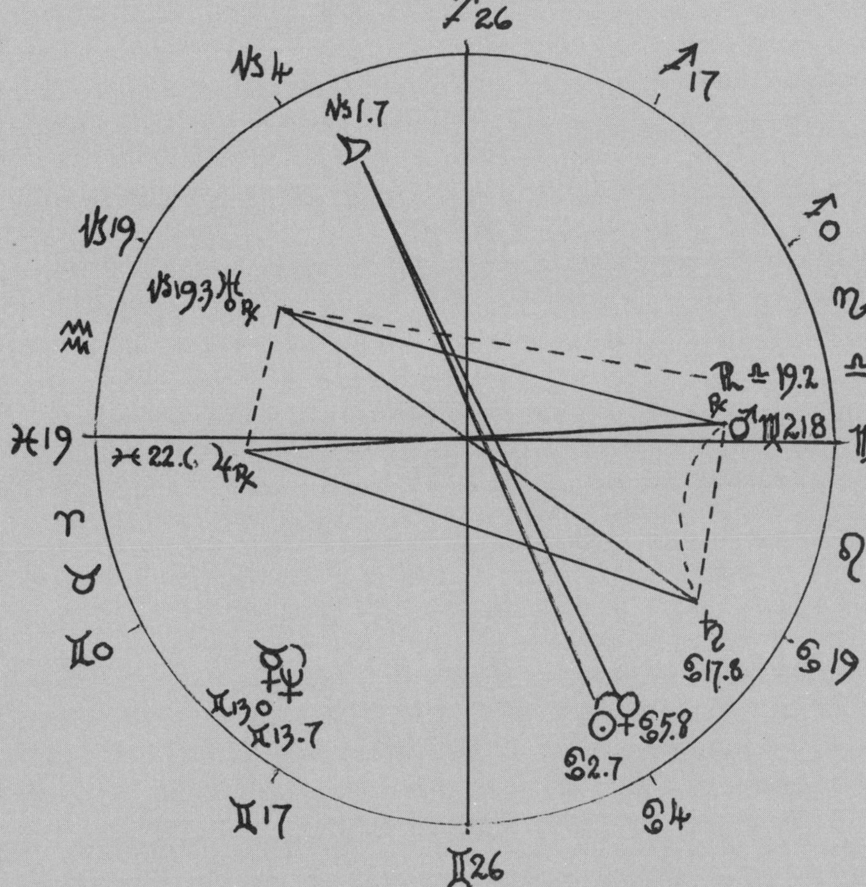

EDWARD THE FIRST OF ENGLAND

Almost every provincial chronicle available to me, namely Burton, Bury, Hemingburgh, Osney, Tewkesbury, Waverley, and Winchester, record Edward's birth as 18 June 1239. Tewkesbury's chronicler links it with the dedication of their high altar. The dissenters are Worcester; and the history written at Osney (Oxford) by Thomas Wykes, alongside the monastery's own annals. Both give 17 June.

In contrast to the Osney annalist, Wykes was a royalist in the barons' war. His hero was the lord Edward, and care is apparent in the recording of Edward's birth, the church calendar being used to confirm the civil date:

> MCCXXXIX. Alienora regina peperit filium suum primogenitum apud Westmonasterium xv. kal. Julii, scil. in festo Sancti Botulphi.

The feast of S. Botulfus falls on 17 June (xv. kal. Julii), which in that year was a Friday.

Wykes remembered this thirty-three years later (1272), when the lord Edward spent his birthday in Acre and barely escaped with life from the attack of an assassin. This too was a Friday:

> MCCLXXII ... actum enim fuit hoc scelus in mane die Veneris in festo Sancti Botulfi, videlicet xv. kal. Julii, eodem scil. die, per annorum revolutionem, quo de utero genitricis suae progrediens humanam nativitatem accepit; aetatis vero suae anno xxxiii.

The quotations are from Chronicon Thomae Wykes in Annales Monastici, ed. H. R. Luard (Rolls Nº36, IV. pp. 86 & 250). Perhaps there is no need to suggest that in 1272 Edward's birthday must have been well known.

Chronicles in and about the place of birth confirm 17 June. Bermondsey agrees—if one accepts "quinto kalendas" as a lapse for "quinto decimo kalendas". Annales Londonienses, ed. William Stubbs (Rolls Nº76, I. p.36) have "at Westminster on the eve of SS. Marcus and Marcellianus", or 17 June. And the matter is clinched by Flores historiarum, ed. H. R. Luard (Rolls Nº95, II. p.231). This is a version of Matthew Paris's chronicle brought from St. Albans to Westminster in 1265 (known as "Matthew of Westminster") and there continued by various hands, with revisions in the early part—especially regarding royal births. The relevant entry is:

> Item eodem anno, natus est domino regi Anglorum Henrico et Alienorae reginae filius primogenitus apud Westmonasterium xv. kalend. Julii, in nocte sequenti, SCILICET IN VIGILIA SANCTORUM MARCI ET MARCELLIANI, et est Edwardus vocatus ...

The words in small capitals ("namely, on the eve of SS. Marcus and Marcellianus") were inserted in Westminster, probably from an existing local record. Of special interest is the detail of birth "in nocte sequenti", which here means "late at night" on 17 June.

Flores historiarum continues with an account of the christening and those present; and says that couriers were sent to neighbouring princes and to the English nobility, coming back laden with costly gifts. Here, perhaps, is why most of the provincial chronicles recorded 18 June, although their colleagues in London wrote down the previous day: the memoranda to great men and to foreign parts would have been written on the following day and could easily have been given that date.

Nevertheless, in recent times, two distinguished historians have quoted 16 June. In King Henry III and the Lord Edward (1947), F. M. Powicke writes (vol.2, p.603) that "On 16 June, nearly two months after the treaty had been made, he got at Acre convincing proof of the mamluk sultan's esteem. One of the Ismailian assassins of the Lebanon was sent to kill him." And in A History of the Crusades (1954), Sir Stephen Runciman writes: "On 16 June 1272, an Assassin disguised as a native Christian penetrated into the Prince's chamber and stabbed him with a poisoned dagger." (Vol.3, p.338)

On the other hand, the venerated Victorian authority, Professor T. F. Tout, wrote in Edward the First (1893): "One hot evening in June 1272—it happened to be Edward's birthday—the envoy of the Emir (&c.)": here follows one of several variations on this theme. Thout had opened his book by saying that Edward was born at Westminster on 17 June 1239: a statement repeated in his article on Edward in the Encyclopaedia Britannica (1911). Tout did not, I think, draw his information from Wykes, because he reports the dagger incident as being in the evening, whereas Wykes has the morning.

Powicke and Runciman apparently took their date (16 June) from Matthaei Parisiensis Chronica Majora, ed. H. R. Luard (Rolls Nº57, III., p.541), printed from the Corpus Christi MS. collated with Cottonian MSS., which says:

> Sexto decimo kalendas Julii, nocte sequenti, apud Westmonasterium natus est regi filius ex regina sua Alienora.

This is the only place in which I have found 16 June. But a footnote tells us that the Corpus Christi MS. has "Sexto decimo v° kal. Julii" or "16th 17th June"—with a stretch of the imagination. The editor apparently opted for a collation, although he had already edited Annales Monastici, and knew that everywhere else the date is either 17 or 18.

Summing up:- Westminster, the source most qualified to know, gives 17 July 1239, late at night, confirming that by pointing to the eve of SS. Marcus and Marcellianus; Annales Londonienses, likewise favoured by circumstance, corroborate the vigil of these two saints; and Thomas Wykes not only confirmed 17 June by quoting the feast of S. Botulfus, but he repeated these data in his entry under 1272 in connexion with an event which resounded throughout the middle east and Europe at a time when Edward's birthday was well known. Finally, despite the muddle in his chronicle, Matthew Paris did at least bear witness to the birth being late at night.

In my view. there can be no doubt that Edward the First of England was born at Westminster, late at night on Friday, 17 June, 1239. I have set a figure for 11.30 p.m. apparent time.

BEATRICE, DUCHESS OF BRITTANY 1242.6.25

3rd child and 2nd daughter of Henry III. of England and his Queen, Eleanor of Provence.

She married, in 1260, John de Dreux, duke of Brittany and earl of Richmond, by whom she had four sons and two daughters. She died in 1274.

Calculated for Noon apparent time, Bordeaux 44N48 0W34, Wednesday 25 June 1242, from Hynes, Schoch, Foelsch.

Tropical zodiac
VP: 15º44′
☊: ♈16.0

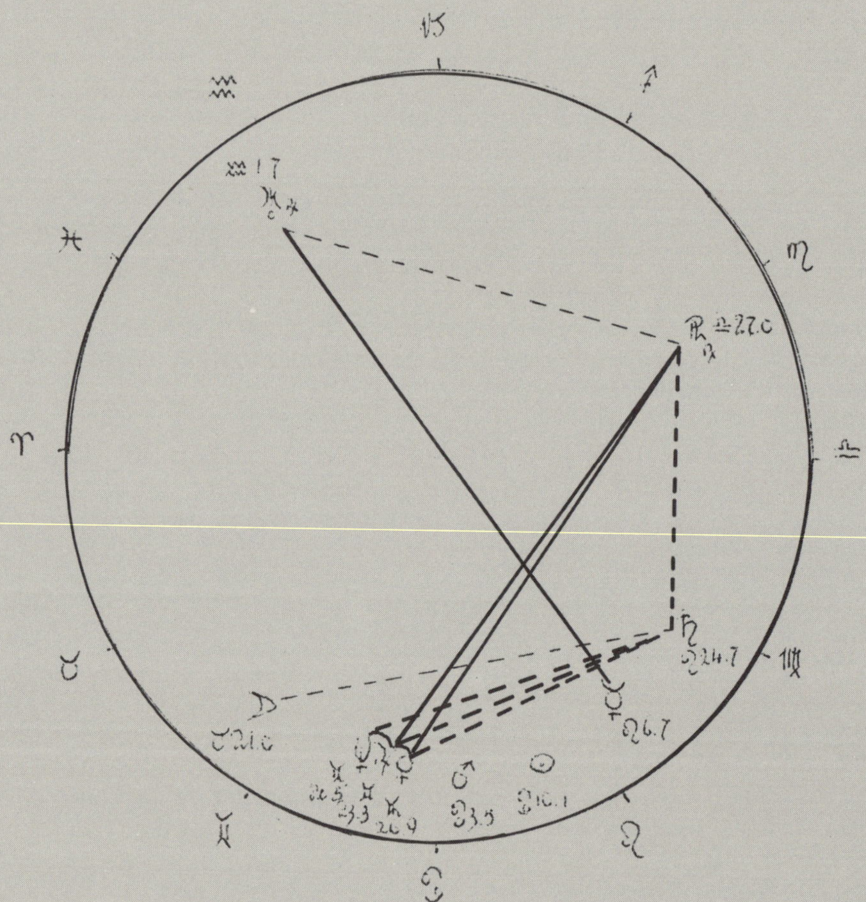

Flores historiarum, per Matthaeum Westmonasteriensem collecti, ed. H. R. Luard (Rolls Nº95, 3 vols): II. p. 255/6

Anno gratiae MCCXLIIº. qui est annus regni regis Henrici tertii xxvi... Et dum rex his turbinibus exagitaretur, regina Alienora, proxima partui, apud Burdegalim commorabatur, nec inde recessit donec peperisset videlicet filiam, et vocatum est nomen ejus Beatrix, comitissa Provinciae, que Beatrix vocabatur, sic, procurante; nata est igitur in crastino nativitatis sancti Johannis Baptistae.

Matthaei Parisiensis Chronica Majora, ed. H. R. Luard, (Rolls Nº57, 7 vols.): IV. p. 224

(1242) Peperit igitur uxor ejus regina Alienora filiam, in crastino Nativitatis sancti Johannis, et vocatus est nomen ejus Beatrix, sicut mater ipsius reginae vocitatur.

EDMUND SURNAMED CROUCHBACK 1245.1.16

4th child and 2nd son of Henry III. of England and his queen Eleanor of Provence.
Earl of Lancaster, Leicester, Derby, and Campaigne, Lord of Monmouth, and Steward of England.

Born at London or Windsor. Calculated for Noon apparent time, London, Monday 16 January 1244/5, from Hynes, Schoch, Foelsch.

Tropical zodiac
VP: 15°41′
☊: ♒ 26.4

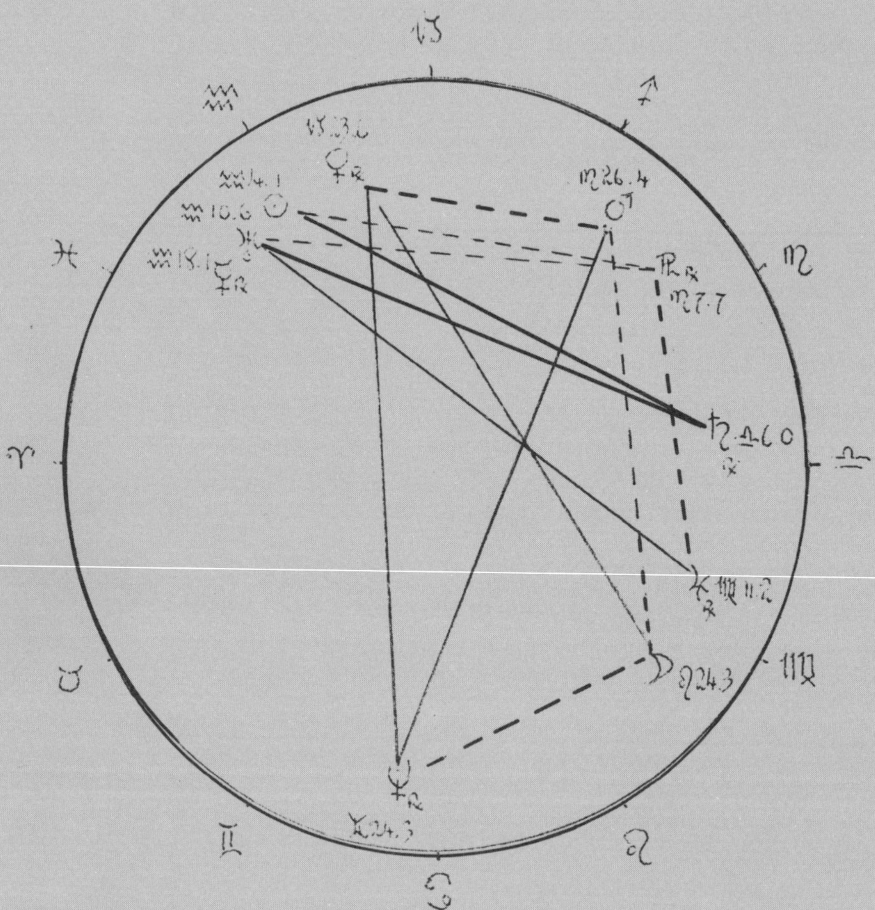

He married (1) in 1269, Aveline of Albemarle, who died in the same year, and (2) in 1275, Blanche, widow of Henry, King of Navarre, daughter of Robert of Artois, brother of St. Louis of France. Edmund died at Bayonne in 1296. His great grand-daughter, Blanche, married John of Gaunt.

Contemporary recordings of _Edmund's_ birth are found in five of the chronicles in _Annales Monastici_, ed. Henry Richards Luard (_Rolls N°36_, 5 vols.): _Winchester_, II. 90; _Dunstable_, II. 166; _Osney_, III. 92; _Thomas Wykes_, III. 92; _Worcester_, IV. 437. Years are reckoned from the Annunciation in the first four, and in _Worcester_ from Christmas or the Circumcision. All agree on _1244/5_, and the first four give the date as _xvii. kalendas Februarii_ (16 January). _Worcester_ merely says "Regina peperit Edmundum in Januario". None gives the place of birth.

Matthew Paris of St. Albans, and _Flores historiarum_ based upon him but taken in 1265 from St. Albans to Westminster where it was continued (and revised) by the pseudo Matthew of Westminster, both show him born on St. Marcellus's day. _Flores Historiarum per Matthaeum Westmonasteriensem collecti_, ed. H. R. Luard (_Rolls Nº95_, 3 vols.); and _Matthew Paris's English History_, translated by J. A. Giles (_Bohn_, 1852). Both begin the year at Christmas and neither shows the place of birth; but this must have been in Windsor or London, because _Flores historiarum_ says that the king held his Christmas at London, and _Chronica Buriensis_ (St. Edmund's Abbey at Bury) records under 1245: "Queen Eleanor gave birth to a son, who was named Edmund after the glorious king and martyr Edmund; King Henry, in a letter dated 18 January in the twenty-ninth year of his reign, instructed Henry, abbott of Bury St. Edmunds, to announce this to his monks."

St. Marcellus must be Pope Marcellus I. who appears in the Black Book of the Exchequer (written about 1252-1260) under _16 January_, thus agreeing with the annalists; but the University calendars had another "Marcellus" under _4 September_: the Roman Martyrology has a bishop and a priest of this name both listed under 4 September. The recording in _Flores historiarum_ (II. 286) reads:

> Anno gratiae MCCXLVº, qui est annus regni regis Henrici tertii XXIX... Die vero Marcelli regina Alienora peperit domino regi filium, et vocatum est nomen ejus Aedmundus.

Marcellus appears in the Roman Martyrology for a number of others, as well as the three just mentioned: _9 Apr_. a bishop; _14 Aug_. a bishop; _27 Sep_. a monk; _30 Oct_. a centurian; _1 Nov_. a bishop; _26 Nov_. a priest; _29 Dec_. an abbott: all of early date. And there are others linked with one or more companions.

In his article on Edmund in _Genealogical History_ (1677), Francis Sanderson writes: "He was Surnamed _Crouch-back_, from the bowing of his Back; others say he was so denominated from his wearing the Cross (antiently called a Crouch) upon his back, which was usually worn of such as vowed Voyages to Jerusalem, as he had done An. 54 Hen. 3. grounding their conceits upon the word Crouch (the Wooden-supporter of Impotent and Lame Men, made like a Cross at the top,) further confirming their opinions, from the name of Crouched Fryers, that wore a Cross upon their Garments, and bore the Cross for the Badge and Arms of their House." (p. 103)

PHILIP III OF FRANCE (Le Hardy) 1245.4.30
Son of Lewis IX & Marguerite de Provence

Calculated for Poissy 48N54 2E4, Sunday 30 April 1245 at 11h.30m. p.m. apparent time, from Hynes, Schoch & Foelsch.

Tropical zodiac
VP: 15°40'
Campanus houses
MC RA: 217°22'
☊: ♒ 20.8

This is semi-speculative, for the evidence says no more than that the birth took place on the Sunday night before mid-night.

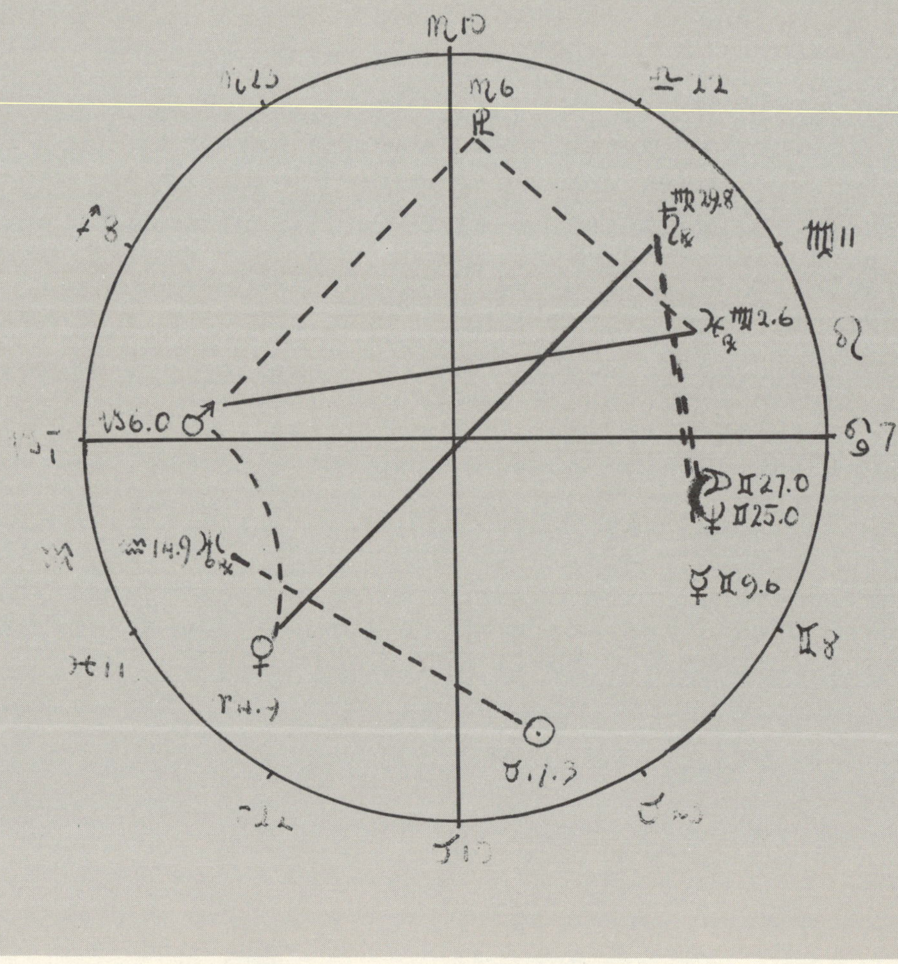

Item, Incidentia. Anno Domini MCCXLV. regni serenissimi regis Francorum Ludovici XIX, et aetatis suae XXX, ultimâ die mensis Aprilis, quae fuit dies vigiliae beatissimorum apostolorum Philippi et Jacobi, peperit de nocte filium Ludovico regi Francorum uxor sua Margareta. Quem idem rex nomini avi sui Philippi regis fecit nominari.

Gesta Sanctae Memoriae Ludovici Regis Franciae; auctore Guillelmo de Nangiaco. In _Receuil des Historiens des Gaules et de la France._ T.xx.p.346.

En lan Nostre Seigneur mil II. C. XLV., la nuit du darrenier jour davril qui en la veille des apostres saint Phelippe et saint Jaque, la royne de France Marguerite ot de nuit I fil que li roys fist nommer Phelippe, pour lamour de son ayoul le roy Phelippe. _idem._ p.347

Philippe III. du nom, roy de France, surnommé le Hardy, naquit le jour de S.Jacques & S.Philippe premier mai 1245 selon la chronique de Guillaume de Nangis.

Histoire Genealogique et Chronologique de la Maison Royale de France, &c. _Par le P.Anselme, Augustin Déchaussé; continuée par M. du Fourny._ Paris 1726 3rd edition page 87

Father Anselme slipped here, for he says that Philip was born _on_ the feast of SS James and Philip, giving his authority as Nangis; but Nangis (above) says that it was the _eve_ of the feast.

ALFONSO OF BAYONNE 1273.11.23

5th child & 3rd son of Edward I & Eleanor of Castile

Calculated for Bayonne 43N29 1W28 on Thursday November 23 1273 at 11h.30m. p.m. sundial time, from the tables of Hynes, Schoch, and Foelsch.

Semi-speculative

Hypsomatic zodiac
VP: 15°18′

RA.MC. 60°23′
☊ ♌8.4

Tropical zodiac
Campanus houses

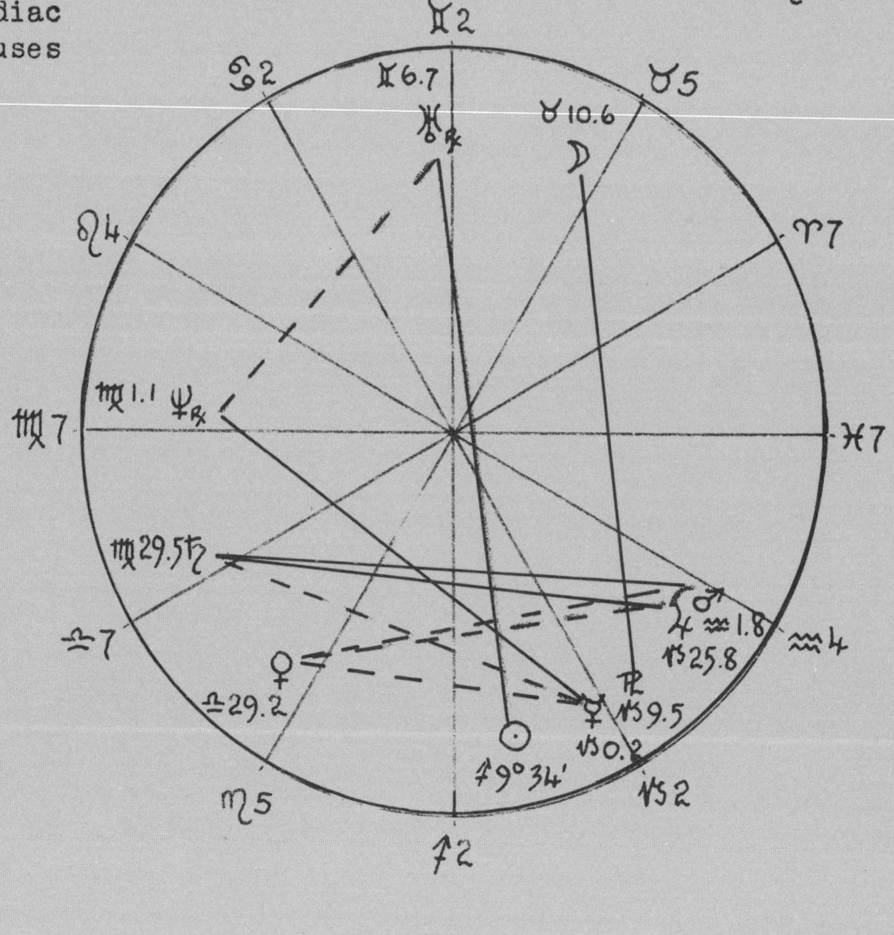

The Chronicle of Florence of Worcester with the two continuations; comprising annals of English history, from the departure of the Romans to the reign of Edward I. Translated from the Latin, with notes and illustrations, By Thomas Forester, A.M.
Henry G. Bohn: London: MDCCCLIV.

page 353. (1273) ... A son was born to the lord Edward, at Beaune in Gascony, on the night following the feast of St. Clement; to whom he gave the name of Alfonso, after the king of Spain, St. James, and Portugal.

The compilor of this part of the last continuation was a monk of Bury named John of Everdon; the feast of St. Clement of Rome is on November 23; the ecclesiastical day began with Evensong on the previous day, so that the night following the feast would still be November 23-24. I have taken it as half an hour before midnight as Strickland quotes Paulus Emilius as giving November 23. As for the place of birth, Beaune was not in Gascony, and Professor Tout says Bayonne.

ROBERT THE FIRST OF SCOTLAND "The Bruce" 1274.7.11
Earl of Carrick, grandson of Robert de Brus The Competitor who had claimed the throne through his mother Isabel the 2nd daughter of David earl of Huntingdon. He assumed the drown on 27 March 1306 thus ending 'the second interregnum' of 1296-1306.

Calculated for Writtle in Essex 51N44 0E28, 11 July 1274 at 11h.30m. p.m. that being the time when the middle degrees of Taurus were on the eastern horizon.

Tropical zodiac
VP: 15°17'
Campanus houses
RA MC: 290°37'
☊ : ♋26.2

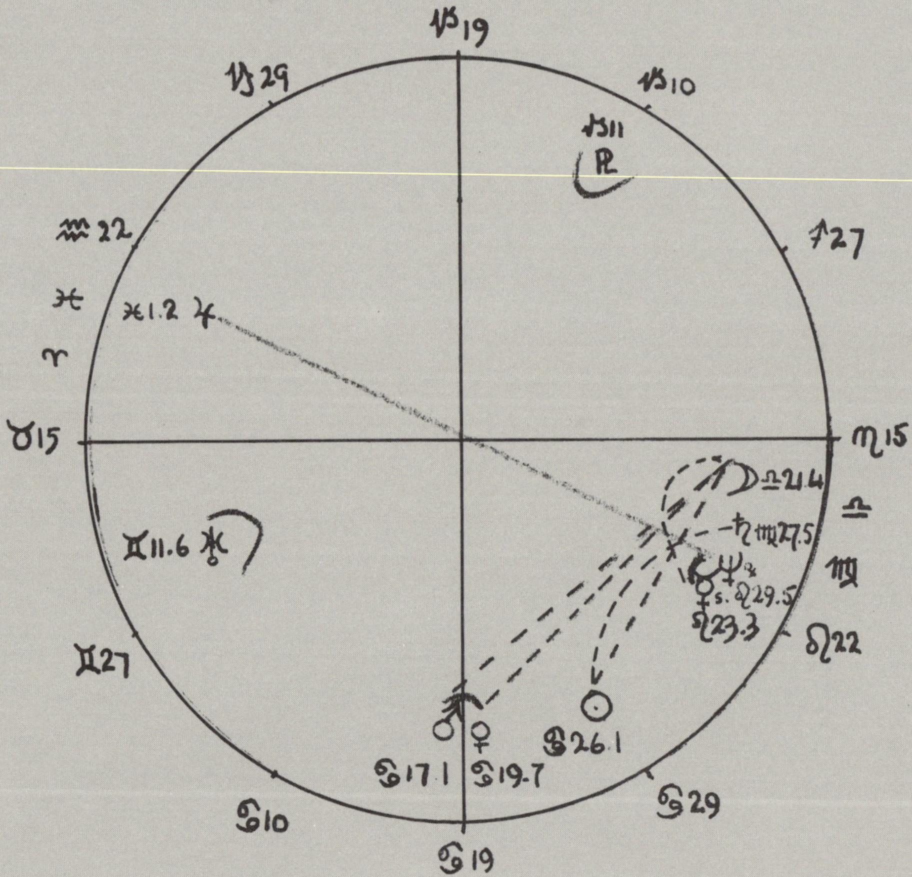

Robert I, de Brus, or 'The Bruce', Earl of Carrick and Lord of Annandale: born at Writtle, near Chelmsford, 11 July 1274: chosen one of the guardians of the kingdom 19 August 1299: assumed the sovereignty and was crowned at Scone 27 March 1306.

The Kings of Scotland in The Scots Peerage: ed. Sir James Balfour Paul, Lord Lyon King of Arms. Col.1, p.7. 1904.

Evidence of English birth is in Chronicon Galfridi le Baker de Swynebroke, ed. Edward Maunde Thompson, Principal Librarian of the British Museum, 1889. The original MS. in the Bodleian Library was completed in 1347 and was linked with the Bohun family (Earls of Essex) from the time of its compilation:

> (A.D. 1306) Circa festum Purificacionis Robertus le Bruys, nacione Anglicus, volens iure uxoris sue sine scitu et assensu ligii domine sui regis Anglie regnum Scocie usurpare, fecit convocacionem magnatum Scocie, inter quos in ecclesia fratrum Minorum apud Dumfres dominum Johannem de Komyn, fidelem amicum regis, conspiracioni sue dissencientem trucidavit. (p.2)
>
> (A.D. 1327) Hoc quoque anno moriebatur Robertus le Bruys, relicto filio suo David, septem vel octo annos habent, quem Scoti receperunt in regem tali iure: Alexander Scotorum rex habuit tres filias sine masculo, quarum primam maritavit Iohannis de Bayliol, alteram Iohanni de Comyn, et terciam Roberto le Bruyus, Anglice nato in Essexia, apud Wretle.

The manor of Writtle had been granted to his great grandmother Isabel of Huntingdon (wife of Robert de Brus) by Henry III in 1237: it remained a favourite residence with the family.

The date is found in John Fordun's Chronica Gentis Scotorum. Fordun travelled through England and Ireland collecting material at some time from 1363 onwards and at the time of his death in 1385 had completed his history down to the death of David I in 1153. His work and notes eventually passed to Walter Bower, Abbot of Inchcolm, who introduced interpolations and continued the story down to 1437. The recording of Robert's birth thus comes from Bower, but very probably originated in a note by Fordun.

> Anno Domini M semel ad bis C. L. X. bis, et I quater adde,
> Tunc rex Robertus, omni probitate refertus,
> Festo, quo sancti translatio fit Benedicti,
> Extiterat natus, divinitus ymmo vocatus.

Confirmation is in Liber Pluscardensis (liber septimis) compiled about 1461 at Pluscarden Priory. The original is lost, but is represented by two principal MSS., both probably immediate transcripts, the best being the Glasgow College MS., considered a faithful copy made between 1478 and 1496 and from which the copy in the Advocates Library descends. The second principal MS. is in the Bodleian but suffered alterations, one of which changes the date of Robert's birth from the translation of St Benedict to that of St Andrew. Probably this was done for patriotic considerations and was aided superficially by the fact that the St Andrew festival occurs when the sun is in Taurus. But in those days a person's birth was connected not with the sun but with the rising sign: cf John Rous's remark about Richard III: 'Cujus in nativitate Scorpio erat ascendens...', the sun being in Libra.

> Quiquidem Robertus tercius, rex futurus, natus est in signo Tauri, nobilissimo in festo Translacionis Sancti Benedicti; qui, divina disponente clemencia, in felici hora iste natus est Scotis, quia de eminenti periculo subjeccionis et servitutis perpetuae nos liberavit.

....

Before the invasion of England in 1066, a Norman knight named Robert de Brus married the lady Emma, daughter of Allan of Brittany. Their son Adam crossed the channel to prepare the say for duke William and was recompensed eventually with considerable lands in Yorkshire. Adam's son Robert made a skilful marriage and achieved no less than 94 lordships in Yorkshire together with some land in Annandale. Robert's son, also a Robert de Brus, received the Annandale lands (at the age of 14) from his father and shortly afterwards, at the battle of the Standard (1138), fought for the Scots and was taken prisioner by his father who fought for the English—a form of insurance.

Young Robert who fought for the Scots returned to England where he married and had two sons: Robert who died in 1183 without issue and William who lived until 1215. William's eldest son was named Robert and married Isabel, the 2nd daughter of David earl of Huntingdon, younger brother of King Malcolm IV and King William of Scotland. In 1237 she was granted by Henry III the manors of Hertfield and Writtle in Essex and it was there that they chiefly resided. This Robert died in 1245 and his wife (born ~~1206~~) some six years later.

Their eldest son, Robert de Brus, was born in ? 1210 and in May 1240 married Isabel de Clare, daughter of Gilbert earl of Gloucester, who was born on 2 November 1226. This Robert served on the side of Henry III in the wars of the barons and after Evesham was appointed governor of Carlisle castle and sheriff of Cumberland. In 1286 he assembled his friends at Turnberry castle (after the death of Alexander III) and claimed the throne of Scotland, but the Maid of Norway was upheld. In 1290, when she died, he claimed again but was set aside by Edward I and agreed to take his place with other competitors. He resigned his claim in 1292 to his son Robert.

This son was born to Robert the Competitor and his wife Isabel de Clare in July 1243, and the claim which the father passed to the son was based on the descent through Isabel of Huntingdon (see above). This Robert, son of Robert the Competitor, had married Marjorie, eldest daughter and heiress of Neil, earl of Carrick. She was a young widow of a knight killed at Acre and through her he became earl of Carrick. Brus refused to do homage to Baliol and retired to Norway with his daughter Isobel who later became the queen of king Eric I (Margaret of Scotland had been his first). Brus returned to England on his father's death in 1294 and was appointed governor of Carlisle. He was summoned to the English parliament in 1295 (as Lord Bruce) and with his son Robert (the future king) swore fealty to Edward on 28 August 1296. He accompanied Edward in the expedition to Scotland against

Baliol in 1296, but on his claims to the throne being scouted by Edward he returned to England and resided chiefly in Essex. He died in 1304 or thereabouts.

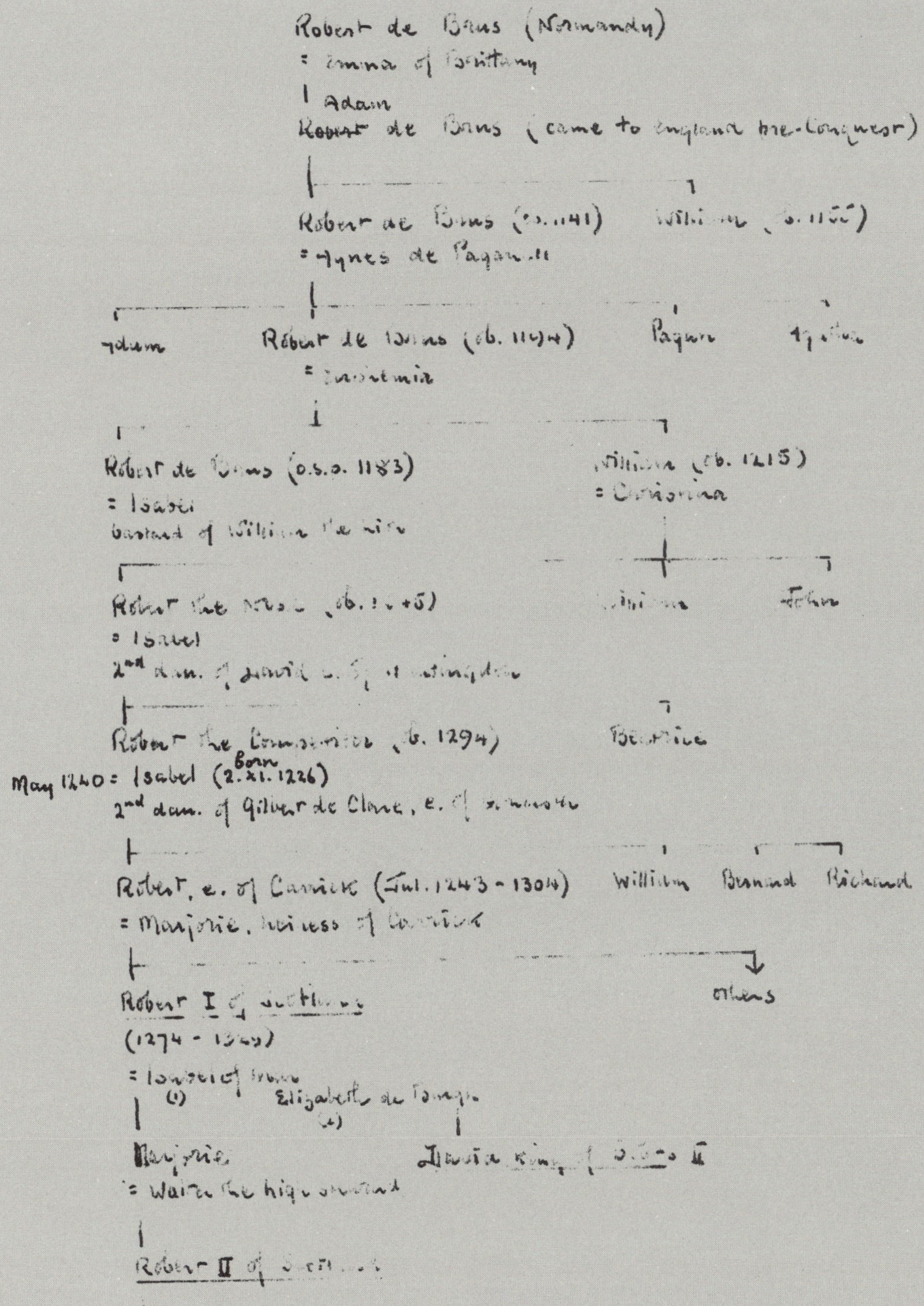

MARY OF WINDSOR 1279.3.11
6th daughter of Edward I. of England & Eleanor of Castile.
In her seventh year she became a nun.

Calculated for Windsor 51N30 0W37 on Saturday March 11 1279 at noon by the sundial, from the tables of Hynes, Schoch and Foelsch.

Hypsomatic zodiac
VP: 15°13′

Tropical zodiac

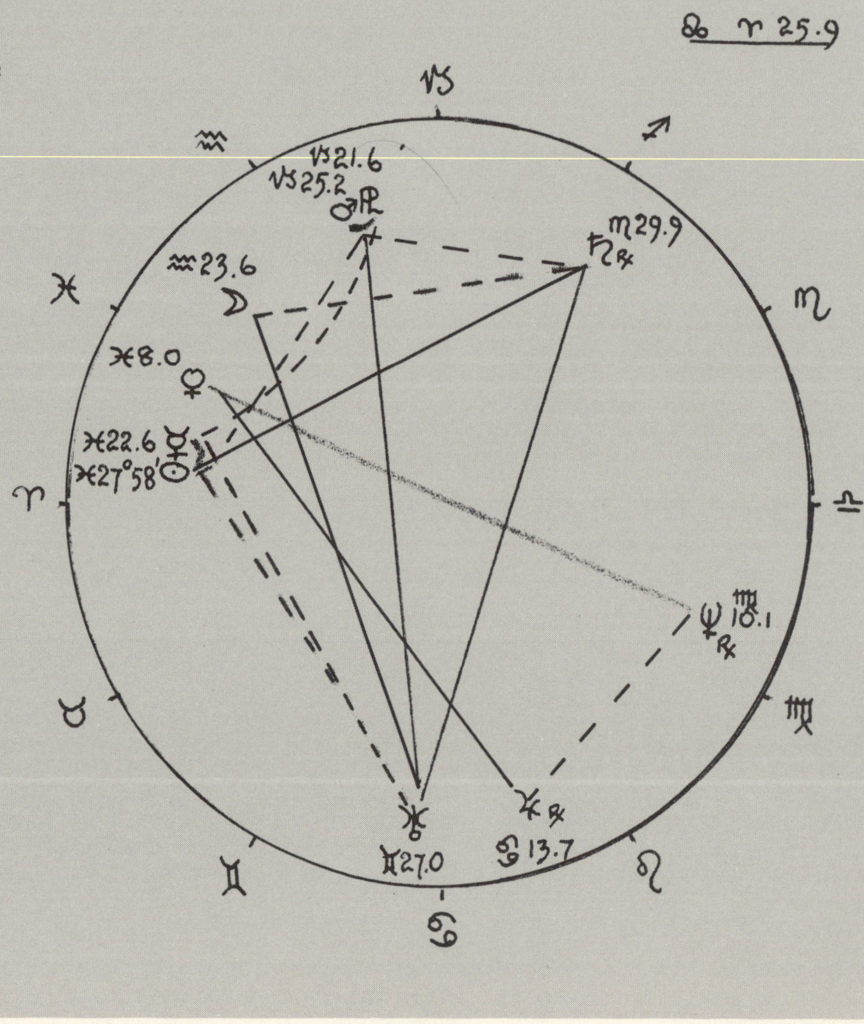

The Chronicle of Florence of Worcester with the two continuations; comprising annals of English history, from the departure of the Romans to the reign of Edward I. Translated from the Latin, with notes and illustrations, By Thomas Forester, A.M.
Henry G. Bohn, London. MDCCCLIV.

p. 359. (A.D. 1279) ... Eleanor, queen of England, gave birth to a daughter at Windsor, on the eve of St. Gregory, and named her Mary.

p. 373. (A.D. 1285) -.. Mary, daughter of the king of England, took the veil as a nun, at Amesbury, on the feast of the Nativity of St. Mary.

Sandford says that she took the veil in 1289.

The final continuation of Florence of Worcester's chronicle, from 1265 onwards, was made by a monk of Bury named John of Everden.

THOMAS OF BROTHERTON 1300.6.1.

Eldest son of Edward I. of England by his second queen Margaret of France. He was earl of Norfolk & Suffolk & marshall of England.

Calculated for Brotherton 53N44 1W17 on Wednesday June 1 1300 at noon on the sundial, from the tables of Hynes, Schoch and Foelsch.

Hypsomatic zodiac
VP: 14°54′

Tropical zodiac

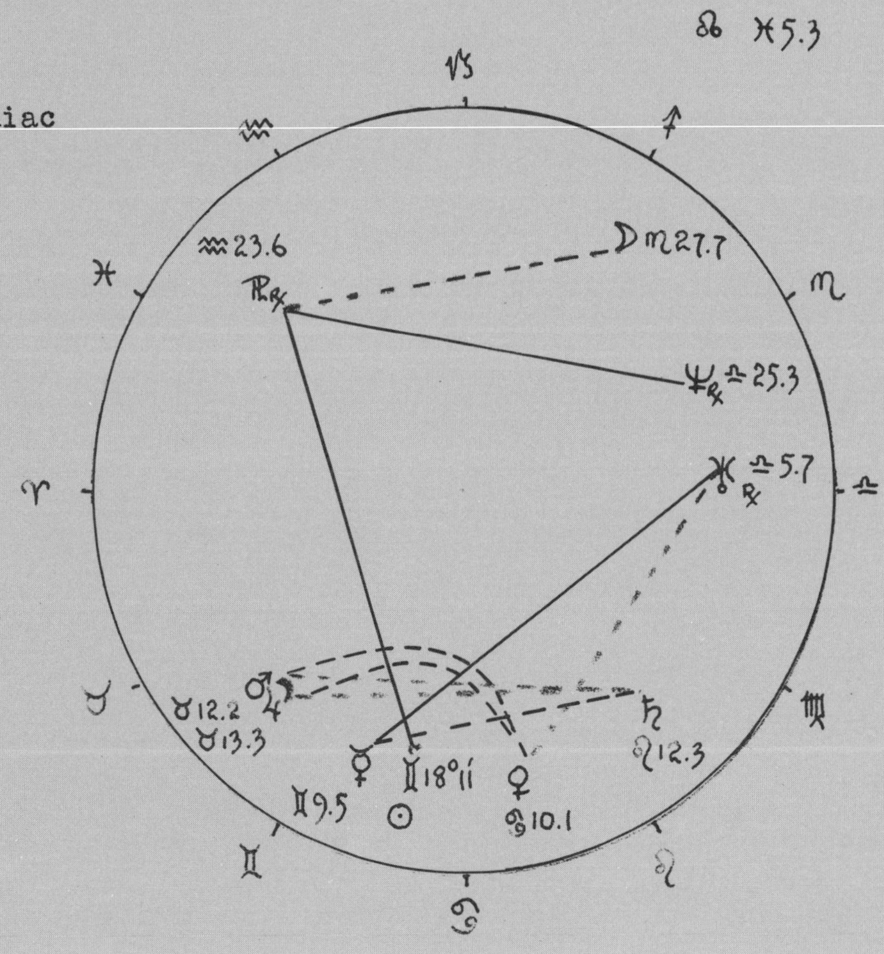

__Francis__ __Sandford__: A Genealogical History of the Kings of England and Monarchs of Great Britain, &c. 1677.

page 205. This Prince was Fifth Son of King Edward the First (but Eldest Son by His second Wife Margaret, Daughter of Philip the Hardy King of France) born at Brotherton a little Village in Yorkshire, upon the first day of June in the Year 1300. from which place he had his Surname; and was called Thomas, from Thomas de Corbridge Archbishop of York, who Christned him and gave him his Name.

Sandford gives as his authority "Penes Will: Pierepoint Armigerum, lib. 119. p.29."

__Annales__ __de__ __Wigornia__: BM MS. Cotton. Caligula A. x.

[1300] Dicebatur quod quarto non. Junii Margareta regina in manerio de Brothertone peperit filium, qui Thomas in baptismate vocabatur. (Jun. 2)

__Annales__ __de__ __Oseneia__ (p. 341.): BM MS. Cotton. Tiberius A. ix, note at fol. 99

Anno gratiae MCCC. Domina Margareta regina Angliae, soror domini P illustris regis Franciae, peperit marito suo domino E Dei gratia regi Angliae illustri, anno aetatis ejusdem regis lxi. et regni sui xxviii, filium suum primogenitum, primo die Junii in parva villula quae dicitur Brothertone distans a villa quae dicitur Pons Fractus per sex leucas, quem puerum dominus rex in honore Sancti Thomae gloriosi martyris Cantuariae archiepiscopi Thomam fecit appellari.

EDMUND OF WOODSTOCK 1301.8.5

2nd son of Edward I. of England by his second queen, Margaret of France. He was earl of Kent: executed by Isabel, queen of Edward II. of England

Calculated for Woodstock 51N51 1W22 on Saturday August 5 1301 at noon by the sundial, from the tables of Hynes, Schoch & Foelsch.

Hypsomatic zodiac
VP: 14°53′

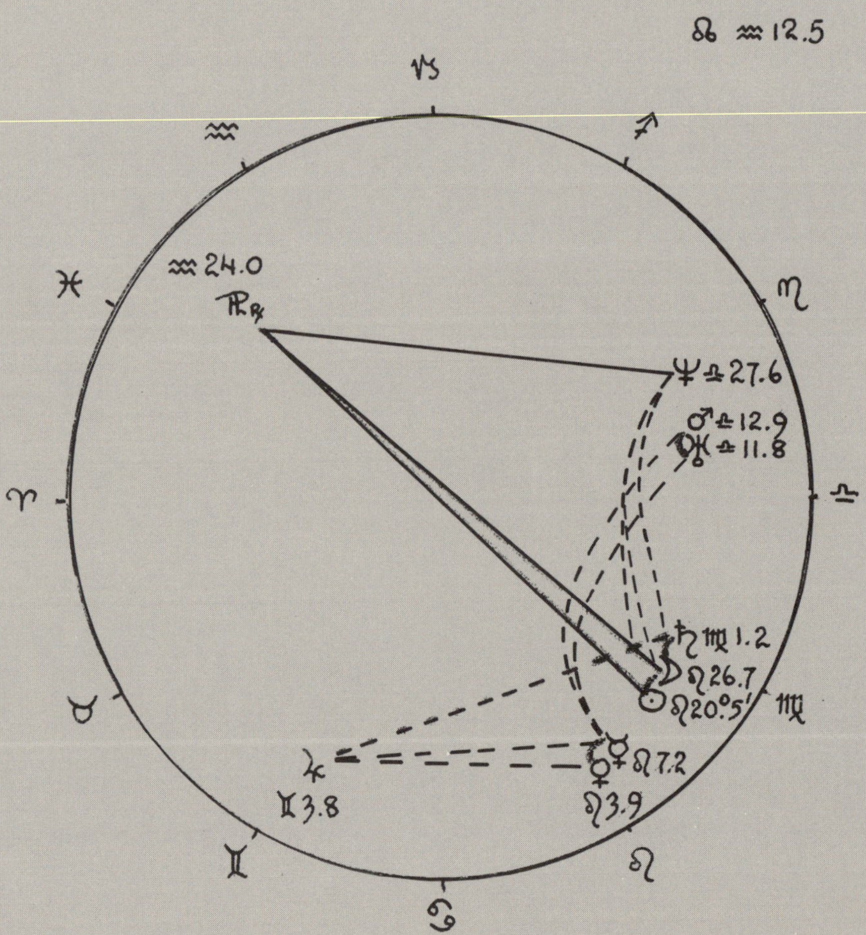

<u>The Flowers of History</u>, especially such as relate to the affairs of Britain. From the beginning of the world to the year 1307.
Collected by Matthew of Westminster.
Translated from the original by C.D.Yonge, B.A.
Bohn: 1853.

x Vol.2. page 534. A.D. 1301. On the fifth day of August, being the day of Saint Oswald, king and martyr, Margaret, queen of England, brought forth her second son, at Woodstock, and named him Edmund.

Holinshed says he was executed at Winchester on March 19 1329/30. Sandford says that he stood for several hours on the scaffold waiting till someone was found to behead him.

See also Ann. Monas. IV p. 550 Worcester
"Nonis Augusti" = 5 August

x
Anno gratiae MCCCI°. Die sancti Oswaldi regis et martyris, regina Angliae apud Wodestoke filium edidit secundum, quem Edmundum nominavit.

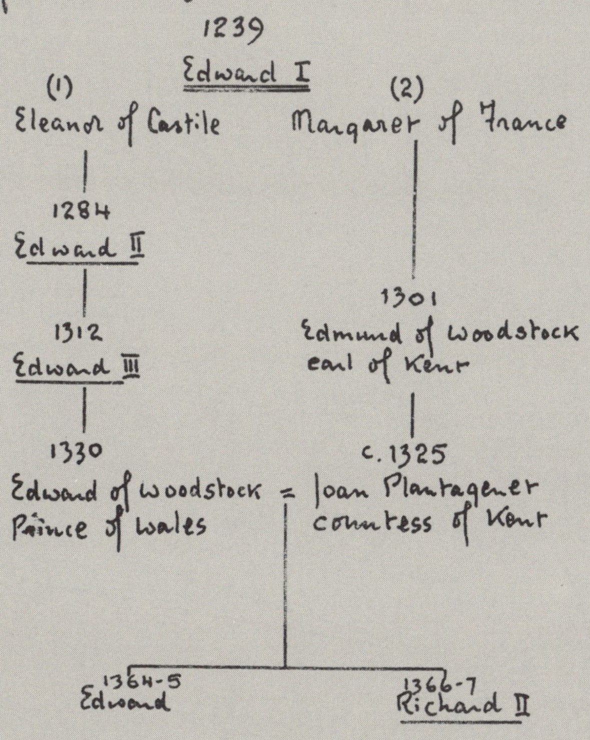

Annales de Wigornia
Annales Monastici IV
p. 550

"Nonis Augusti apud Wodestok regina peperit; nominat Edmundum partum regni secundum."
sub MCCCI

Edward of Woodstock was the third husband of Joan the Fair Maid of Kent. Holinshed and Stow give Sir Thomas Holland as her ~~first and~~ second and Thomas Montague earl of Salisbury as her first. Sandford has it the other way round: that Sir Thomas died on Dec. 26 1360 34 Ed.III leaving her with two sons; that she then married Lord Salisbury and was divorced from him by consent; and that she then married the Prince of Wales, with dispensation, 1361 35 Ed.III. Of her elder son by Edward Stow remarks: p. 420 [Ed. 1600] "it lived not long, for he died about the age of seven yeeres, and yet not too soone, as it was said."

FRAUNCEYS PETRAK 1304.7.20

The lauriat poete whose rethorike sweete enlumyned al Ytaille of poetrie

Calculated for Arezzo 43N28 11E53 on Monday July 20 1304 at dawn by solar time, from the tables of Hynes, Schoch, and Foelsch. Dawn is here taken to be when the Sun is depressed 6° below the horizon: some of the brighter stars will still be visible, but outdoor operations would be difficult without artificial light: 4h.5m. a.m. apparent time. It may be noted that "nautical dawn" was at 3h.29m. and complete theoretical darkness at 2h.41m.

Hypsomatic zodiac
VP: 14°51′

In his Speculum Astrologiae (1581), [illegible] has: Francisci Petrarchae [illegible] 1304. Die 19 Iulii hora 16. min. [illegible] RA MC 13.7 : [illegible] 15.16 [illegible] ☉ [illegible] ☽ [illegible] 21.56!! [illegible]

RA.MC. 8°9′
☊ ♐15.3

Tropical zodiac
Campanus houses

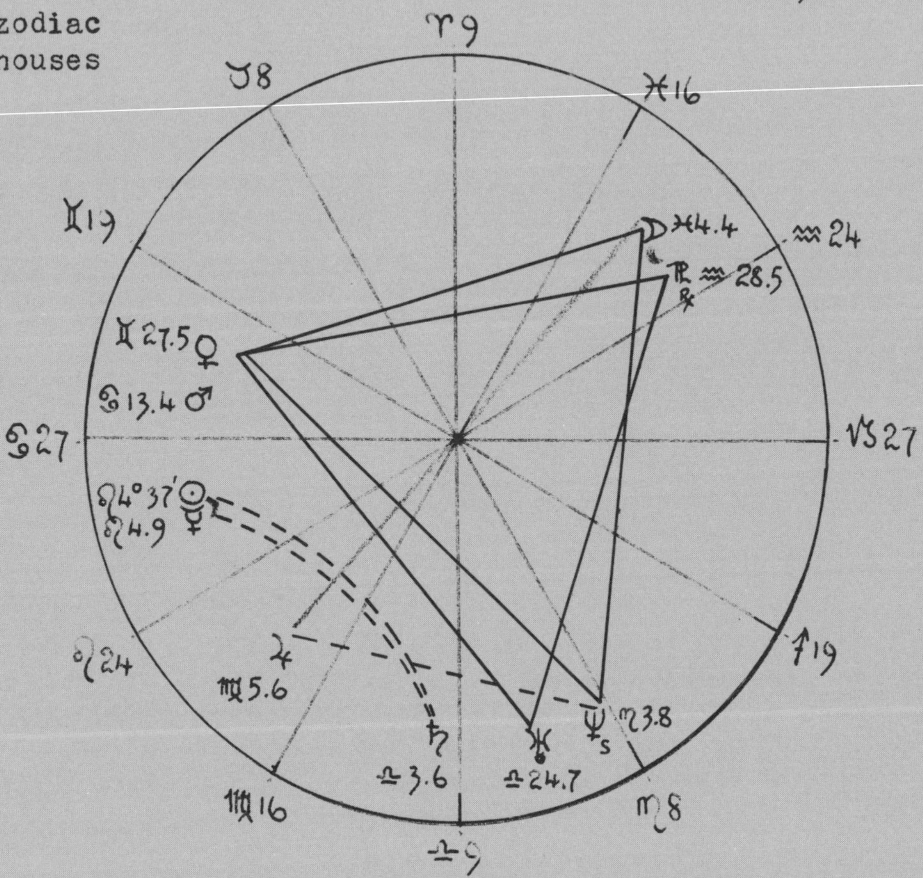

About the year 1351 Francesco Petrarca wrote a letter to posterity: _Epistola_ _Posteritati_. It gives many details of his life, including details of his birth:

> Vestro de grege unus fui autem, mortalis homuncio, nec magnae admodum nec vilis originis... Honestis parentibus Florentinis origine, fortuna mediocri: et (ut verum fatear) ad inopiam vergente; sed, patria pulsis, Aretii in exilio natus sum, anno huius aetatis ultimae quae a Christo incipit MCCCIV; die lunae ad auroram ... Kalendas Augusti ...

This note was sent to me by Theodor E. Mommsen of The American Academy, Via A. Masina 5, Rome. I do not know why the blanks have been left. The date is usually given as July 20, which was a Monday as stated above, and that would be xiii kal. Aug.

ELEANOR 1306.5.6

3rd & youngest child of Edward I of England by his second wife Margaret of France

Calculated for longitude 0°, the place of birth being unknown, on Friday May 6 1306 at noon on the sundial, from the tables of Hynes, Schoch and Foelsch.

Hypsomatic zodiac
VP: 14°49′

Tropical zodiac

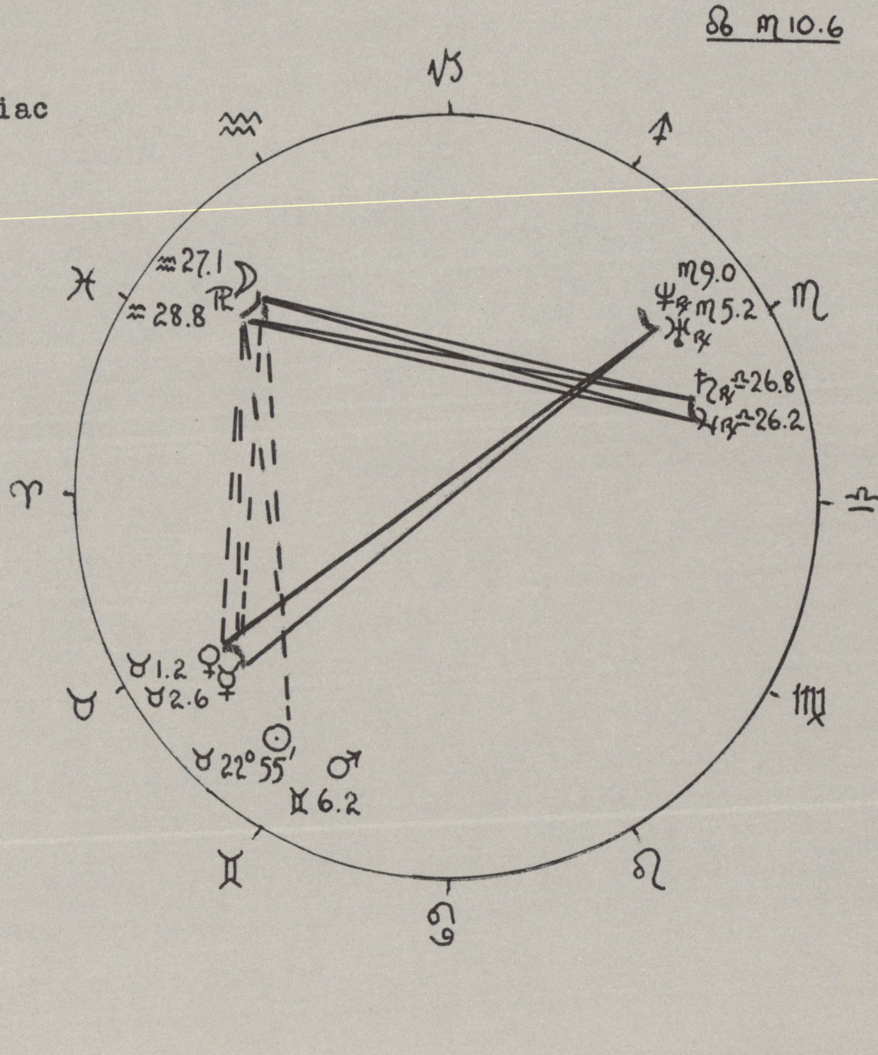

The Flowers of History (&c) collected by Matthew of Westminster.
Translated from the original by C.D.Yonge, B.A.
Henry G. Bohn: London: MDCCCLIII.

Vol.2. page 585. A.D. 1306 ... The same year, on the sixth day of May, the lady Margaret, queen of England, brought forth a daughter, named Eleanor.

D. PEDRO I. DE PORTUGAL 1320.4.18

Son of D. Afonso IV. de Portugal & D. Beatriz

He was surnamed The Harsh Judge

Calculated for Coimbra 40N12 8W25 on Friday April 18 1320 at 4h.22m. a.m. sundial time, this being a moment equidistant from the conventions known as Civil and Nautical Dawn: from the tables of Hynes, Schoch and Foelsch.

Nautical twilight 4h. 8m.
Civil " 4h. 43m.
mid point 4h. 26m.

Hypsomatic zodiac
VP: 14°37′

RA.MC. 279°1′
☊ ♒ 10.7

Tropical zodiac
Campanus houses

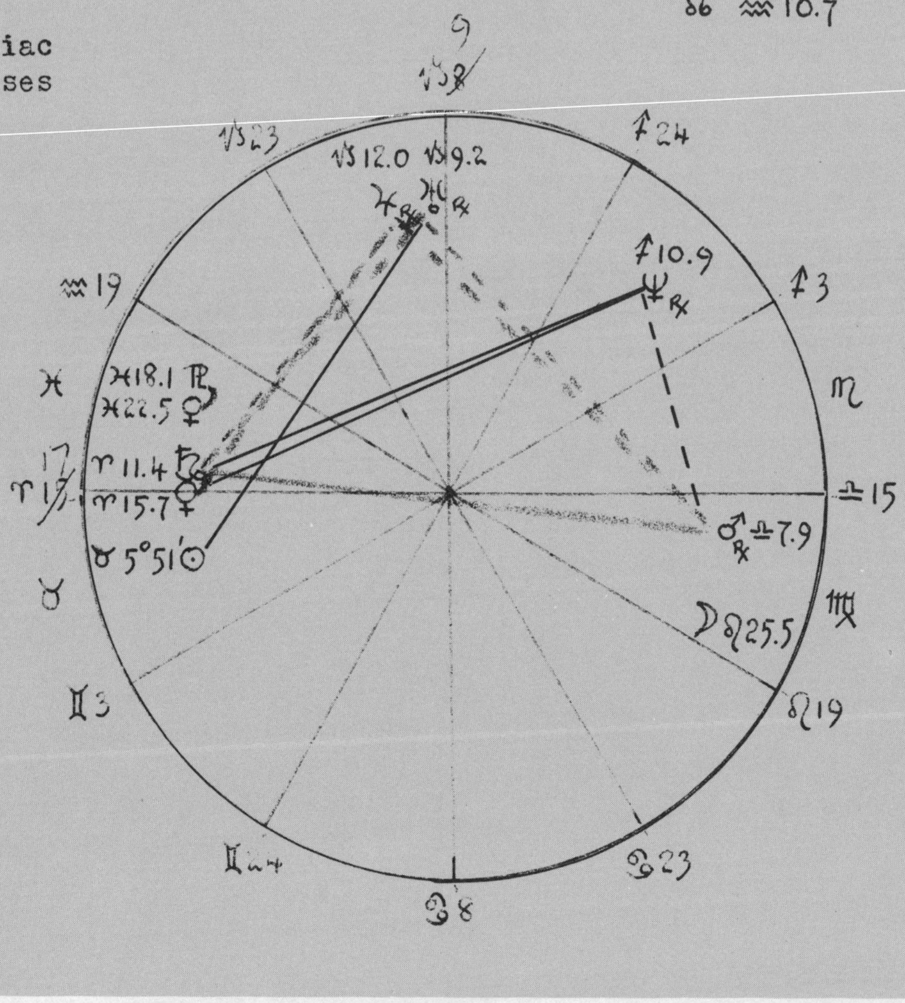

<u>The History of Portugal</u> (&c.) By Emanuel de Faria y Sousa
Translated by Capt. John Stevens. London. 1698.

> This King was of great Stature, a Majestick Presence, his Forehead large, his Eyes black and beautiful, his Hair reddish, which he wore long, his Mouth small, his Visage long. He somewhat stammered in his Speech ...

The date of birth is variously reported. However, there seems to be no reason why we should not accept the testimony contained in a Book of the Office of Nones which once belonged to the monastery of Santa Cruz in Coimbra. D. Pedro was born in Coimbra and we may believe that the recording of his birth is contemporary and trustworthy. The important dates noted by the monks are on 28 leaves of parchment bound at the back of the Book of Nones: a printed version can be seen in <u>Provas da Historia Genealogica da Casa Real Portuguesa</u> (&c.) por D. Antonio Caetano de Sousa (&c.) Lisboa. 1739.

> Tomo I. Livro III.
>
> Livro da Noa de Santa Cruz de Coimbra; authentico, mandado à Academia Real, do Cartorio do dito Mosteiro.
>
> Fiel traslado do Livro das heras de Santa Cruz de Coimbra, chamado vulgarmente das Noas, o qual antiguamente estava na Sachristia, e se rezava por elle a Noa, por estar junto com o Psalterio desta hora, q̃ no fim tinha as heras, que se seguem, escrittas em vinte e oito folhas de Pergaminho de Flandres antiguo, encadernado em duas taboas, das quais metade está coberta de carneira, que parece vermelha.
>
> Este livro, q̃ estava escrito com carateres taõ antigos, não se achando letra na Impressaõ para se imprimir, foi preciso usar do algarismo Romano; e tambem para se poder ler, tirarlhe todas as abbreviaturas, sem se mudar palavra alguma do Original.
>
> Era M.CCC.LVIII. in mense Aprilis decem & octo diebus transactis praedicti mensis natus fuit Infans domnus Petrus filius domni Alfonsi, & domnae Beatricis, qui infans natus fuit in feria vj. summo mane in Civitate Calumbe (should be Colimbriensi).

Era 1358 is equivalent to A.D. 1320, in which year April 18 was a Friday. Normally one might take "transactis" to mean that the eighteenth had passed, but on the following page 382 is the recording of D.Pedro's brother John, which says: Era M.CCC.LXIIIJ. in mense Septembris vicesima tertia diebus transactis praedicti mensis natus fuit infans domnus Joannes filius domni Alfonsi, & domnae Beatricis, qui infans natus fuit in feria tertia summo mane.. September 23 1326 was a Tuesday as stated.

Summo Mane presents difficulties. Civil Dawn would put Jupiter at the Midheaven; Nautical Dawn would put Mars on the Descendant and Saturn almost on the horoscope. Both would suit him. I have therefore taken the mean of these two as the best solution.

LIONEL OF ANTWERP 1338.11.29

5th child & 3rd son of Edward III of England and Philippa of Hainault

Duke of Clarence, earl of Ulster, and lord of Conaught & Trime

Died Oct.17 1368, leaving one daughter Philippa of Clarence.

Calculated for Antwerp on Sunday November 29 1338 at noon on the sundial, from the tables of Hynes, Schoch & Foelsch. This birth is described as being on the vigil of St. Andrew, so that it may have been in the evening.

Hypsomatic zodiac
VP: 14°22′

☊ ♒10.8

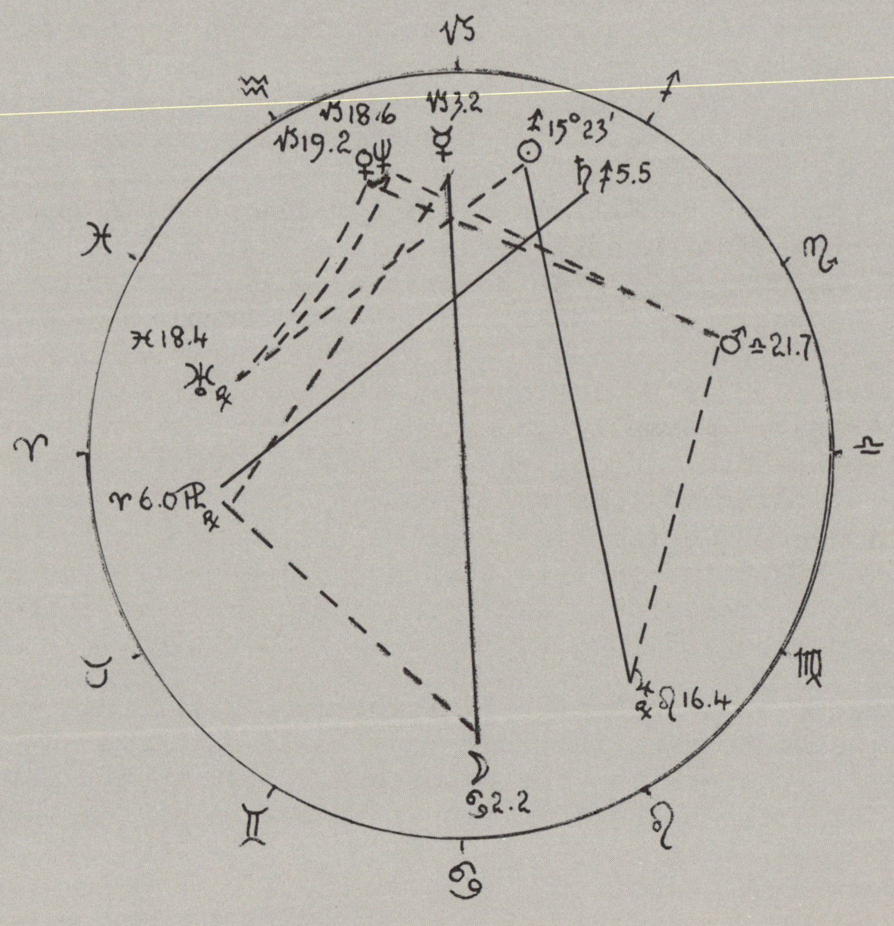

Thomae Walsingham, quondam monachi S. Albani, Historia Anglicana ed. H.T.Riley, Rolls No.28. Chronica monasterii S.Albani. Vol.1. (page 223) Anno gratiae millesimo trecentesimo tricesimo octavo, qui est regni Regis Edwardi, a Conquaestu Tertii, duodecimus, tenuit idem Rex Natale apud Rokesburgh... Eo tempore natus est Regi filius tertius apud Andewerp, - et vocatus est "Lionellus" - in Vigilia Sancti Andreae. Hic postea Comes fuit Ultoniae, et tandem Dux Clarentiae est creatus.

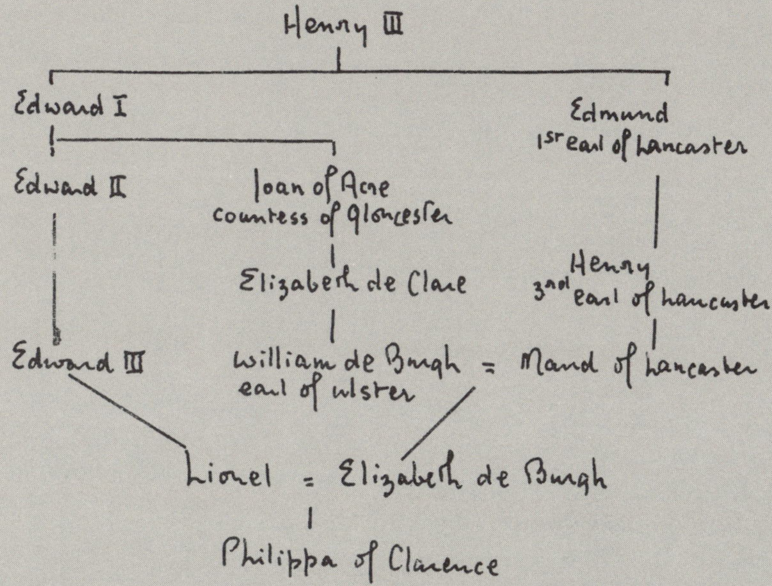

D. FERNANDO DE PORTUGAL 1345.10.31

Surnamed o formoso, he was the son of D. Pedro I and queen Constança Manoel, and reigned after his father. D. João I who reigned after him was a bastard brother.

Calculated for Coimbra 40N12 8W25 on Monday October ~~21~~ 31 1345 at 6h.30m. a.m. sundial time, from the tables of Hynes, Schoch & Foelsch.

Hypsomatic zodiac
VP: 14°17′

RA MC 141°25′
☊ ♍ 26.9

Tropical zodiac
Campanus houses

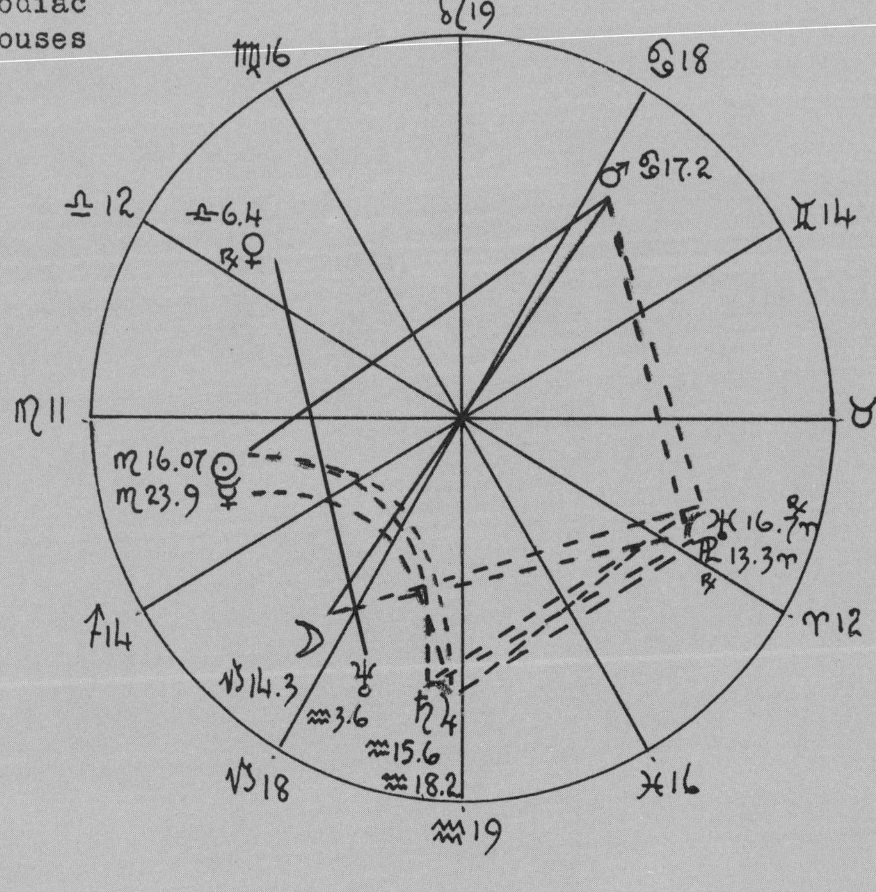

Livro da Noa de Santa Cruz de Coimbra for a description of which see the notes under D. Pedro I (1320.4.18) in which appears a contemporary recording of Fernando's birth:

> Era de M.CCC.LXXXIII. annos feria secunda Vespera de todelos Sanctos nascio Infante Dom Fernando filho do Infante Dom Pedro de Portugal e Infanta Donna Constança, y neto de ElRey Dom Affonso filho de ElRey Dom Diniz, nascio em Coimbra a ora de prima.

The hour of Prime is hard to establish. Ideally and originally it was at sunrise, but later it appears to have varied at different monasteries and also with the time of the year. In England in Lanfranc's time Lauds were intended to be the daybreak office, and Prime was not said till daylight was full; but J.J.Bond, in his book for verifying dates, quotes (without reference) an instruction: "If the office of Lauds be finished by daybreak, as is fit, let them begin Prime; if not, let them wait for daylight."

I do not know the Portuguese usage, but as Fernando's birth fell in one of the 'winter months' I have thought it preferable to take a time before sunrise. Sunrise on this day was at 6h.54m. a.m. sundial time, and daybreak (civil dawn) was 6h.26m. a.m. The time taken by me is therefore 4 minutes after the beginning of daylight and 24 minutes before the sun began to peep over the horizon. Any speculative adjustment of this arbitrary arrangement should be made forward rather than backward.

Monarquia Lusitana Parte VIII. (&c) Frey Manoel dos Santos (&c) Lisboa...Anno M.DCC.XXVII. Cap. II. pagina 11.

> ...ElRey D. Fernando naceu huma Segunda feira trinta e hum do mez de Outubro, na Era de Cesar 1383. e anno de Christo Senhor nosso mil e trezentos e quarenta e cinco. Consta esta verdade do livro antigo de Noa no Real Mosteiro de Santa Cruz de Coimbra: ibi "Era de mil trezentos e oitenta e tres, feria secunda, vespera de todo-los Santos, naceu o Infante D. Fernando filho do Infante D. Pedro de Portugal, e da Infanta D. Constança; e naceu em Coimbra a hora de Prima." Com a qual memoria, e livro da Noa concorda a Chronica antigua de ElRey D. Affonso IV. na Torre do Tombo, Cap. 61. tambem concordaõ com o mesmo livro outras escrituras authenticas do Reyno, que ha no Archivo do Tombo, a saber; na gaveta das Cortes está hum quaderno escrito em pergaminho, e nelle(&c)...

See Lanfranc: p. 144 prime called 'when day has dawned'
See Reg. Concord: p 26 at early dawn when the [illegible] rings the bell. [illegible]

PHILIPPA OF CLARENCE 1355.8.16

Only child of Lionel of Antwerp (3rd son of Edward III) and Elizabeth de Burgh. She married Edmund Mortimer, earl of March, Marshal of England, and was mother of Roger Mortimer who was declared by Richard II to be heir to the throne.

Calculated for Greenwich (the place of birth not being discovered) on Sunday August 16 1355 at noon on the sundial, from the tables of Hynes, Schoch and Foelsch.

Hypsomatic zodiac
VP: 14°9′

☊ ♓17.6

Tropical zodiac

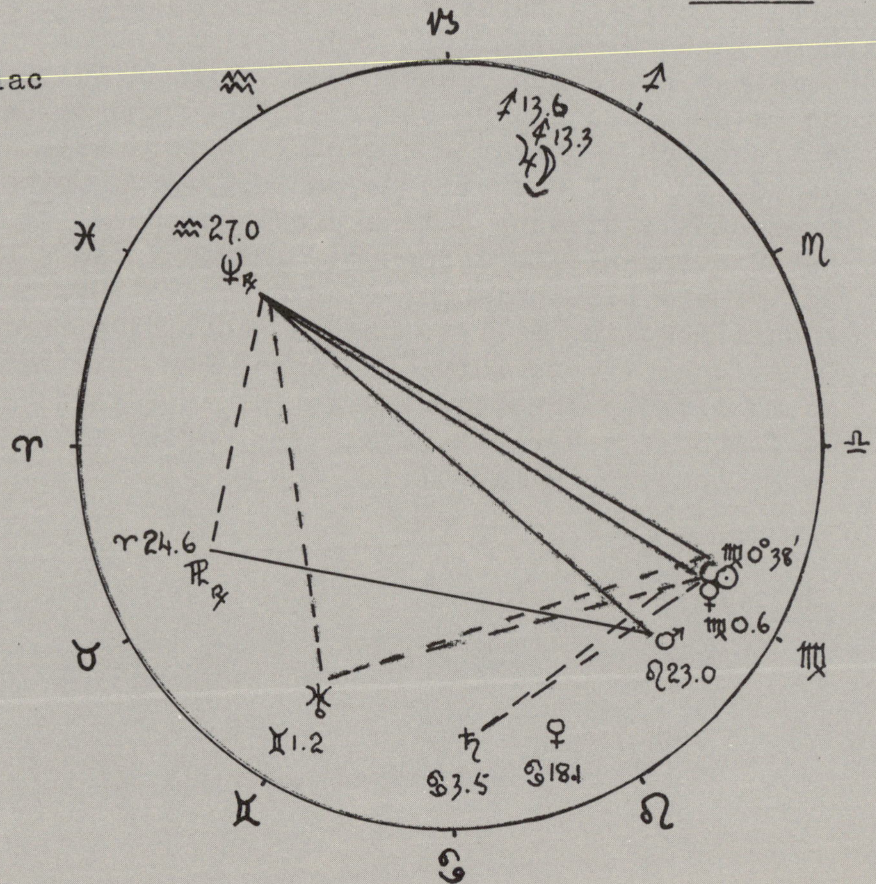

Francis Sandford: A Genealogical History of the Kings of England, and Monarchs of Great Britain, &c. page 221.

Escheat. an. 43 E.3. p.l. Leonellus Dux Clarenciae ob. 17 die Octobris, an. 42 Ed.3. & Philippa filia & haeres ejus est etat. 13 annor. 16 die Aug. an. 42 supradicto.

42 Ed.3 ran from Jan 25 1368.

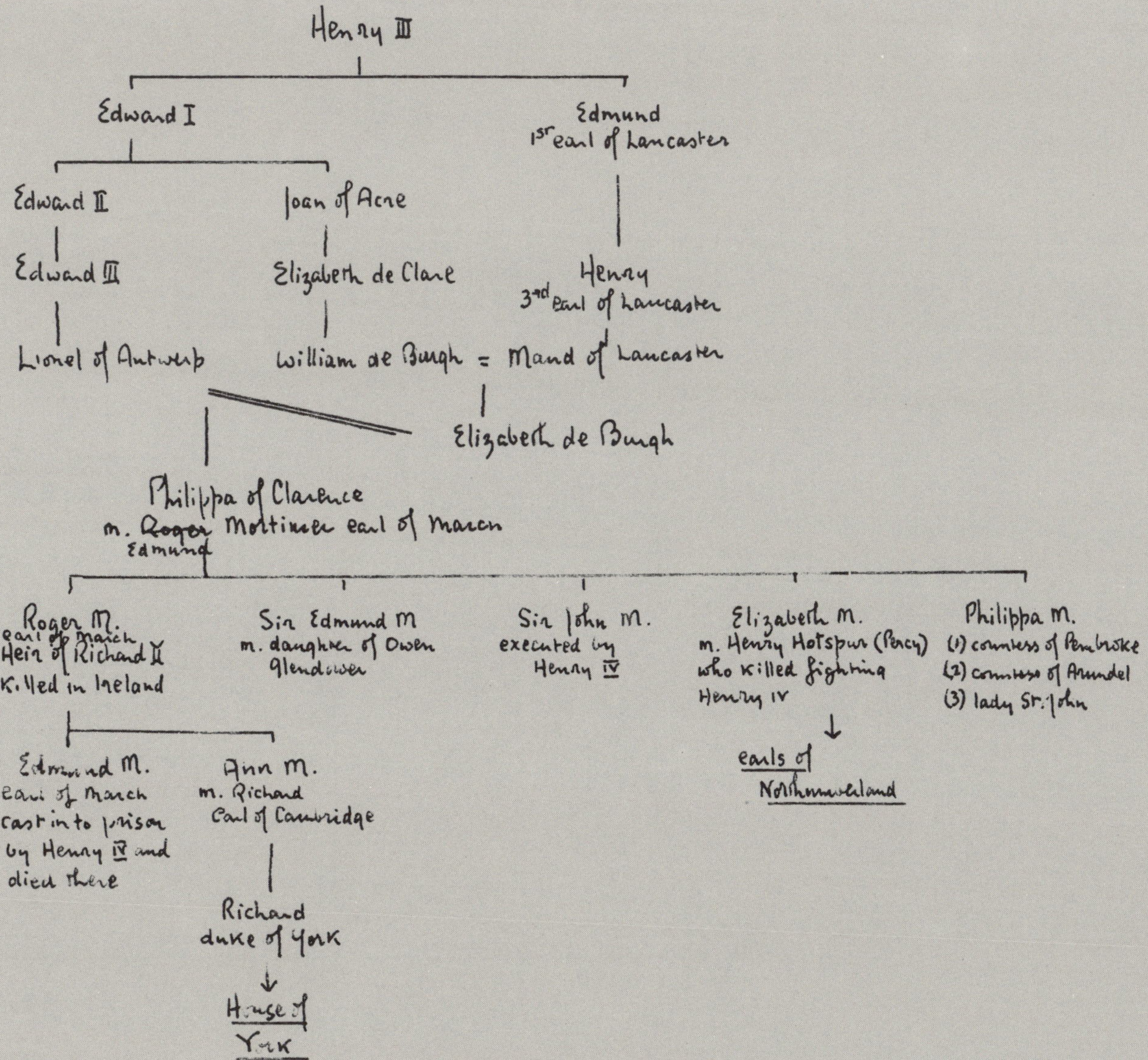

D. JOÃO I DE PORTUGAL 1358.4.11

Founder of the House of Aviz, bastard son of D. Pedro I and half-brother of D. Fernando de Portugal: he married Philippa of Lancaster, daughter of John of Gaunt.

Calculated for Lisbon 38N42 9W8 on Wednesday April 11 1358 at 3 p.m. sundial time from the tables of Hynes, Schoch and Foelsch.

Hypsomatic zodiac
VP: 14°6′

RAMC 72°15′
☋ ♑26.2

Tropical zodiac
Campanus houses

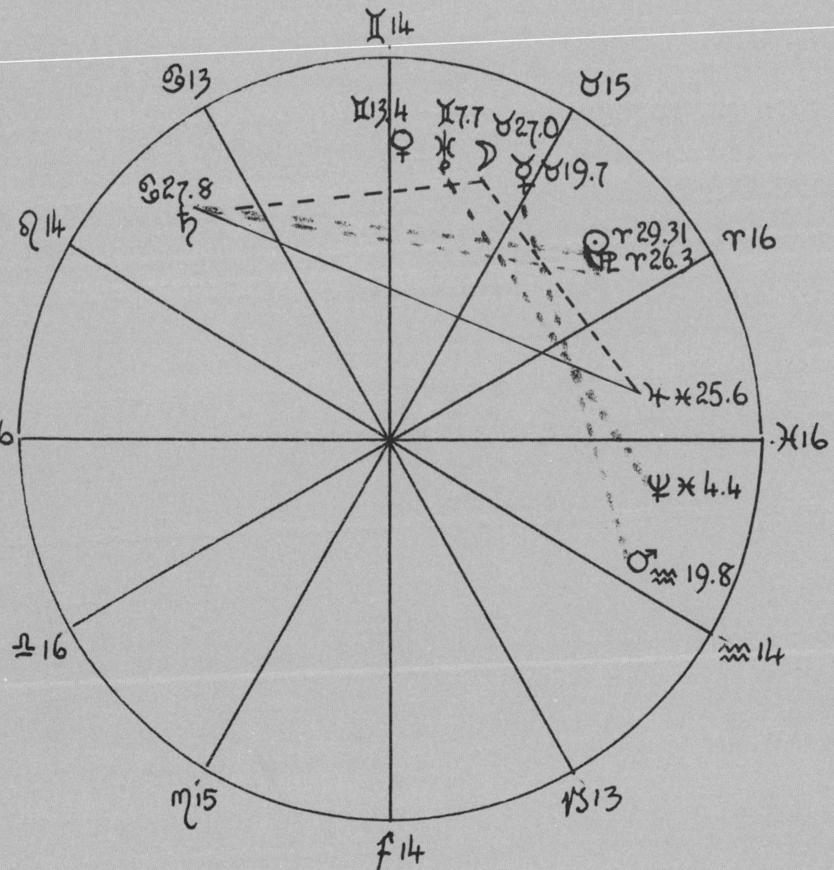

Chronica do Senhor Rei Dom Pedro by Fernão Lopes, historiographer and Keeper of the Records, appointed 1418. Chapter 1.

> Este Rei nom quiz mais casar, depois da morte de Dona Enes em seendo Iffante, nem depois que reinou lhe prouve reçeber molher; mas ouve amigas com que dormio, e de nenhuuma ouve filhos, salvo d'huuma dona natural de Galiza que chamarom Dona Tareija, que pario del huum filho que ouve nome Dom Joham, que foi meestre Davis em Portugal, e depois Rei, como adeante ouvirees, o qual naçeo em Lixboa onze dias do mes dabril, aas tres horas depos meo dia no primeiro anno do seu reinado...*

Crónica de D. Pedro I, with an introduction by Damião Peres, Professor of the University of Coimbra, Portucalense Editora Limitada 1932.

Manuel de Faria e Sousa in his History of Portugal (the English translation by Capt. John Stevens 1698) gives the birth as being April 22 1357; and Rui de Pina, in his Cronica de D. Duarte, Chapter 1, has a passage which makes the birth as the eve of the Assumption (August 14 1356) and the month is repeated in his Cronica de Afonso V Chapter 165. However Fernão Lopes is the best authority from all points of view, and the testimony repeated above finds confirmation in his chronicle of D. João:

Cronica de D. João I, Part I. Chapter 192

> E quamdo veo aa quimta feira seis dias daquell mes dabril da era já nomeada de quatrocemtos e viĩte e tres, seemdo emtom o Mestre em sua nova e florecemte hidade de viimte e seis anos e omze meses e viimte e cinquo dias, foi alcado por rei.

This means that João was going to be 27 years of age on April 11 1385. Thus the year of birth was 1358 which fell in the first year of his father's reign which began on May 28 1357. This checks with the Cronica do Senhor Rei Dom Pedro. Note that April 6 1385 (era 1423) was a Thursday as stated.

Further confirmation of the year is contained in the same chronicle, part I, chapter IX:

> E era o Meestre quamdo matou ho Comde, em hidade de viimte e çimquo anos e amdava em viimte e seis; e foi morto seis dias de dezembro, era ja escprita de quatro çemtos e viimte e huũ.

See my article in the AFA Bulletin vol.12 no.1 January 1950.

* reinado; e mandouho elRei criar, em quanto pequeno, a Lourenço Martiz da praça, huum dos honrados cidadaãos dessa çidade que morava junto com a egreja cathedral hu chamam a praça dos Canos; e depois o deu que o criasse a Dom Nuno Freire d'Andrade, mestre da cavalaria da hordem de Christus [Crónica de D. Pedro I / com uma introdução / por / Damião Peres / Professor da Universidade de Coimbra / Portucalense Editora / Barcelos — 1932]

In Cronica delRey D. Pedro I. (33) / Padre José Pereira Bayam / 1735 p. 33 D. João [illegible] [illegible] Dona Thereja Lourenço

RICHARD II OF ENGLAND 1367.1.6

Ricardus Dei gratia Anglie et Francie et Dominus Hibernie, second son of Edward of Woodstock, Prince of Wales, and Joan Plantagenet, countess of Kent.

Calculated for Bordeaux, 44N50 OW31, Wednesday 6 January 1366-7 at 10h.0m. on the sundial, from the tables of Hynes and Schoch. Pluto from Foelsch shown separately.

Tropical zodiac
VP: 13°59′
Campanus houses
RA MC: 266°11′
PL ♉ 3°
☊ ♉ 12.3

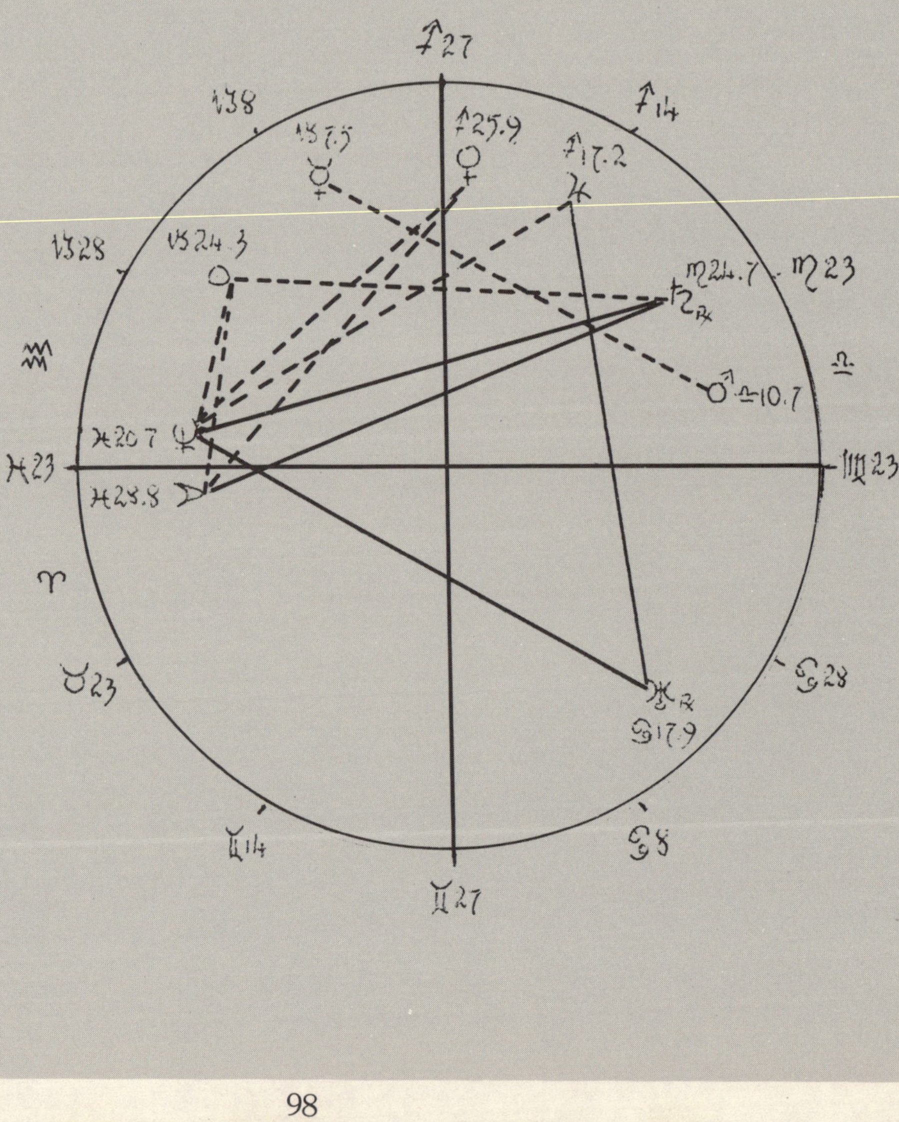

Jean Froissart recorded the nativity of Richard of Bordeaux very well. He was a secretary in the service of Edward III and in the house when birth occurred. The event so impressed him that thirty years later he recalled:

> I was in the city of Bordeaux and sitting at the table when king Richard was born, the which was on a Tuesday about x. of the clock. The same time there came there as I was Sir Richard Pountchardon, marshal as then of Acquitaine, and he said to me: Froissart, write and put in memory that as now my lady princess is brought abed with a fair son on this twelfth day, that is the day of the three kings, and he is son to a king's son, and shall be a king.

And while this was fresh in his memory, Froissart did as he had been bidden and wrote in the first book of his chronicles:

> Thus, while the Prince Edward of Wales was making of his provision, and abiding the coming of his brother the duke of Lancaster, the princess travailed and, through the grace of God, she was delivered of a fair son on the day of the three kings of Cologne, the which was, as that year went, on a Wednesday, at the hour of tierce, or thereabout.

The year is undoubted, because in his previous chapter Froissart had written: 'this skirmish was at Montaubon, the vigil of our Lady in August, the year of our Lord God a thousand, three hundred, threescore and six.' Thus, Richard was born at Bordeaux in 1366/7 on the feast of the Epiphany or Three Kings or Twelfth Day: 6 January, a Wednesday as stated in the original note.

Froissart's second note, written thirty years later, when he was over sixty, reveals a lapse of memory in making the day Tuesday. Yet in recalling that he was sitting at the table when Richard was born, and that it was ten o'clock, he ties the evidence neatly together. Ten o'clock was then the normal time for laymen to dine, and it was also within the third canonical hour, though somewhat after the first bell. The circumstances suggest no great variation from 10 a.m. apparent time.

The passages above are from the translation by Sir John Bouchier Lord Berners, The Tudor Translations, London 1902, being respectively from Book IV chapter 245 (Berners 1902: VI. p.398) and from Book II chapter ccxxxiii (Berners 1902: II. p.184).

This nativity was first published by me in _Astrology: The Astrologer's Quarterly_, editor Charles E. O. Carter, B.A., 1950 June Volume 24 №2. It was published again by me in 1951, in _The Astrological Bulletina_, edited by Llewellyn George, Los Angeles, California, in collaboration with Erna Bastian who contributed a brilliant reading without knowing the identity of the owner of the nativity. It was also made into a composite article entitled 'Richard II, Henry V & their French Queens', sent to John M. Addey, M.A. on 13 May 1966 for publication in _The Astrological Journal_.

CHARLES VI DE FRANCE 1368.12.3

Son of Charles V & Jeanne de Bourbon

Calculated for Paris 48N50 2E20 on Sunday December 3 1368 at 3 a.m. on the sundial, from the tables of Hynes, Schoch and Foelsch.

Campanus
Tropical
RA MC 123°54'

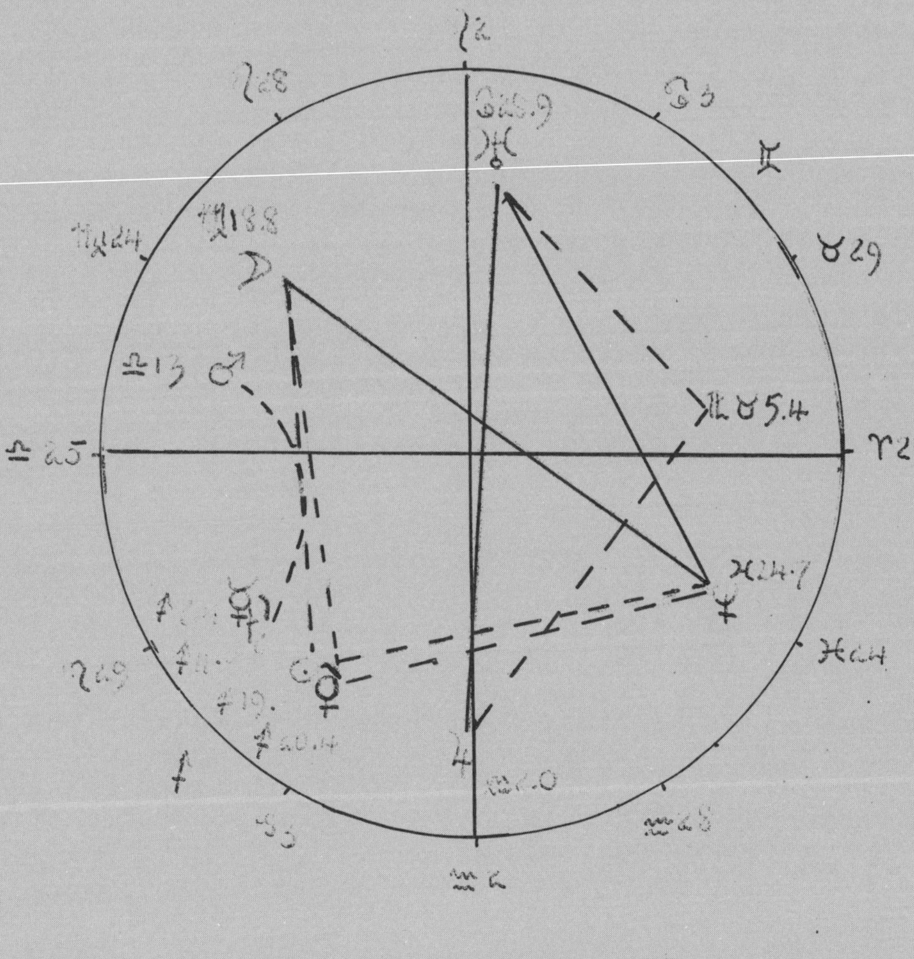

De la nativité de Charles premier filz de Charles le Quint, roy de France.

Le dymanche, tiers jour du mois de decembre, l'an mil ccclxviii dessus dit, premier jour de l'Avent Nostre Seigneur, en la tierce heure aprés mienuit, la royne Jehanne, femme du roy Charles, lors roy de France, ot son premier filz, en l'ostel de emprès Saint-Pol de Paris; et estoit la lune ou signe de la Vierge en la second face du dit signe, et avoit la lune xxiii jours.

<u>Chronique des regnes de Jean II et de Charles V</u>, publiée pour la Société de l'histoire de France par R.Delachenal. The above quotation is from Vol.2 (1916)page 62.

Charles VI. du nom roy de France, dit le Bien-aimé, naquit á Paris le premier dimanche de l'Avent 3. decembre à trois heures après minuit 1368. & fut bapitsé dans l'église de S.Paul le mercredi 6. decembre suivant, fête de S.Nicolas. (voyez p.531 de l'hist. de Charles VI.imprimée au Louvre 1653)

<u>P. Anselme</u>: 3rd edition: vol.1. page 111.

Concerning the chronicle mentioned above (Jean II & Charles V) the editor writes: La valeur historique de la chronique de Jean II et de Charles V ne saurrait être exagérée. Son exactitude máterielle aété reconnue par les meilleurs juges. On y relève tres peu d'erreurs de fait, et même pour les événements survenus hors de France elle est parfois d'une précision remarquable. (The chronicle is from 1350-1380 with a continuation to 1384.)

There is a horoscope of Charles VI, together with others of his family in MS. 164 St John's College, Oxford: Alchabitii Introductorium ad magisterium judiciorum ex traductione Johannis Hispalensis, Gallice versum, in differentias distributum, cum prologo.

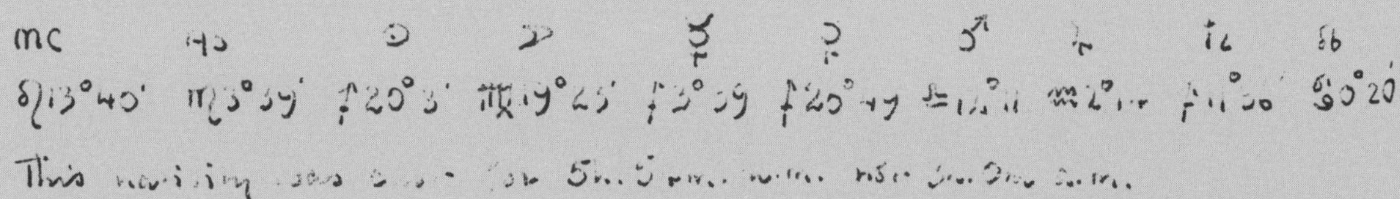

JEAN SANS PEUR 1371.5.28

Duke of Burgundy, son of Philippe le Hardi and Marguerite de Flandres: a grandson of Jean II of France.

Calculated for Dijon 47N25 5E3, Wednesday 28 May 1371, sunrise, or 4h.13m. a.m. apparent time.

Tropical zodiac
VP: 13°56'
Campanus houses
RA MC: 315°47'
☊: ♉12.3

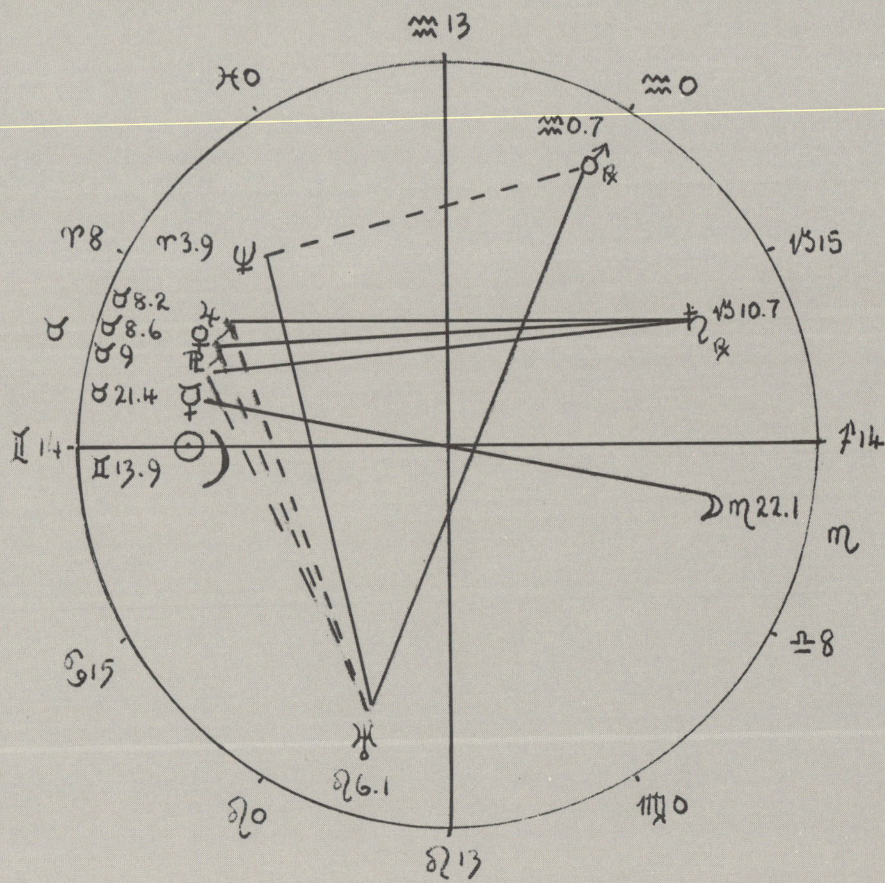

Item, le merquedy xxviii[e] jour de may dessus dit (MCCCLXXI), environ soleil levant, et avoit la lune xiii jours, madame Marguerite, fille du conte de Flandres et femme de messire Phelippe, filz du roy Jehan de France et frere du roy Charles, qui lors regnoit, et duc de Bourgoigne, ot un filz, en la ville de Dijon, qui fu appellé Jehan et fu baptisé le jeudi, jour de Saint-Sacrement, v[e] jour du mois de juing.

Chronique des règnes de Jean II et de Charles V, publiée pour la Société de l'histoire de France par R. Delachenal (vol ii, 1916, p.157)

LEWIS DUKE OF ORLEANS 1372.3.13

Second son of Charles V of France, grandfather of Lewis XII of France, and great-grandfather, through a younger son, of Francis I of France. He was married to his first-cousin Valentina, and was murdered in 1407 by order of another first-cousin, John the Fearless, Duke of Burgundy.

Calculated for Paris 48N50 2E20, Saturday 13 March 1371-2, at 2h. a.m. from Hynes, Schoch, Foelsch.

Tropical zodiac
VP: 13°55'
Campanus houses
RA MC: 210°55'
☊: ♈ 27.0

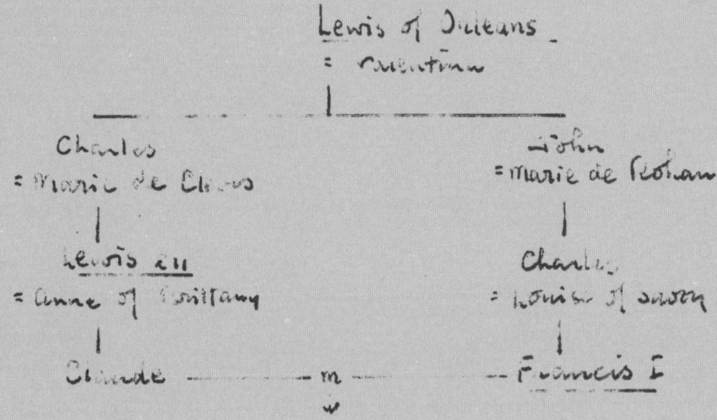

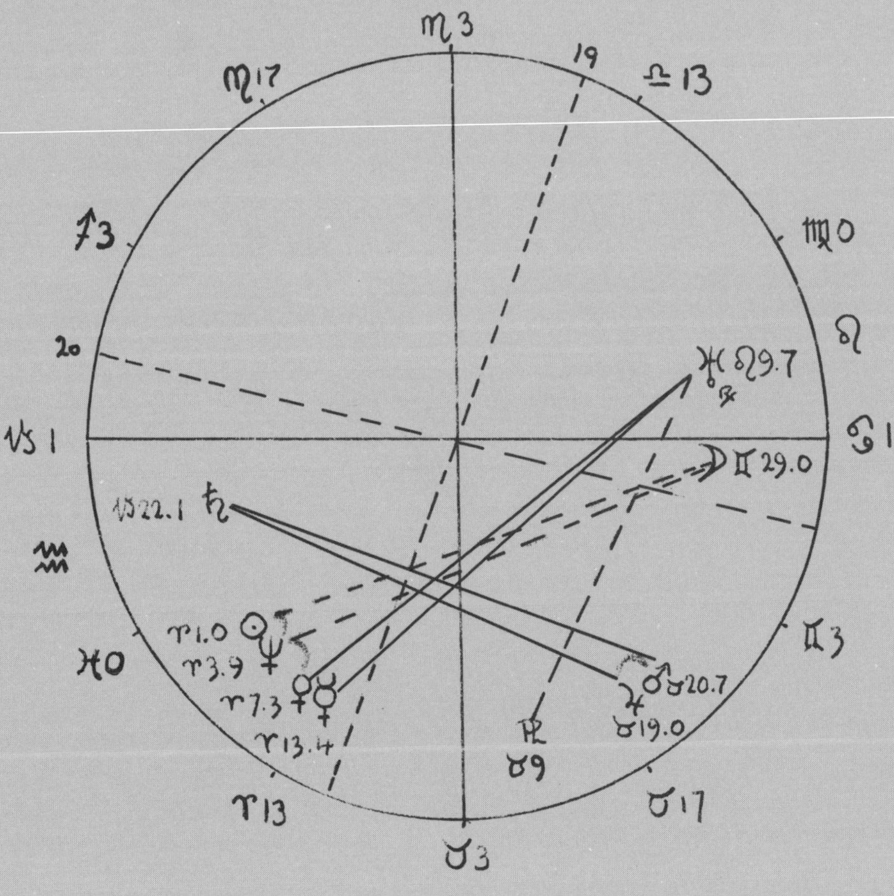

De la nativité de monseigneur Loys, secont filz du roy de France, et de son baptizement.

Le samedy, xiiie jours de mars ensuyvant (1371-2), environ deux heures apres mienuit, et avoit la lune ix jours, à Paris, en l'ostel du Roy emprès Saint-Pol, fu né messire Loys, secont filz du roy Charles, et fu baptizié en fons du dit monstier de Saint-Pol... le lundi ensuyvant, environ midy...

Chronique des règnes de Jean II et de Charles V, publiée pour la Société de l'histoire de France, par R. Delachenal. vol.ii, 1916, page 161.

La valeur historique de la chronique de Jean II et de Charles V ne saurait être exagérée. Son exactitude máterielle a été reconnue par les meilleurs juges, on y relève tres peu d'erreurs de fait, et même pour les événements suivenus hors de France elle est parfois d'une précision remarquable.

The chronicle runs from 1350 to 1380 with a continuation to February 1384.

Louis de France, duc d'Orleans... second fils de Charles V. du nom, roy de France, et de Jeanne de Bourbon, naquit en l'hôtel de S.Paul à Paris le samedi 13. mars 1371. à deux heures après minuit, & fut baptisé le lundi suivant.

Histoire Genealogique et Chronologique de la Maison Royale de France, &c. *Par le P. Anselme, Augustin Déchaussé; continuée par M. du Fourny* (Paris 1726, 3rd edition) vol.1 page 205

Figura natĩtatis Serenissĩ principis Ludovici cõitis de valoys ãno dnĩ 1372 . 12 marcii q̃ fuit dies vi'iis post meridiẽ 11 diei hõ 13 m̃ . 8 q̃ fuit dies iouis ĩ nocte sequẽte q̃ fuit nox lune 8 noct' artificiali q̃ fuit hõ lune — filii illustrissĩ reg´frat⁊ klĩ

Oxford: St John's College MS.164, fol.160.
Alchabitii Introductorum ad magisterium judiciorum ex traductione Iohannis Hispalensis, Gallice versum, in differentias quinque distributum, cum prologo.

It will be noticed that the time 1h.8m. a.m. is 52 minutes earlier than the chronicle time. In the four other nativities with it (Charles V, and his children Charles, Marie and Isabel) that of Charles VI differs by nearly three hours from the chronicle time, but Marie is only 9 minutes different. There is no means of checking that for Charles V, and the time for Isabel is apparently the estimate time—presumably because she was a baby when it was drawn.

In this nativity the Sun is in Aries 0º20, Midheaven Libra 18º50' and Ascendant Sagittarius 19º36', all of which agree with an apparent time of birth of 1h.8m. a.m. It is interesting to note that Aries 0º20' is used for a solar revolution for 1407, the year in which Lewis was murdered, which suggests that this nativity was the one accepted by astrologers. This solar revolution is published in *Louis d'Orléans* by F.D.S.Darwin (John Murray 1936) from a MS. in the Bibliothèque Nationale, unfortunately without reference.

ISABEL DE FRANCE: SECOND QUEEN OF RICHARD II 1389.11.9
3rd child & second daughter of Charles VI of France & Isabeau de Bavaria. She married Richard of England in 1396. After his murder, she returned to France where she married Charles of Orleans in 1406. She died in childbirth in 1410.

Calculated for Paris 48N50 2E20, Tuesday 9 November 1389, 2h.0m. a.m. apparent time, from Schoch with the solar refinement of Hynes. Pluto from Foelsch.

Tropical zodiac
VP: 13°41′
Campanus houses
RA MC: 82°54′
☊ : ♉15.4
♇ : ♉26

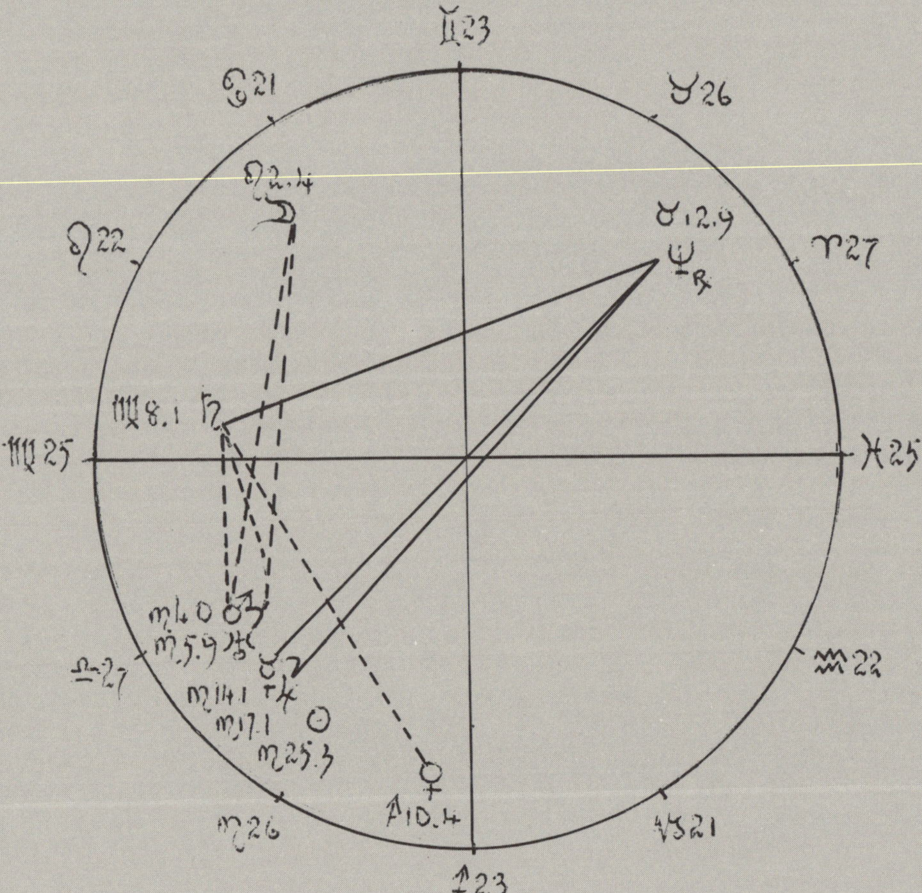

English writers, including Thomas Walsingham who ought to have known better, usually make Isabel older than she was. Walsingham says she was between seven and eight at the time of her marriage to Richard, and therefore born in 1388. Agnes Strickland, in her Lives of the Queens of England, goes one better with 9 November 1387. Neither is possible, because her elder sister Jeanne, who died in 1390, was born on 14 June 1388.

Isabel de France, née au Louvre à Paris le 9. novembre à deux heures après minuit 1389. fut accordée par traité passé le 9. mars 1395. (i.e. 1395/6) à Richard II. du nom roy d'Angleterre, mariée par procureur le dimanche 12. du même mois au palais royal à Paris ... Après le mort du roy son mari, elle revint en France au mois d'aoust 1401, & fut mariée a Compiegne le 29. juin 1406. à Charles comte d'Angoulême, puis duc d'Orleans.
  Histoire Généalogique et Chronologique de la Maison Royale de France (&c) Par le P. Anselme (&c), continuée par M. du Fourny.
  Paris: François Didot. MDCCXXVI. Troisième edition.

1396 ... ubi filiam Regis Franciae duxit uxorem, pusiolam septennem vel octennem.
  Historia Anglicana, Thomas Walsingham. Rolls 28, I. Vol. 2, page 221.

D. PEDRO DE AVIZ K.G. 1392.12.9

2nd son of D. João I of Portugal and Philippa of Lancaster, duke of Coimbra and Regent after the death of his brother Duarte. He was a brilliant man who came to a tragic end.

Calculated for Lisbon 38N42 9W8, Monday 9 December 1392, at 1h. apparent time in the early morning, from Hynes, Schoch & Foelsch.

Tropical zodiac
VP: 13°37'
Campanus houses
RA MC: 266°
☊: ♓15.8

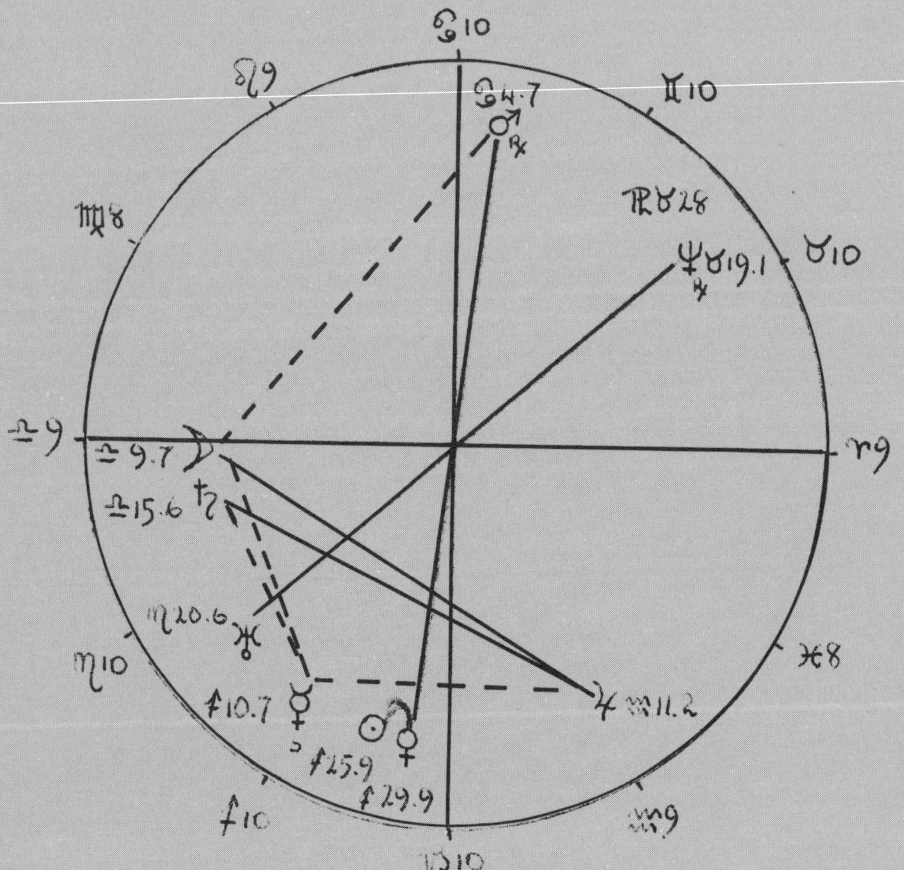

Mas depois que foi casado com aquela nobre Rainha que dysemos, gerou della estes filhos, a saber: ....
E despois deste naceo o Ifamte dom Pedro, na cidade de Lixboa, hũa ora depois de meia noite, IX dias do mes de Dezembro de IIII^{c} e XXXII annos, que foi Duque de Coimbra e senhor de Momte Moor o Velho.

Crónica de D. João I, edited by M. Lopes de Almeida and A. de Magalhães Basto (Porto: 1949), the text being based on an unpublished MS. at Evora ciii/I-10 collated with the printed edition of 1644 and a MS. copy in the University of Coimbra. (Vol.2. p.320)

Portuguese years were still counted according to the era of Caesar, beginning either at Christmas or at the Circumcision, which remained unaltered until D. João I ordered its substitution by the Christian era, obtained by subtracting 38 from the current Spanish era: the new style began on 22 August 1422 (or 1460 old style). However, in the chronicle as it has come down to us, there are mistakes in the years of three of the eight children (Eduarte, Pedro, Henrique) although the days and months appear correct—in some cases confirmed by the weekday. The birth year of D. Pedro was not 1394 N.S. (1432 O.S.) but 1392; his brother Henry was born in 1394 on Ash Wednesday in March. The year 1392 for Pedro is established in the Historia Genealogica of D. Antonio Caetano de Sousa.

D. HENRIQUE DE PORTUGAL, K.G. 1394.3.4

Son of D. João I., de Bôa Memoria, & D. Philippa of Lancaster. He was surnamed The Navigator, and is sometimes referred to as "o Infante de Sagres".

Calculated for Porto 41N8 8W35, Ash Wednesday March 4 1393/4 at 7 h. a.m. apparent time, from Hynes, Schoch & Foelsch. The birth time has been taken as 7h. a.m. as that is the nearest full hour to an ascendant in the midst of Aries.

Tropical zodiac
VP: 13°36'
Campanus houses
RA MC: 277°38'
☊: ♒22.0

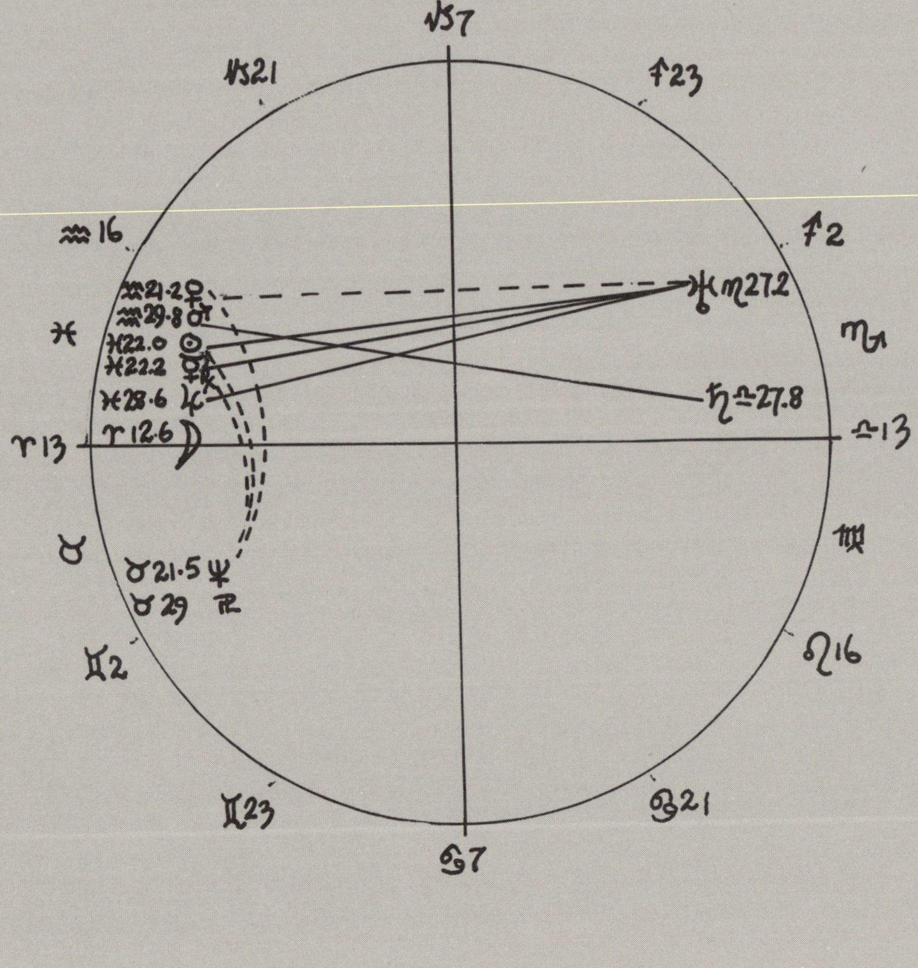

Fernão Lopes: "Cronica de Dom João I": part II. chapter CXLVII.

Naceo depois delle o Ifamte dom Pedro o Ifamte dom Amrrique, na cidade do Porto, hũa quoarta feira de cimza, IIII dias do mes de Março de IIII^c e XXXIIII annos, o quoall foi Duque de Viseu e senhor de Covilhãa.

The year is wrong. Era 1434 is A.D. 1396, and Ash Wednesday fell on 4 March in A.D. 1394—evidently a copyist mistake.

Antonio Caetano de Sousa: "Historia Genealogica da Casa Real Portuguesa (&c)" Lisbon 1736: Vol.II, fol 108:

O infante D. Henrique... Nasceo na Cidade do Porto a 4. de Março de 1394. (Torre do Tombo, liv. 3. dos Misticos, fol. 181. is given as the reference, but Elaine Sanceau could not trace it there.)

Gomes Eanes de Zurara, royal historiographer, astrologer, and friend of D. Henrique, described the horoscope in his MS. (now in the National Library of Paris) known as the "Chronicle of the Discovery and Conquest of Guinea"—completed on 18 February 1453. This occurs in chapter VII: No qual se mostram cinco razões por que o Senhor Infante foi movido de mandar buscar as terras de Guinea:

Porque o seu ascendente foe Aryes que he casa de Mars e he eixaltaçom do sol, e seu senhor está em xj. casa, acompanhado do sol. E porquanto o dicto Mars foe em Aquario, que he casa de Saturno, e em casa desperança senificou que este senhor se trabalhasse de conquistas altas e fortes, especyalmente de buscar as cousas que eram cubertas aos outros homẽes, e secretas, segundo a callydade de Saturno em cuja casa elle he. E por seer acompanhado do sol, como disse, e o sol seer em casa de Jupiter, senificou todos seus trautos e conquistas seerem lealmente feitas a prazer de seu rey e senhor.

Zurara's house division does not fit any known to me. I have therefore taken the ascendant to be that in accordance with the complete hour when Aries was rising, since this would be the most likely estimate time.

CHARLES VII OF FRANCE 1403.2.22
Son of Charles VI of France and Isabeau of Bavaria, their eleventh child.

Calculated for Paris 48N50 2E21, Thursday 22 February 1402-3 at 2h. a.m. apparent time, from Hynes, Schoch and Foelsch. Comparison with his sister Catherine (1401) shows similarity in the angles and Neptune-Pluto.

Tropical zodiac
VP: 13°29'
Campanus houses
RA MC: 193°
☊: ♌28.4

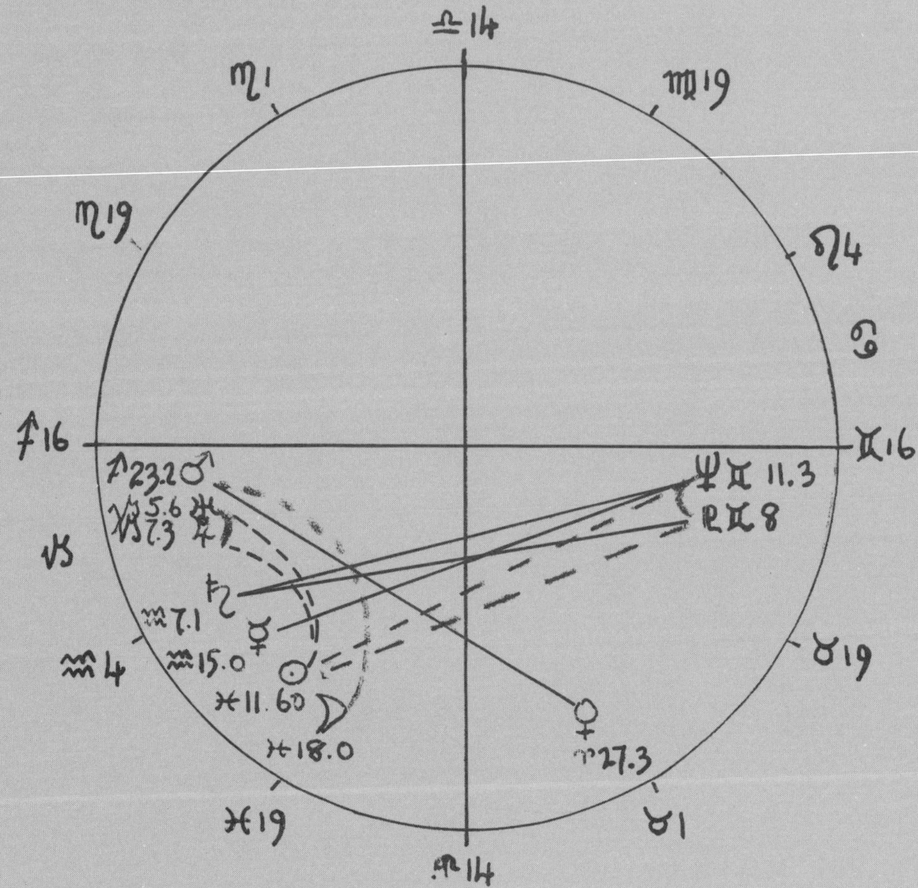

Charles VII. du nom, roy de France, surnommé le Victorieux, étoit un bon Prince, affable, liberal, genereux, & inviolable dans sa parole, qui avoit soin de recompenser ceux qui lui servoient. Il se laissa trop gouverner par ses maitresses & par ses favoris, & devint défiant au dernier point sur le fin de ses jours. Il naquit en l'hôtel de S. Paul à Paris le 22. fevrier sur les deux heures apres minuit 1402.

Histoire Genealogique et Chronologique de la Maison Royale de France, &c. *Par le P. Anselme, Augustin Déchaussé; continuée par M. du Fourny*. (Paris: 1726: 3rd edition) page 115.

The French year then began at Easter, thus the year was 1402-3.

HENRY VI OF ENGLAND 1421.12.6

Henricus Dei gratia Rex Anglie et Francie et Dominus Hibernie

Calculated for Windsor 51N28 0W37: Sunday 6 December 1421 at 4h p.m. by the sundial, from the tables of Schoch and Hynes.

Tropical zodiac
VP: 13°14′
Campanus houses
RA MC 320°59′
☊: ♌25.4
Pluto (Foelsch): ♊28

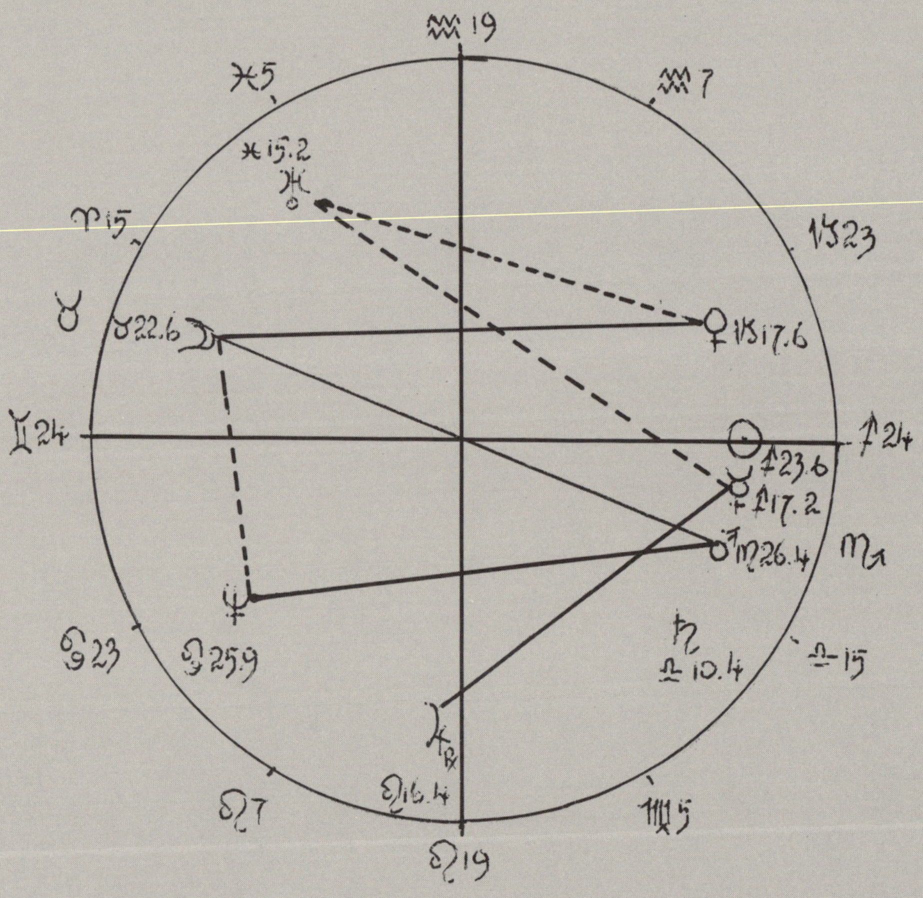

Anno Domini MCCCCXXI., et anno regni regis Henrici quinti nono. ... Et eodem anno in die Sancti Nicholai episcopi, quarta hora post prandium, natus est apud Wyndesore Henricus sextus, princeps Angliae, primogenitus filius Henrici regis quinti ex regina Katerina.
Annales monasterii de Bermondeseia: Annales monastici vol.iii. p.485. Rolls №36.

Anno Domini millesimo quadrigentesimo vicesimo primo, regni vero Henrici Quinti, Regis Angliae, haeredis et Regentis Franciae, nono. ... Hoc etiam anno Domina Katerina, Regina Angliae, peperit filium suum primogenitum, apud castrum suum de Wyndeshore, die Sancti Nicholai Episcopi et Confessoris; et vocatus est nomen 'Henricus'.
Thomae Walsingham Historia Anglicana vol ii. p. 342. Rolls №28.I.

Henricus Sextus, rex Angliae et Franciae - qui et nunc superstes est, cujus ministeriis et me totum obtuli, natus est sub anno Domini M.CCCC.XXII. (sic), in festo Beati Pontificis Nicholai. (Followed by long passage playing on the date being the sixth.)
Liber de Illustribus Henricis, page 125, by John Capgrave who was in London on the day of birth. Rolls №7.

Prandium taken to be approximately noon. In earlier times this would have been so only in the summer horarium: the winter having no prandium but only cena later in the afternoon. But as the word prandium is used, it seems reasonable to suppose that by 1421 the midday meal was taken throughout the year.

(1421) The 6. of December, at foure of the clocke in the afternoone, Lady Katherine Quéene of England, brought foorth hir first begotten son in the Castle of Windsore, and his name was giuen him Henry.
The Annales of England: John Stow. London, 1600.

Liber Bermondsey was one of the 340 authorities on which John Stow drew while he was preparing his Annales: thus he either confirms 4 p.m. as the interpretation of quarta hora post prandium, or confirms it from another source seen by him.

Two contemporary nativities, evidently copies of each other, exist in the Bodleian Library (Ashm.369 f.182.v.) and British Museum (Egerton 889 f.5). Their time, rectified by Ptolemy's animodar, is 3 hours 20 minutes 56 seconds p.m., and this could agree with an 'estimate time' of four o'clock. But their authority is weakened by its foundation on Friday 5 December, or a day too soon. There is no doubt about Friday, because the hour is given to ♄ and and the planetary places (except Moon) conform. The BM MS. belonged to John Holbrooke, Master of St Peter's College (Cambridge) from 1418 to 1431 and is mainly in his hand. His information ought to have been good, and as his MS. includes the Alphonsine tables he probably drew the figure. But Walsingham, Capgrave and the monk of Bermondsey are unassailable and I can only imagine that the day was to Holbrooke as 'the eve of St Nicholas'.

LEWIS XI OF FRANCE **1423.7.3**
Son of Charles VII of France & Marie of Anjoy

Calculated for Bourges 47N5 2E24, Saturday 3 July 1423, at 3h.30m. p.m. apparent time, from Hynes, Schoch, Foelsch.

Tropical zodiac
VP: 13°13'
Campanus houses
RA MC: 163°11'
☊: ♋24.6

♇
Ebertin ♋0.8

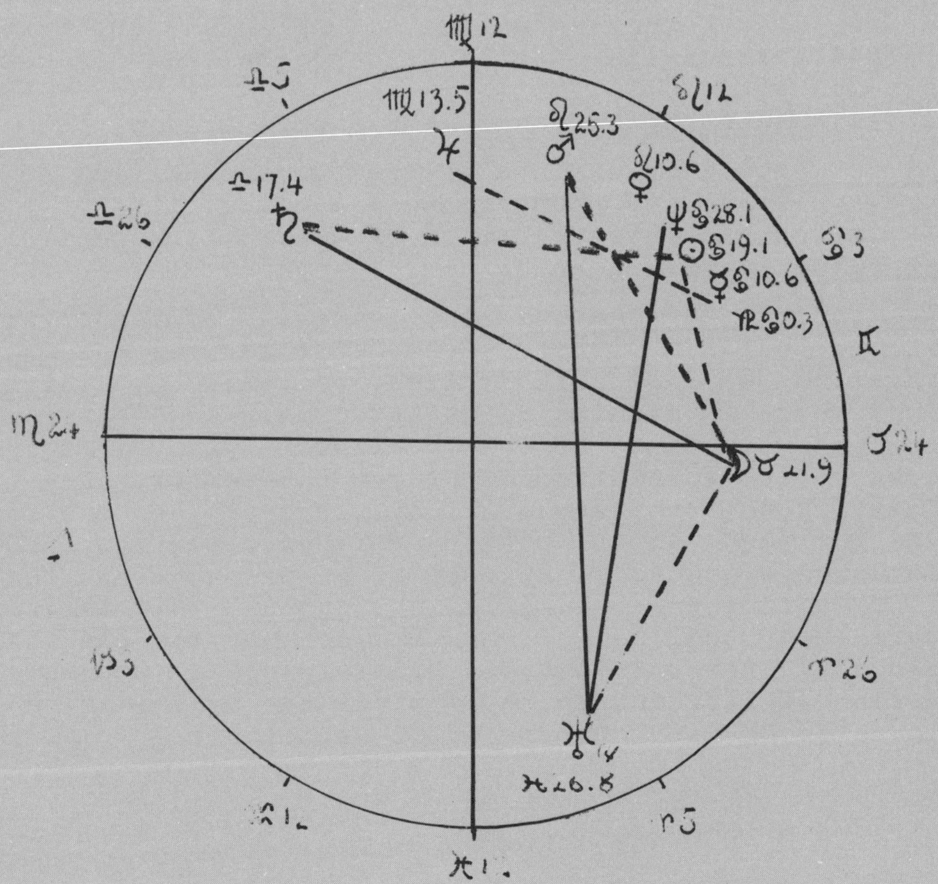

Louis xi. du nom, dit le Prudent, roy de France, naquit à Brouges au palais de l'archevêque le samedi 3. juillet 1423. & fut baptisé le lendemain dans l'eglise de S. Etienne. _Histoire Genealogique et Chronologique de la Maison Royale de France_, &c. _Par le P. Anselme, Augustin Déchaussé; continuée par M. du Fourny_. (Paris 1726, 3rd edition)

Le samedi 3 juillet 1423, entre trois et quatre heures de l'après-midi, la reine Marie d'Anjoy donnait à celui qu'on appelait le roi de Bourges un fils. (1)

(1) Arch. nat., KK56, fol.27.vº. "Depuis ce jour de nostre nativité que fut le troisiesme jour de juillet, l'an mil quatre cens ving trois," Lettre de Louis xi citée par Thibault, p. 68 n. (Marcel Thibault: La Jeunesse de Louis xi, 1423-1445, Paris: 1907) — Louis rappellera qu'il est né a Bourges en concedant des franchises à la ville, l'anoblissement du maire et des échevins, l'élection de magistrats (juin 1474)...

Louis XI, par Pierre Champion (Paris: 1927). The footnote above continues, but there is no reference to the origin of the hour of birth. However, Champion appears to have been a careful biographer and until such time that something better be found, we must accept this.

D. Afonso V de Portugal 1432.1.15
Eldest son of D. Duarte & D. Leonor de Aragão

Calculated for Cintra 38N42 9W8, Tuesday 15 January 1432,
at 3h.20m. a.m. apparent time, from Hynes, Schoch and Foelsch.

Tropical zodiac
VP: 13°5'
Campanus houses
RA MC: 175°39'
☊ ♒ 9.6

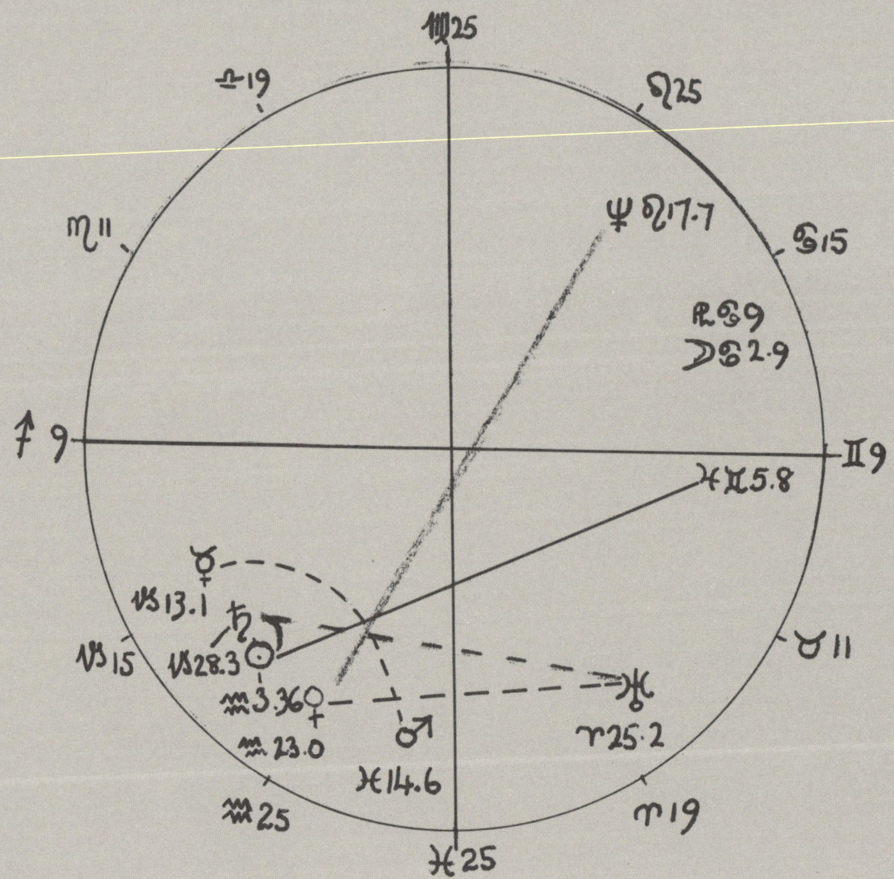

Naceo o Ifante Dom Afonso em Syntra xv dias de Janeiro terça feira tres oras e 3º antes meio dia era de 1432.
  Historia General de Caetano de Sousa, Provas, Tomo I. Livro III. Pagina 252.

Now about the birth of Afonso V — I have just returned from Lisbon, & some delightful days turning over documents at the Torre do Tombo, & I have been studying the apontamentos de D. Duarte in the Cartuxa de Evora, from which Caetano de Sousa quotes. The manuscript has it thus:

  Naceo o Ifamte dom aº ẽ Syntra xv dias de Jan^ro^ terça feyra tres oras e 3º ante mº dia era de 1432.

I imagine he means by 3º — the third of an hour, because Duarte writes of another son (who incidentally did not survive):

  Naceo o Ifante dõ eduarte ẽ alanquer xii dias de Julho terça feyra cĩquo oras e dous terços ante mº dia em 1435.

  Naçeo a Infante dona lyanor ẽ torres vedras terça feire amanhecente tres oras depois de mª noite.

Letter from Elaine Sanceau: 9 June 1961

ANN PLANTAGENET duchess of Exeter 1439.8.10
First child of Richard duke of York and his wife Cecilia Neville, sister of Edward IV and Richard III of England. She was married first to the Lancastrian Henry Holland, son of John duke of Exeter, who succeeded to the title. She divorced him on 12 November 1472 and married Sir Thomas St.Ledger. She had one duaghter by each marriage, and died on 14 January 1475/6.

Calculated for Fotheringhay 52N32 0W27, Monday 10 August 1439, at 5h.30m. a.m., from Schoch with the solar refinement of Hynes. Pluto from Foelsch.

Tropical zodiac
VP: 12°59′
Campanus houses
RA MC: 50°4′
☊ : ♍ 13.3
♇ : ♋ 21

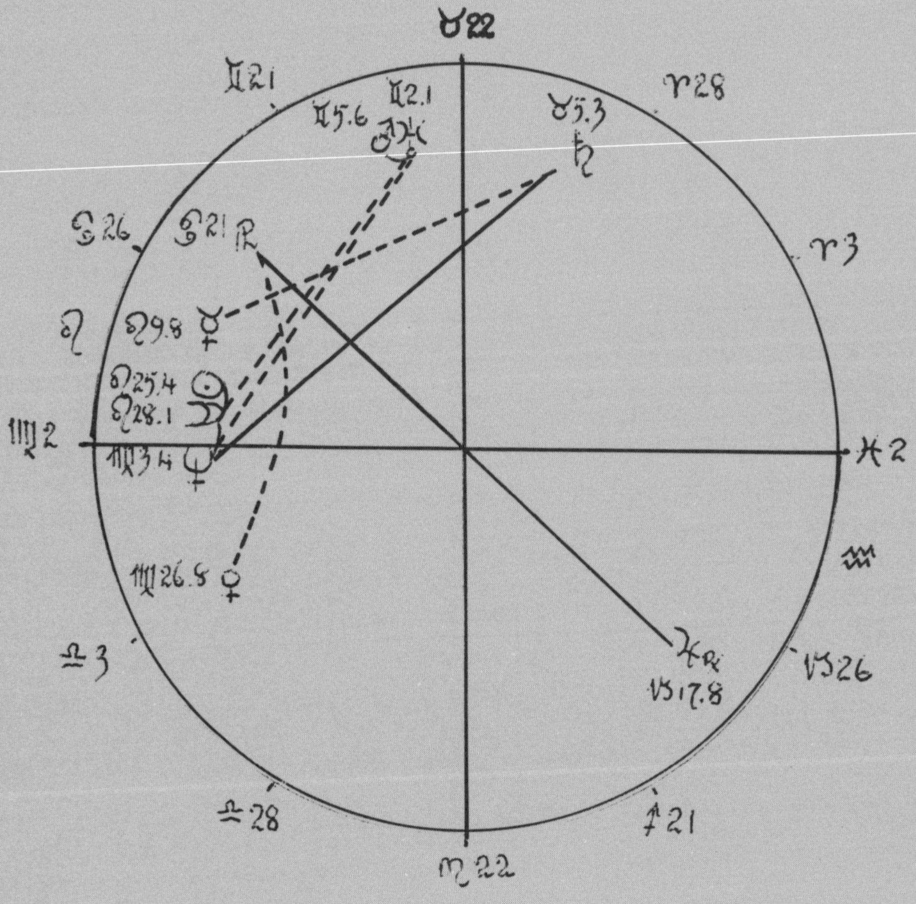

William of Worcester's <u>Annales Rerum Anglicarum</u>, printed in <u>Liber Niger Scaccarii</u>, vol.2, London, 1771, has two entries: one in the text in which the day of the week does not agree with the date, and the other in a genealogy of the children of Richard duke of York, printed at the end, in which the data for Anna are mixed with those of her brother Henry:

1439 Apud Fodryngay nata est Anna, Ducissa Excestriae, filia Ricardi Ducis Eboraci, & Ceciliae uxoris ejus, X die Augusti, inter horam V^tam & VI^tam in mane diei Martis.

Nata est Domina Anna, primogenita ilustrissimi principis Ricardi, &c. in quodam manerio Domini episcopi Eliensis nuncupato Hatfield, post meridiem IX die Februarii, hora XVII, anno M^oCCCCXLI. incompleto.

Although one would normally accept the weekday rather than the figure for the date, analysis of William of Worcester's two sets of data shows that the dates are preferable in any case of doubt. Let us call the two sets A and B respectively.

(1) A and B invariably agree in dates, but A adds a wrong weekday for Ann, Edward and Edmund: in five other children the weekday agrees with the date.

(2) B writes the birth place of Margaret, as Waltham Abbey, which is correct; A has Fotheringhay.

(3) B shows Elizabeth born in September, which agrees with the Chapter Book at Rouen; but A incorrectly writes April.

(4) B has only one apparent copyist error, whereas A has many: it is unfortunate that this one error in B occurs for Anne, and a slight doubt therefore exists as to whether she was born on a Monday or a Tuesday. Both sets of data were written in their present form in 1461, because A refers to Edward as King and B says that Edmund was killed at Wakefield—they may, of course have been written later than that, but internal evidence shows that the ultimate source of these details was parental.

EDWARD IV OF ENGLAND 1442.4.28

2nd son of Richard duke of York and his wife Cecilia, crowned with the style of Edwardus Dei gratia Rex Anglie et Francie et Dominus Hibernie. He married Elizabeth Woodville.

Calculated for Rouen 49N26 1E6, ~~Monday~~ Saturday April 28 1442, 2h.0m. a.m. apparent time, from Schoch with the Hynes solar refinement. Pluto from Foelsch.

Tropical zodiac
VP: 12°57′
Campanus houses
RA MC: 253°22′
☊: ♋20.7
♇: ♋22

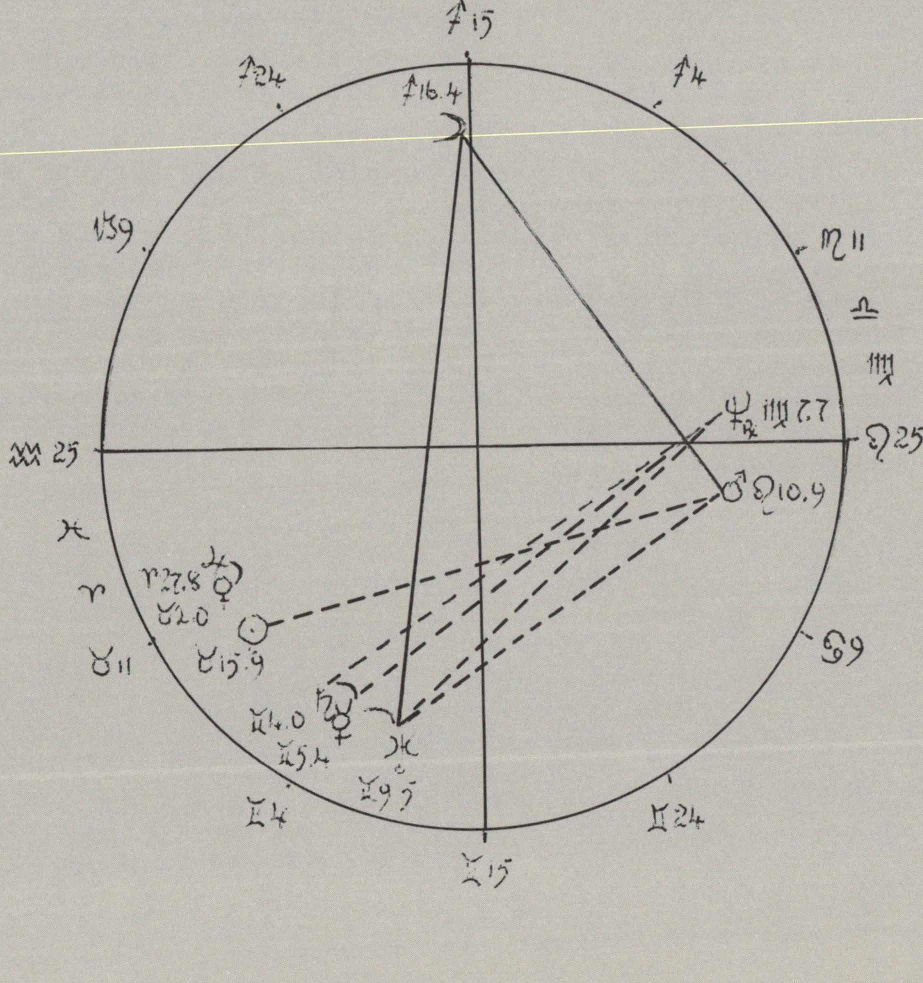

William of Worcester's *Annales Rerum Anglicarum*, in *Liber Niger Scaccari*, vol.2, London, 1771, has two entries: in the text and in a genealogy of the children of Richard duke of York, printed at the end. They are respectively as follows:

1442 Natus est Edwardus, filius secundus Ricardi, Ducis Eboraci, & heres, Rex Angliae & Franciae XXVIII° die Aprilis, hora II post mediam noctem in mane diei Lunae, apud Rothomagum, qui conceptus est in camera proxima capellae palacii de Hatfelde.

Natus est Dominus Edwardus, secundus filius illustrissimi principis Ricardi, &c. in civitate Rothomagensi XXVII° die mensis Aprilis, post meridiem, hora XIIII. minut. XLV^{to} anno Domini M^{o}CCCCXLII. incompleto.

Nativitas Regis Edwardi iiij^{ti} xxvij^{o} die Mensis Aprilis Anno Domini M^{le} CCCC^{mo}XLII post meridiem hora xiiij et Minuto xliiij.
BM MS. Cott. Domitian A.ix. fol. 83(84): 15th century hand.

A^{o} Dñi m^{l}iiij^{c}xlij the xxvijth day of Aprell Was Borne the noble Kinge Edwarde the iiij at Rone/ and Christenyd in the Cathedrall churche there.
BM MS. Add. 6113, heraldic pieces written Henry 8-Elizabeth: f.49d.

M^{d} that Edwarde sonne to Richarde Duke of Yorke/ was chrystenid in the cathedrall churche of Roen/ all the prelates of the towne beinge in theyre pontificalibus/ the 27 of Aprell 1442.
ibid. f.125d.

'The Chapter Book of Rouen Cathedral has no entry of any such event (as Edward's baptism), while permission for the reception and baptism at the Cathedral of his younger brother Edmund is recorded on May 18, 1443, as also that of his sister Elizabeth on September 22nd, 1444. There is an entry under the date of October 30th, 1442, giving permission to the Duke of York to use certain ornaments and vestments from the Cathedral 'to decorate the Chapel of the Castle of Rouen' for the celebration of the feast of All Saints. It is, therefore, reasonable to suppose that Edward was baptised in the Chapel of the Castle. For these details I am indebred to M. le Chanoine Jouen, of Rouen Cathedral, who most kindly sent extracts from the Chapter Records in answer to the inquiries of a complete stranger.
Edward the Fourth, Laurence Stratford, B.A., London 1910, p.11.

William of Worcester's two lists of York's 12 children, supra, referred to here as (A) chronicle, (B) genealogical, compare as follows: Both betray copyist errors but suggest a common origin, presumably parental since the place of Edward's conception is described by (A) in detail. Conception noted at Hatfield and birth at Rouen suggests an astrological purpose. On the other hand, while (A) records time in the civil fashion from midnight, (B) always uses astronomical reclkoning from noon. And although (B) never mentions the weekday, (A) does so eight time—thrice in disagreement with the date. Nevertheless the monthly dates agree throughout except for Ann, who cannot be checked because (B) mixed her with Henry; and bearing in mind that (A) mistakenly wrote *April* instead of *September* for Elizabeth. Neither source was copied before 1461because (A) refers to Edward as king and (B) mentions Wakefield.

EDMUND PLANTAGENET OF YORK 1443.5.17

4th child & 3rd son of Richard duke of York
Earl of Rutland: killed at Wakefield

Calculated for Rouen 49N26 1E6 on Friday May 17 1443 at 7h. p.m. sundial time, from the tables of Hynes, Schoch & Foelsch.

Hypsomatic zodiac
VP: 12°56′

RA.MC. 167°33′
☊ ♋0.3

Tropical zodiac
Campanus houses

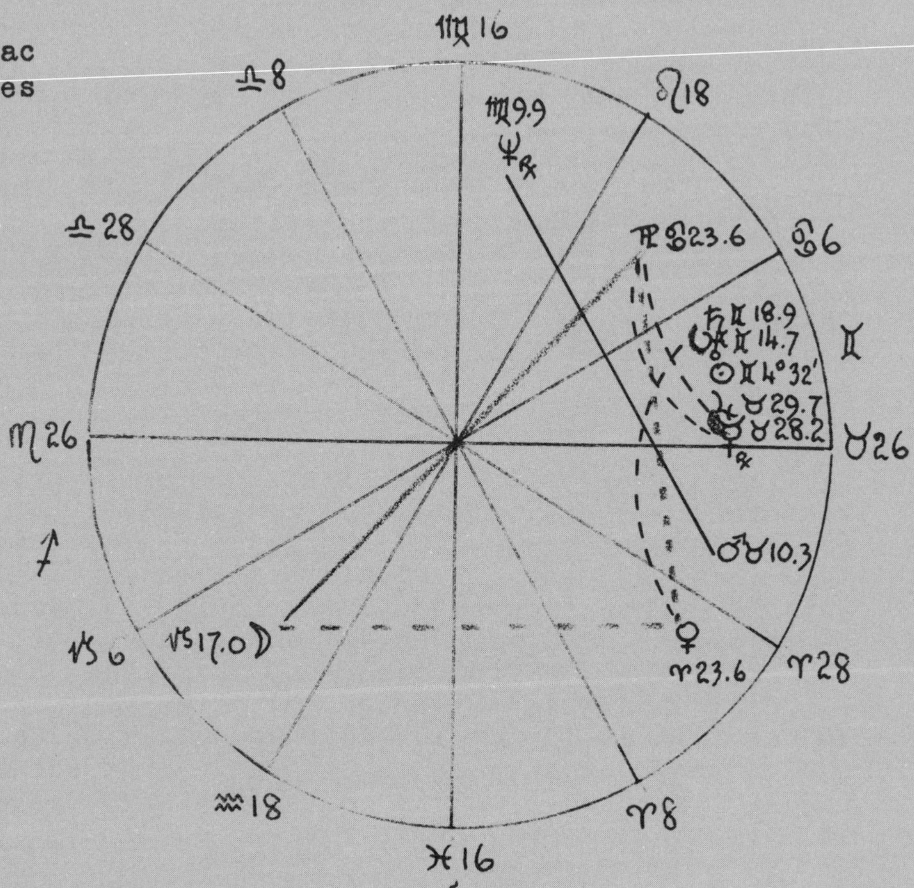

In William of Worcester's Annales Rerum Anglicarum, printed in Liber Niger Scaccarii, London 1771, vol.2. there are two recordings of this birth. The first is in the annals themselves and the second is in a list of the children of Richard duke of York and his wife Cecilia, given at the end. These recordings are respectively as follows:

> 1443 Natus est Edmundus, III^{cius} filius Ricardi, ducis Eboraci hora VII post merediem diei Lunae, XVII die Maii apud Rothomagum.
>
> Natus est Dominus Edmundus, tercius filius ilustrissimi principis Ricardi, &c. in civitate Rothomagensi, & baptizatus in longo fonte Rollonis, in quo nullus praeter eum baptizatus erat à tempore Rollonis praedicti, XVII die mensis Maii, hora VII post meridiem, anno Domini M^{o}CCCCXLIII. incompleto, qui cum patre suo in bello apud Wakefield obiit, ut infra.

May 17 1443 was a Friday, not a Monday. However, Laurence Stratford in his EDWARD THE FOURTH (London 1910) reports that in the Chapter Book of Rouen Cathedral there is an entre to say that permission was given on May 18 1443 for Edmund's reception and baptism at the Cathedral. This seems to confirm a birth in the evening of the previous day.

MARGARET BEAUFORT 1443.5.31

Great grand-daughter of John of Gaunt in the illegitimate Beaufort line through Katherine Roett, widow of Sir Ottes Swynford, though John afterwards married her as his third wife. She herself married (1) Edmond Tudor, by whom she became the mother of Henry VII of England, (2) Sir Henry Stafford, (3) Thomas, lord Stanley, later earl of Derby.

Calculated for noon, apparent time, at Bletsoe, Bedfordshire, 52N14 OW31, Friday 31 May 1443, from the tables of Schoch with the solar refinement of Hynes, Pluto from Foelsch.

Tropical zodiac
VP: 12°56′
☊ · ♊ 29 6
♇ · ♋ 24

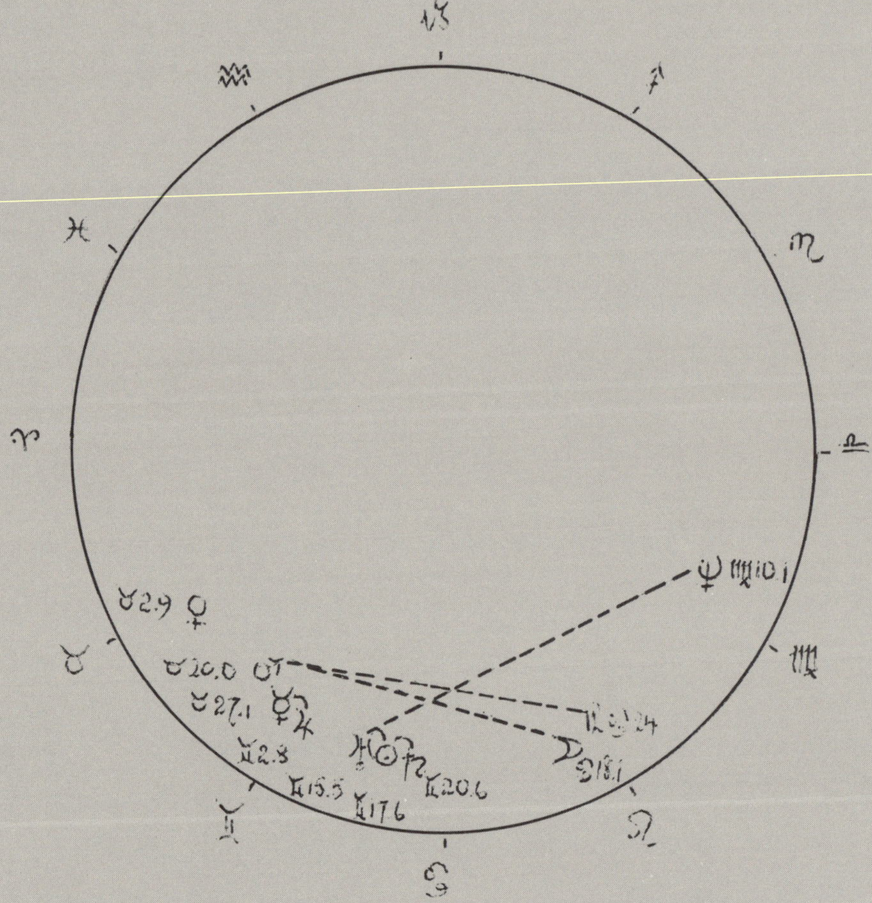

ij Kl. Jun. Sancte Petronille virginis. Natale domine Margarete filie ilusstris principis domini Johannis Ducis Somersetie Anno dimini m^{o}cccc^{mo}xliij^{o}.
<u>BM MS</u>. <u>Royal</u> <u>2.A</u> <u>xviii</u>: <u>Horae</u> <u>B</u>. <u>Mariae</u> <u>Virginis</u>, f.30

This is a vellum book of hours, beautifully illuminated, which was probably executed for Margaret's grandfather John de Beaufort in the early years of the xv century. At ff. 28 to 33, against the names of the saints in a church calendar, there are biographical notes in more than one hand, giving the births of Margaret, her son, and her grandchildren. As there can be little doubt that the book belonged to Margaret, it seems probably that the entries were made at her desire, or even in some cases by herself.

In the Long Gallery at Hatfield house, there is a portrait of Margared Beaufort (Nº9) which bears a resemblance in a general way to portraits of her great grand-daughter, the queen Elizabeth Tudor.

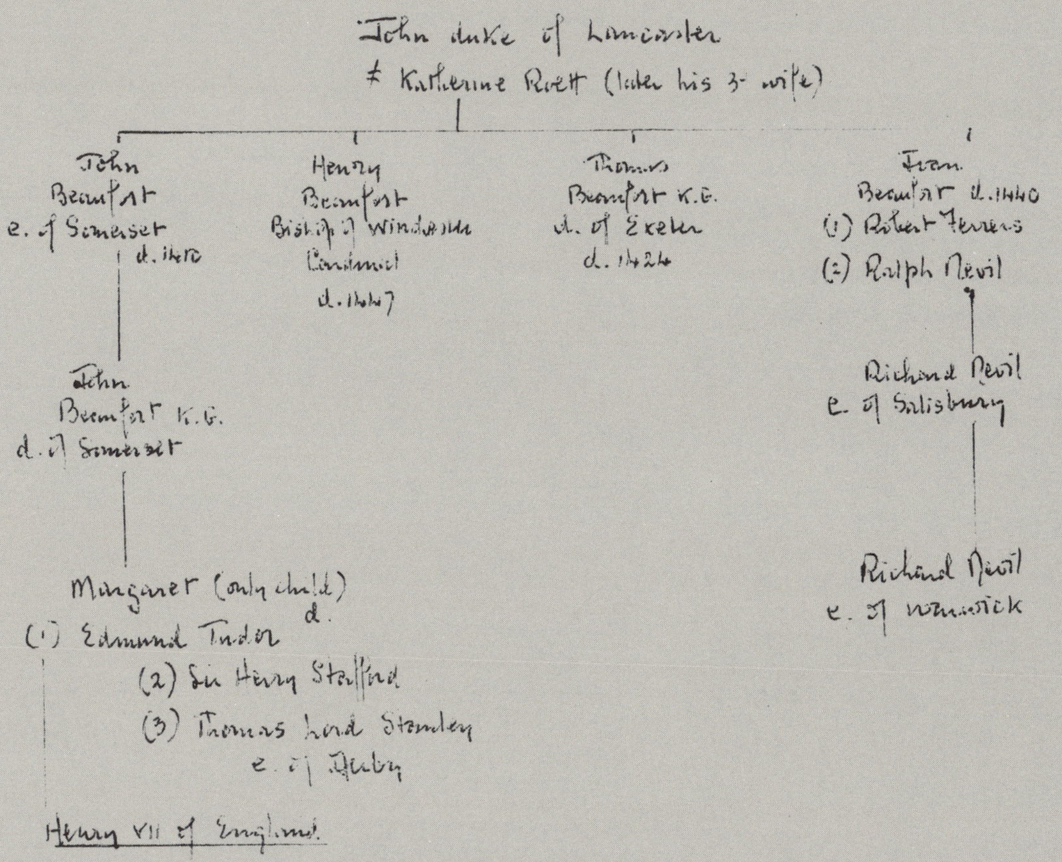

ELIZABETH PLANTAGENET OF YORK 1444.9.22

5th child & 2nd daughter of Richard duke of York
She became duchess of Suffolk through marriage with John de la Pole (great-grandson of Chaucer)

Calculated for Rouen 49N26 1E6 on Tuesday September 22 1444 at 2h. a.m. sundial time, from the tables of Hynes, Schoch, & Foelsch.

Hypsomatic zodiac
VP: 12°55′

RA.MC. 37°12′
☊ ♊ 4.1

Tropical zodiac
Campanus houses

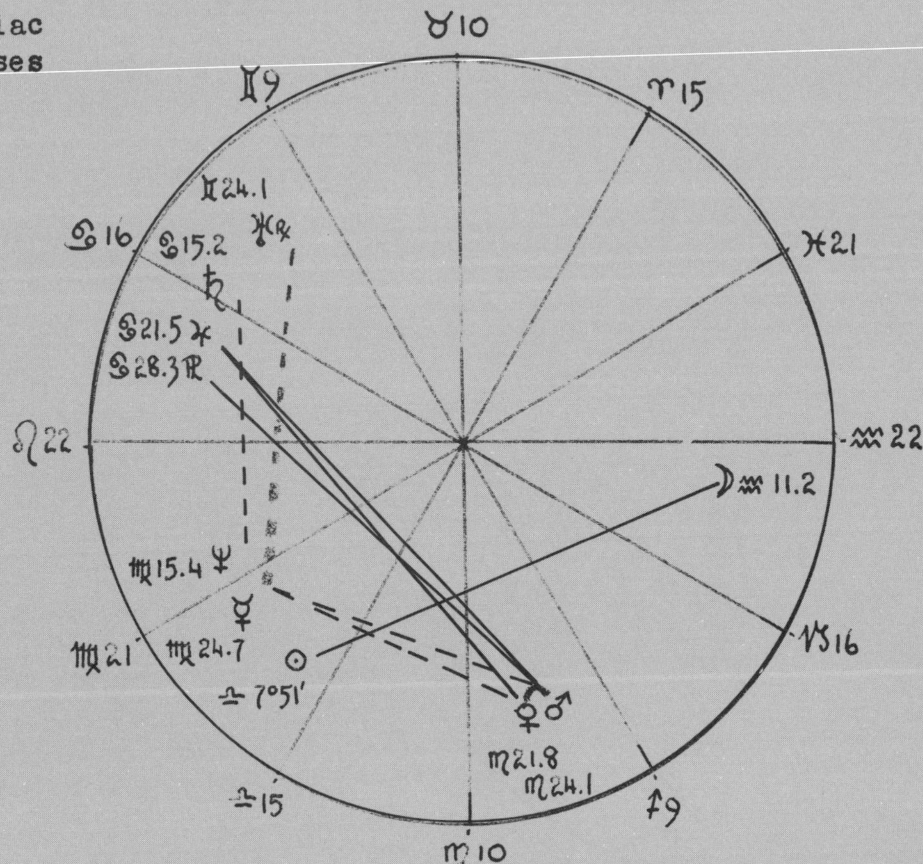

In William of Worcester's Annales Rerum Anglicarum, printed in Liber Niger Scaccarii, London 1771, vol.2. there are two recordings of this birth. The first is in the annals themselves and the second is in a list of the children of Richard duke of York and his wife Cecilia, given at the end. These recordings are respectively as follows:

> 1444 Nata est Elizabeth, secunda filia Ricardi, ducis Eboraci, XXII die Aprilis, hora II^{a} in mane diei Martis, apud Rothomagum.

> Nata est secunda filia Elizabet praedicti principis in civitate Rothomagensi XXI. die mensis Septembris post meridiem hora XIIII. minuto anno Domini M^{o}IIII^{c}.XLIIII^{to}

There is thus a difference in the month, but September 22 was a Tuesday, as stated in the first entry, but April 22 was not. The matter is clinched in EDWARD THE FOURTH by Laurence Stratford, London 1910, on page 11, where it is stated that according to the Chapter Book of Rouen Cathedral permission for the reception and baptism of Elizabeth was recorded on September 22 1444. Stratford obtained this information from M. le Chanoine Jouen of Rouen Cathedral.

MARGARET PLANTAGENET OF YORK 1446.5.3
6th child & 3rd daughter of Richard duke of York
She married Charles duke of Burgundy, the last of the French line.

Calculated for Waltham Abbey on Tuesday May 3 1446 at noon on the Sundial, from the tables of Hynes, Schoch, and Foelsch.

Hypsomatic zodiac
VP: 12°54′
☊ ♉3.0

Tropical zodiac

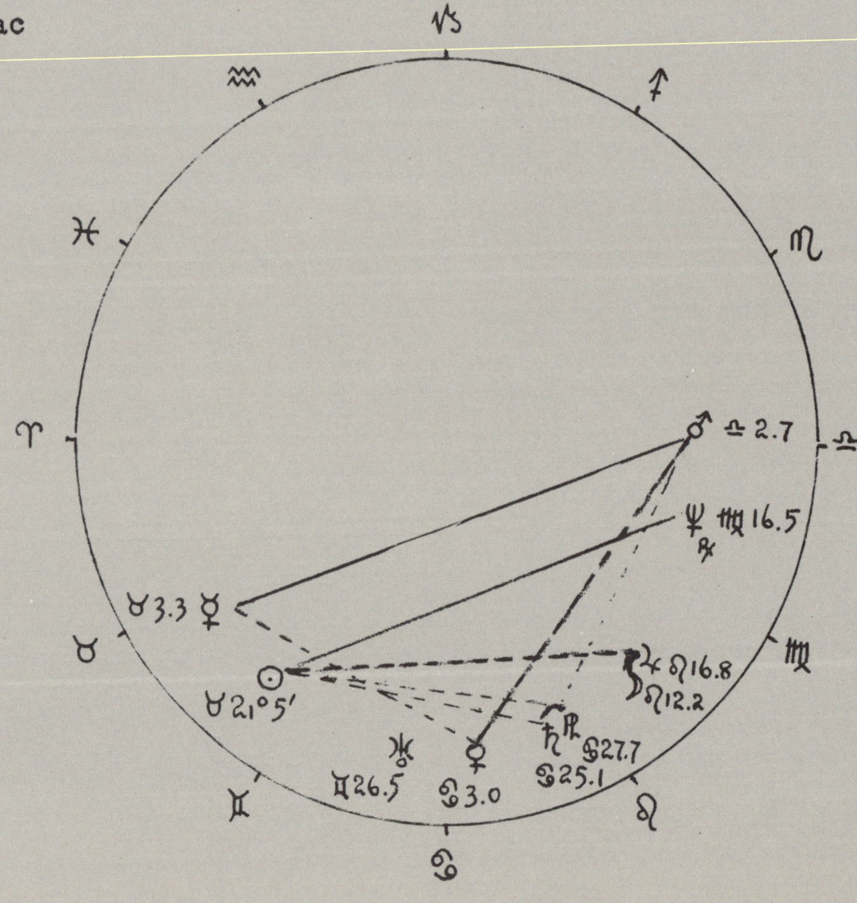

William of Worcester's Annales Rerum Anglicarum, printed in Liber Niger Scaccarii, vol.2, London 1771, has two entries: one in the text in which the place of birth is given as Fotheringhay, and the other in a genealogy of the children of Richard duke of York printed at the end which speaks of Waltham Abbey. I have chosen the latter because five others are given as born at Fotheringhay, but this is the only mention of Waltham Abbey.

1446 Nata est Margareta, filia tercia Ricardi, ducis Eboraci, III^{cio} die Maii in die Martis apud Fodryngay.

[1446] Nata est Domina Margareta, tercia filia serenissimi principis praedicti, apud Waltham abbey, tercio die May, anno Domini M^{o}IIII^{c} XLVI^{to}. incompleto.

GEORGE PLANTAGENET, duke of Clarence 1449.10.21

9th child & 6th son of Richard duke of York & his wife Cecilia, daughter of Ralph Neville, earl of Westmorland. He married Isabel, daughter of Richard Neville the great earl of Warwick (q.v. 1428). He was done to death in 1478 by order of his brother Edward IV.

Calculated for Dublin, Tuesday 21 October 1449, noon on the sundial (53N21 6W15) from Schoch with the solar refinement of Hynes. Pluto from Foelsch.

Tropical zodiac
VP: 12°50′
Campanus houses
RA MC: 214°38′
☊ : ~~214°38′~~ ♒26.0
℞ : ♌6

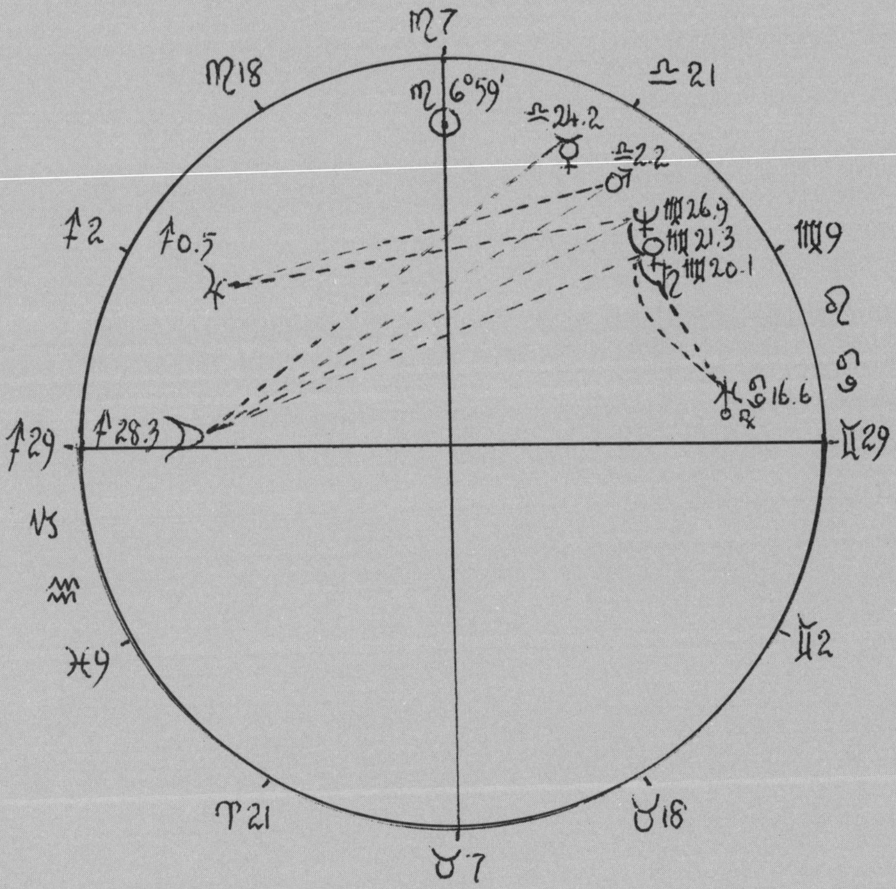

In William of Worcester's _Annales Rerum Anglicarum_, printed in _Liber Niger Scaccarii_, London, 1771, vol.2, there are two notes on this birth: the first in the annals themselves, the second in a list of the children of Richard, duke of York, appended at the end. They are respectively as follows for George:

1449 Natus est Georgius, VI^{tus} filius Ricardi ducis, XXI die Octobris in meredie diei Martis in Hibernia.

Natus est Dominus Georgeus, sextus filius praedicti principis, XXI. die Octobris, apud castrum Debline in Hibernia, anno Domini M^{o}.CCCCXLIX, in meridie diei antedicti, & baptizatus in ecclesia Sancti Salvatoris.

JOÃO II. OF PORTUGAL 1455.5.4

Calculated for Lisbon 38N42 9W8 on Sunday May 4 1455 at 10h.30m. p.m. on the sundial, from the tables of Schoch and Foelsch, and Hynes solar tables.

Hypsomatic zodiac
VP: 12°45′

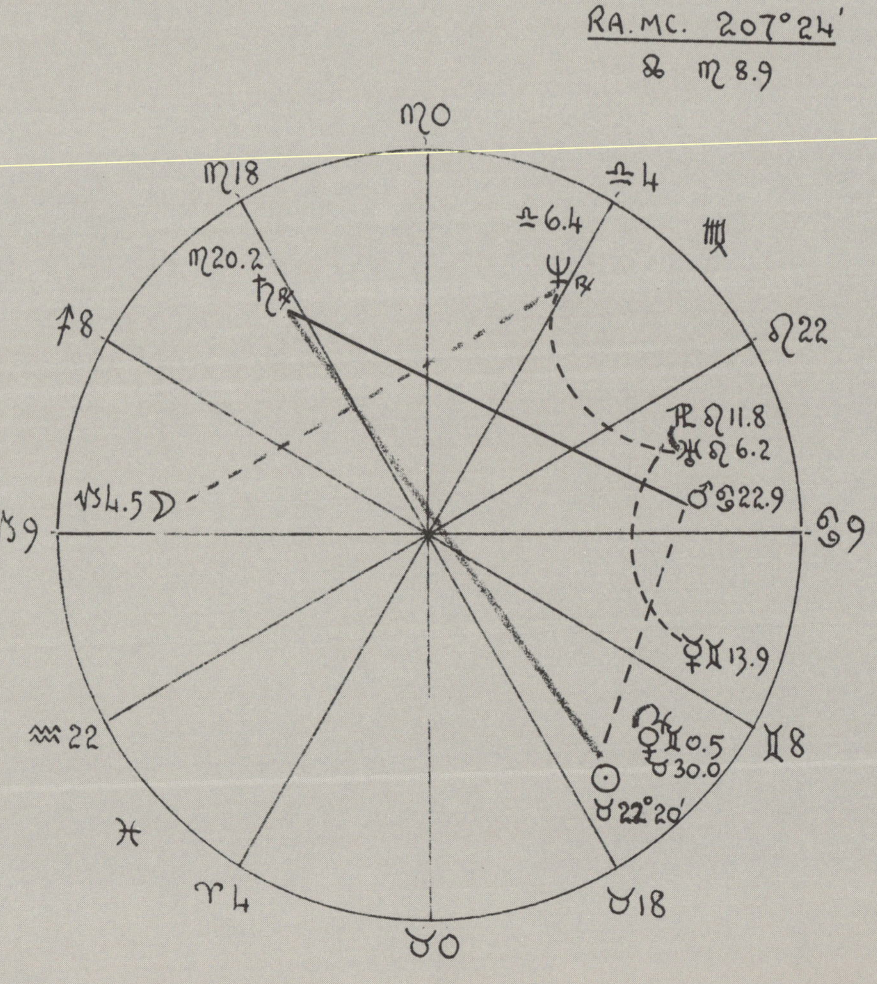

Tratado de Nobreza: Antonio Rodrigues, Principal Rei de Armas 'Portugal' de D. Manuel: MS. Biblioteca Municipal do Porto

era de ĪIIJLV anos domingo quatro dias do mes de Mayo, antre as dez E as onze oras da noute naceo dom João filho dellRey dom Afonso E da Rainha dona Isabel sua molher.

Antonio Rodrigues gives the dates of birth of several royal persons, but this is the only one with a time.

Estevan de Garibay y Camalloa: Los Qvarenta Libros del Compendio Historial de las Chronicas·y Vniversal Historia de todos los Reynos de España. Compvestos por Estevan de Garibay y Camalloa, de nacion Cantabro, vezino de la villa de Mondragon de la Prouincia de Guipuzcoa, diuidido en quatro tomos. Año 1628. Con Licencia, Impresso en Barcelona, Por Sebastian de Cormellas. Y à su costa.

Vol.4. Lib.xxxv. Cap. xiiii. p. 183.

En el qual (año de mil y quatrocientos y cincuenta y cinco), antes desta traslacion, pario la Reyna en quatro de Mayo, dia Domingo en la ciudad de Lisboa al Principe don Iuan...

Miss Elaine Sanceau, his biographer, tells me that the date May 4. is supported by a MS. in the Torre do Tombo, Gavetas 20, Maço 6, No.15.

Chronica do Principe dom Ioam, Rei qve foi destes Regnos segvndo do nome, em qve svmmariamente se trattam has cousas sustançiaes que nelles aconteçerão do dia de seu nasçimento atte ho em que elRei dom Afonso seu pai faleçeo. Composta de nouo per Damiam de Goes, Dirigida aho muito magnanimo, & poderoso Rei dom Ioam terçeiro do nome. (Lisboa: 1567)

Cap. i. ElRei dõ Afonso quinto, filho delRei dõ Duarte, casou com ha Infante donna Isabel, filha do Infante dõ Pedro seu tio, irmão legitimo do mesmo Rei dõ Duarte, da qual senhora houue ho prinçipe dom Ioão, Rei trezeno destes Regnos, segundo do nome, que nasçeo em Lisbõa nos paços Dalcaçoua ahos tres dias do mes de Maio de M.cccclv. ... (cap.ii.) ... oito dias depois que ha Rainha pario, que foram xj. do dito mes de Maio, ho Prinçipe foi leuado à Sé com grande pompa, & nella baptizado. Hos padrinhos segũdo Garçia de resende, forã ho Infante (&c.) ... E segundo ho que compos ha Chronica delRei dõ Afonso forão padrinhos ho duque de Bragança (&c.).

Clearly Damiam de Goes quoted others who conflicted over the principal godfather. It is also worthy of note that if he counted eight days as for the Utas, or Octave, and as a week or a fortnight is still counted in Portuguese, the space between birth and baptism should be a day less than that indicated by him.

Extract from a letter of Elaine Sanceau to me, dated March 8 1952.

Concerning D. João II's birthday, the documents that I have found are, unfortunately, of more uncertain origin. I quite agree with you that Damiam de Goes, though he could quite well have checked up on the date does not appear to have done so. That point you make about the eight day week is most interesting. In Portugal, as well as in Brazil "oito dias" always means an English seven day week, & "quinze dias" are a fortnight. I have been looking up my notes of the documents which give May 4th as João's birthday. Unfortunately they are not so complete as I could wish. When in Lisbon & Evora (in Evora I only spent 8 days!) my time was so short & I had so much to look up that I had to concentrate on finding what for my immediate purpose was most important. Although it would interest me greatly to know if D. João was born on the 3rd or 4th, it did not really much matter from a biographical point of view, so I did not take note so carefully as I should have done if less pressed for time.

In the Torre do Tombo, Gavetas 20, Maço 6. No.15. there is a paper entitled: "Noticia das Cerimonias com que foi baptizado o Principe Dom João filho d'El Rey Dom Afonso 5º". It begins "No Ano de Mil quatro centos cincoenta e cinco pario em Lisboa a Raynha Dona Izabel aos quatro dias de Mayo El Rey Dom João, que Deos aja (thus you see this was written after his death) e foi bautizado aos vinte e cinco dias do dito mez na see da dita Cidade com grande solenidade (&c.)" Here you see the date of baptism given as the 25th, which is probably inaccurate as it was the usual to baptize a prince a week after his birth. I don't know if the writer of the document was confusing this date with the 25th of June on which date is recorded the "Juramento de preito e Omenagem que os Grandes de Portugal e Povo fizerao ao Principe Dom João, filho d'ElRey D. Afonso 5º." This document is one actually drawn up at the time by "Joham Vaaz, Cavaleiro da Casa do dito Senhor (i.e. Afonso V.) e seu secretario" ~~and~~ Vicente Martins, Escrivão de Puridade da Raynha ambos Notairos publicos". (Torre do Tombo, gavetas 15, Maço 4, No.9.)

To return to the baptism: according to the document first quoted "foram Padrinhos o Ifante Dom Fernando e o dito Marquez de Villa Viçoza e Madrinhas a dita Ifante D. Catarina e D. Briatiz de Menezes". That, I have no doubt is correct. I feel that the godfather is far more likely to have been the Infante D. Fernando than either of the other two suggested by the chroniclers. After giving the names of the godparents, the document of which I am speaking suddenly leaves off describing D. João's baptism & seems to be laying down the ceremonial for another - perhaps that of D. Manuel's son: "Item: que o Bautismo seja na Capella, e loguo &c. ...You see all this concerns a future occasion, not D. João's baptism, & the document breaks off in the midst of these Itens.

The collection of the Gavetas to which this paper belongs is, with the Corpo Chronologico, one of the most important at the Torre do Tombo. It consists of thousands of documents, original letters, & records, covering a great part of Portuguese history. All these are preserved in the drawers & Maços numbered, but during the 18th century the whole collection was copied in excellent script into a vast series of volumes. Dr. Antonio Baião has told me that these copies are very accurate, & therefore, pressed for time as I was, when working at the Torre do Tombo, instead of asking for the originals, I preferred to make use of these transcriptions, for I am a slow reader of 15th & 16th century script. I wish, however, that I had sent for the fragment quoted above to verify, if possible, its origin, & so assess its value. Next time I am in Lisbon I shall make a point of doing so.

As for the Codiees consulted at Evora, they are mostly 17th century compilations "Miscellanias" comprising letters, historical notes, Monologues & other jottings. Looking through my notebook I see that in <u>Cod. CV/1-2 d fl.13</u>, I read: "Dom J^{o} o 2 do nome nasceu em L^{xa} a 4 de Maio de 1455..." And in <u>Cod. CIII/2-17 fl.87.v.</u> is said "Ouve da R^{a} dona Isabel o Principe dom João q̃ nasceo em L^{a} aos quatro de Maio de 1455." Here, however, I have noted that the record in question is inaccurate in several other of the dates it gives. As you see none of this really helps us to any definite conclusion. Incidentally, Codex CV/1-2, on fl.170, gives a brief account of the "Bautismo do principe dom J^{o}". Mentions the year of birth, but not the day, & gives the same godparents as the document of the Gavetas.

ANN NEVILLE 1456.6.11

Daughter of the Kingmaker 1428.11.22, and queen of Richard III. of England 1452.10.2.

Calculated for apparent noon on Friday, June 6, 1456 from the tables of Hynes, Schoch and Foelsch.

Hypsomatic zodiac
VP: 12°44′

Tropical zodiac

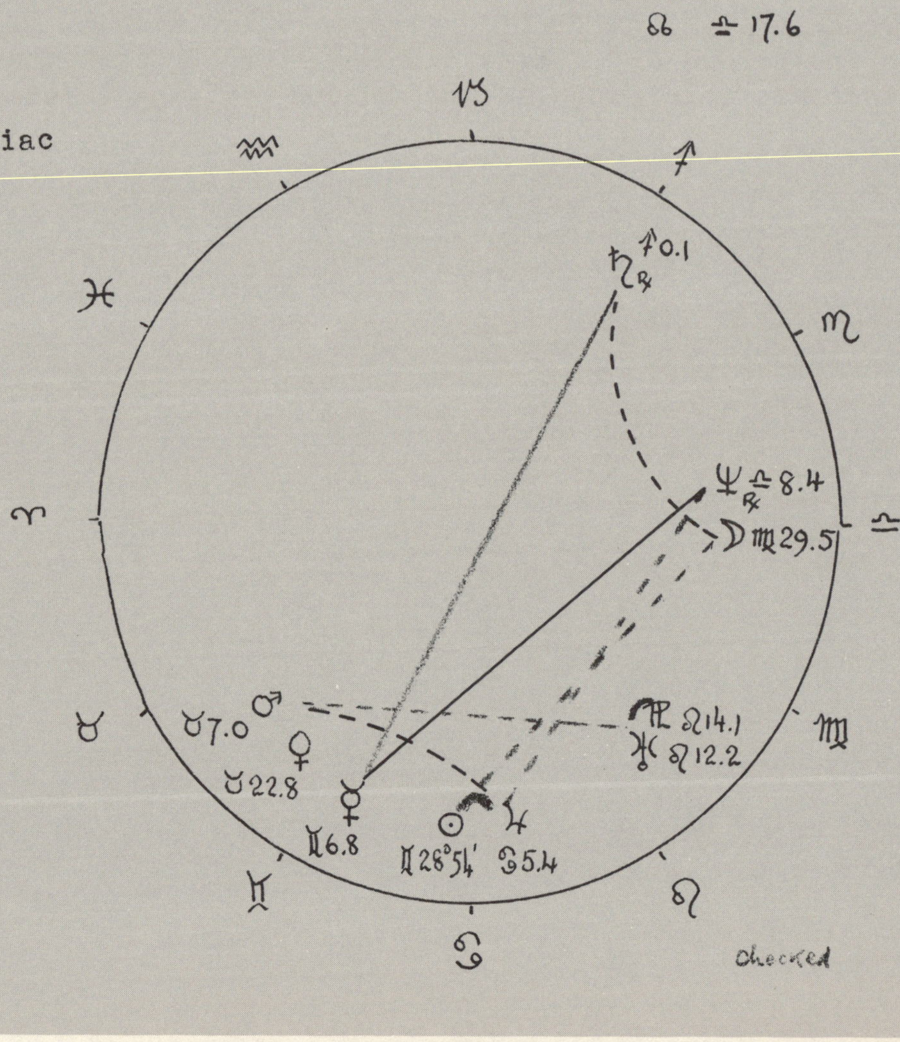

According to the Rous Roll, Article 62, she was born at Warwick castle on Friday, June 11, 1456.
This is the duke of Manchester's copy of the Roll.

Her father was killed at Barnet on Easter Sunday, April 14, 1471. In the following year she married Richard Plantagenet, duke of Gloucester, who had been her playfellow in childhood. They resided at Middleham castle until 1482, and their only son was born there in 1473. She was crowned queen of England with Richard at his coronation on Sunday, July 6, 1483. Their son died on March 9, 1483-4 (some say the last day of March), and she herself died of tuberculosis on March 16, 1484-5 on the day of a solar eclipse in Aries 5°.

LEONOR QUEEN OF PORTUGAL 1458.12.8
Married to her cousin german João II.

Calculated for Beja 38N0 7W50 on Friday December 8 1458 at twilight (taken as sun depressed 6° at 5h.13m. p.m. sundial time) from the tables of Hynes, Schoch and Foelsch.

Hypsomatic zodiac
VP: 12°44′

RA.MC. 343° 35′
☊ ♌29.4

Tropical zodiac
Campanus houses

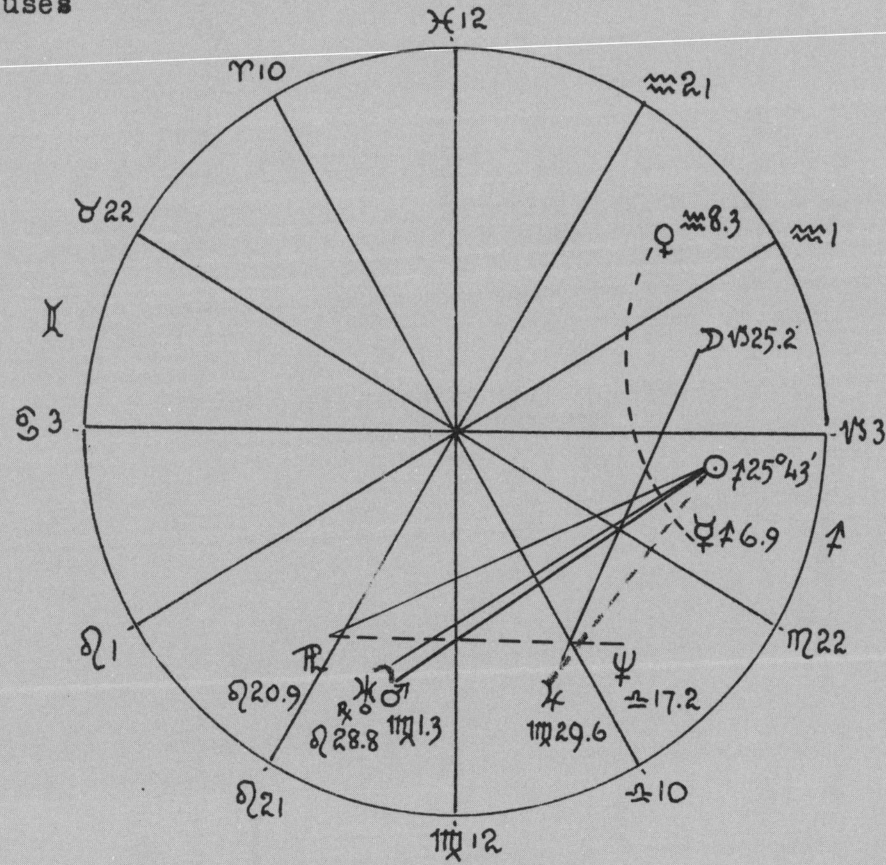

Historia da Rainha D. Leonor e da fundação do Hospital das Caldas Frei Jorge de São Paulo, written in 1656.

"no crepusculo da noite de 8 de Dezembro do anno de 1458. Dia em que a Santa Madre Igreja Catholica celebra a solemnissima festa da Immaculada Conceição da Rainha do Ceo..."

Chronica do Serenissimo Principe D. João escrita por Damião de Goes. (1567)

"Neste anno de M.ccccluiij. ahos dous dias de Maio nasçeo dõna Leanor filha do Infante dom Fernando, & da Infante dõna Beatriz, que depois foi Rainha destes Regnos, quomo se aho diante dira."

Despite the fact that Frei Jorge was a much later writer I prefer to accept his testimony owing to the special connection of Leonor with the Hospital das Caldas. Moreover Damiam de Goes is notorious for his inaccuracy in dates.

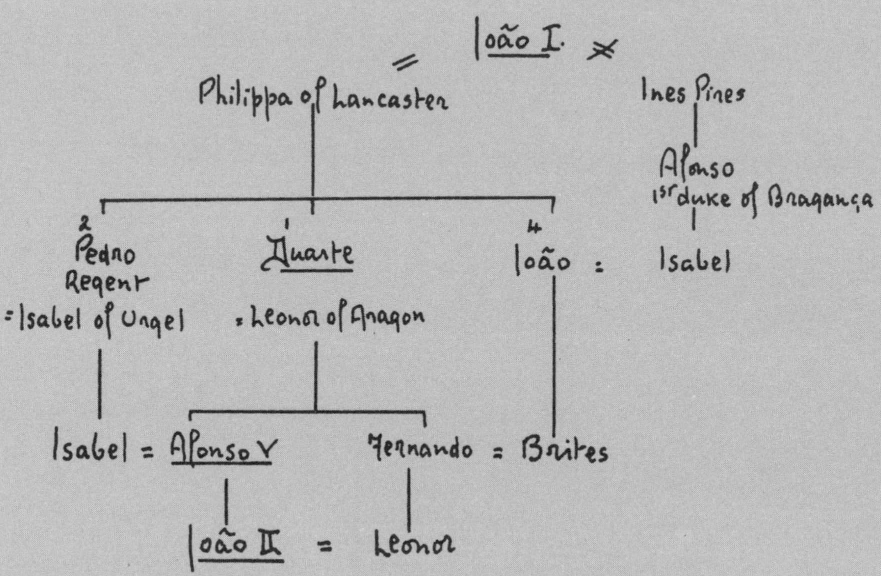

LEWIS XII. OF FRANCE 1462.6.27

The son of Charles of Orleans and Mary of Clèves, he became Lewis II. of Orleans and Lewis XII. of France in succession to his cousin Charles VIII. of France. He was the first of the Valois-Orleans branch of the royal house.

Calculated for Blois 47N34 1E20 on Sunday June 27 1462 at 5h.8m. a.m. sundial time, from the tables of Hynes, Schoch, and Foelsch.

Hypsomatic zodiac
VP: 12°40′

Tropical zodiac
Campanus houses

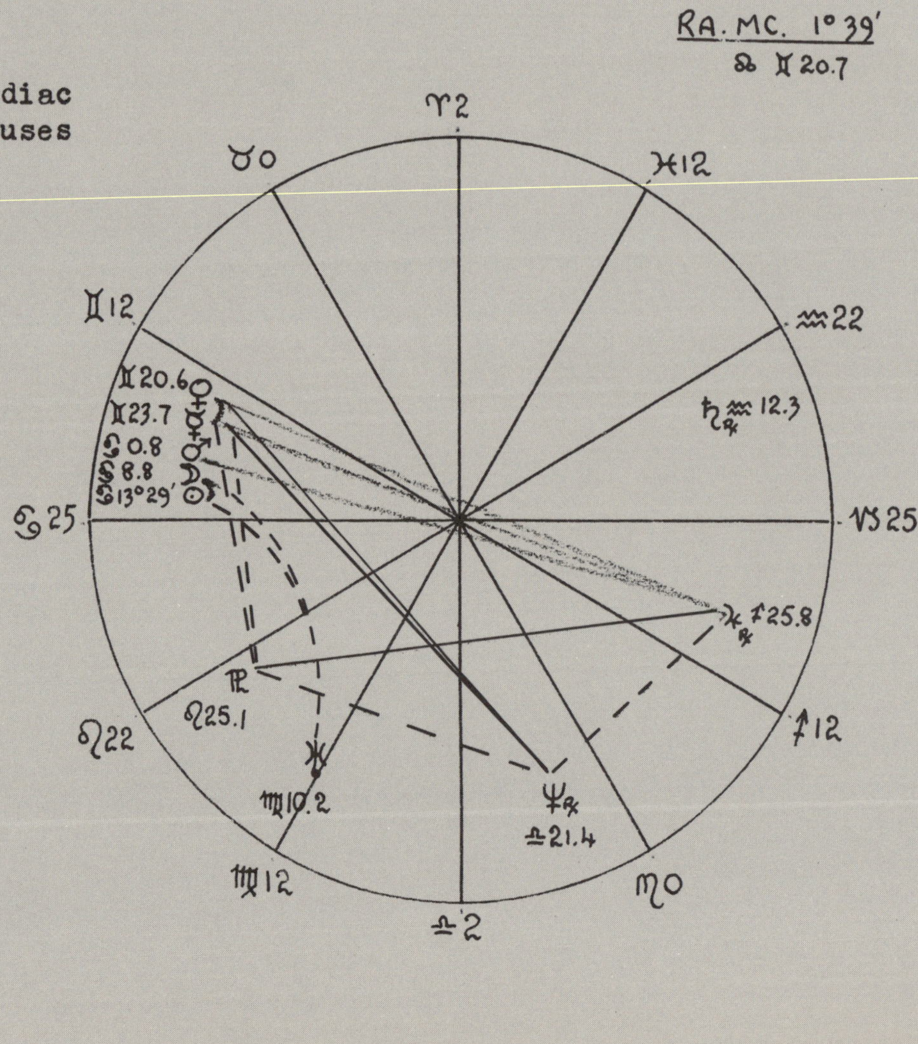

Jovrnal de Lovyse de Savoye Dvchesse d'Angoulesme, d'Anjou et de Valois, Mere du grand Roy François premier. Tiré de l'Original qui est entre les mains de Monsieur Hardy Conseiller du Roy en son Chastelet de Paris, & qui m'a esté communiqué par les soins du R.P.Hilarion de Coste, Religieux Minime du Conuent de la Place Royale à Paris.

The Journal is found in Liure VI. ff.457-464 of:

Histoire Genealogiqve de la Royale Maison de Savoye, &c. par Samvel Gvichenon, Seigneur de Paincssuyt, Conseiller et Historiographe du Roy & de S.A.R. de Sauoye, Comte Palatin, Cheualier de l'Empire, & de la Sacrée Religion des Saints Maurice & Lazare. A Lyon Chez Gvillavme Barbier, Imprimeur ordinaire du Roy, & de S.A.R. de Sauoye, à la Place de Confort. M.DC.LX. avec privilege dv Roy.

Louise of Savoy was born on September 11 1476, the daughter of Philip, count of Bresse, afterwards duke of Savoy. Her mother was Marguerite of Bourbon and she was niece of Pierre de Bourbon, sire of Beaujeu, after wards duke of Bourbon. At the age of 12 she married Charles of Valois, count of Angoulême, great-grandson of Charles V. He died in 1496 leaving her mother of Marguerite and Francis - afterwards Francis I. of France. She was given to astrology and it is probable that the notes in her journal, where they mention times of birth, are based on the nativities supplied to her by her astrologers. Nevertheless, where French scholars have been able to check them these times agree more or less with times recorded in chronicles. She would have been especially interested in the birth time of Lewis XII. because her son succeeded him.

The note in the journal referring to Lewis XII. is this:

> Madame, Louys XII. Roy de France fut né à Bloys l'an 1462. le 27. Iuin à cinq heures huict minuttes auant midy.

Junctinus in his Speculum Astrologiae, vol. 1., p. 707 has a figure for 1h. 20m. a.m.

Father Anselme accepts the evidence of Louise of Savoy.

ELIZABETH PLANTAGENET OF YORK 1466.2.11

Firstborn of Edward IV of England & his queen Elizabeth Wydville. She became the queen of Henry VII of England.

Calculated for noon apparent time at Westminster, Tuesday 11 February 1465/6, from Schoch with the solar refinement of Hynes. Pluto from Foelsch.

Tropical zodiac
VP: 12°37′
☊: ♈10.6
♇: ♍3

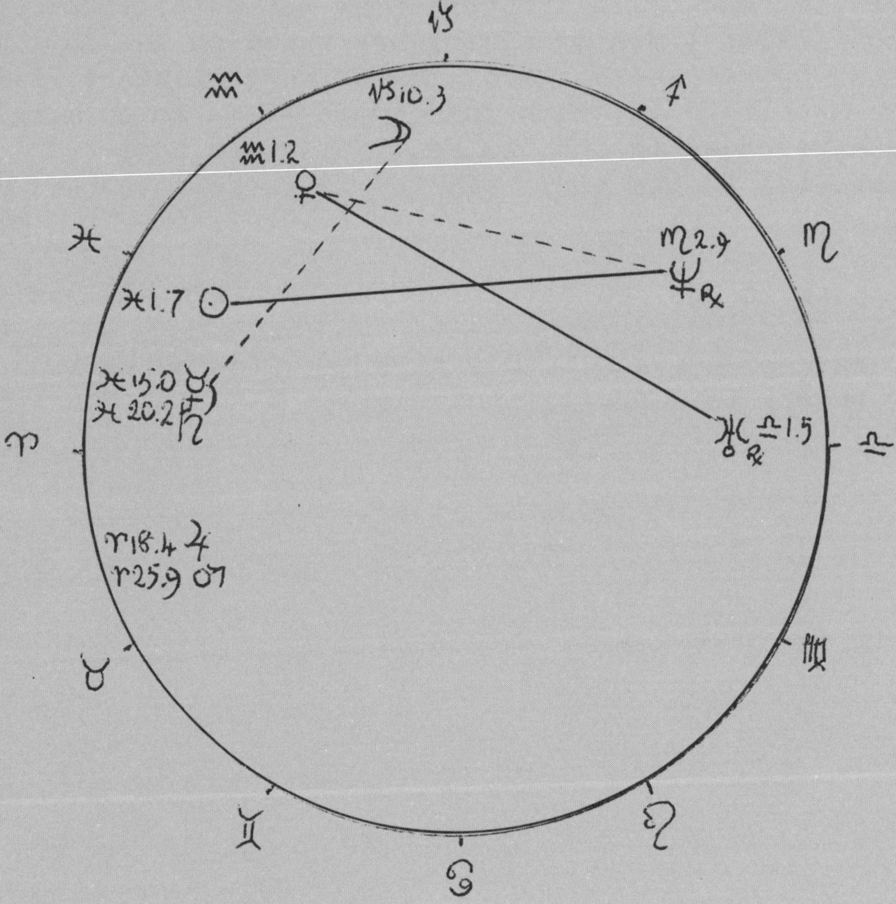

Venio ad sextum ipsius Regis annum, quando ex matrimonio ipsius Regis supratacto, Elizabeth filia sibi primogenita nascitur in mense Februarii, Anno videlicet Domini secundum cursum computationem Ecclesiae Anglicanae, millesimo quadringentesimo sexagesimo quinto Ecclesiae vero Romanae, millesimo quadringentesimo sexagesimo sexto.

Rerum Anglicarum scriptorum veterum. Tom.I. p.55.

Alia hist. Croylandensis Continuatio. Oxford, 1684.

Anno Domini M.IIIIc.LXV. Anno V. [4 March 1464/5 - 1465/6]
This yere, that is to saye, the xi daye of the moneth of February, was Elizabeth pryncesse, the first childe of kyng Edwarde, borne at Westmynster, whose cristenynge was doone in the abbaye with most solempnyte; and ye more, because ye Kynge was assuryd of his phisycions that the quene was conceyued wt a prynce; & specially of one named maister Domynyk, by whose counsayll great prouycion was ordeyned for cristenynge of the sayde prynce. Wherefore it was after tolde, that this maister Domynyk, to ye entent to haue great thanke & rewarde of ye kynge, he stode in the seconde chamber where ye quene trauayled, that he myght be the first that shulde brynge tydynges to the kynge of the byrth of the prynce: and lastly when he harde ye childe crye, he knockyd or called secretly at ye chamber dore, and frayned what the quene had. To whom it was answeryd by one of the ladyes, what so euer the quenes grace hath here wythin, suer it is that a fole standithe there withoute. And so confused with thys answere, he deperted wythoute seynge of the kynge for that tyme.

The New Chronicles of England and France
Robert Fabyan. ed. Henry Ellis. London. 1811.

1466 The 11. of Februarie Quéen Elizabeth was deliuered at Westminster of a daughter also named Elizabeth, who was long after married to King Henry the 7. whose Christening was done in the abbey with the most solemnitie that might bee, and the more, bycause the King was assured by his physitions, that the Quéene was conceiued with a prince, which prooued otherwise as yée haue heard. [An. reg. 6. follows]

The Annales of England, &c. By Iohn Stow citizen of London. London. 1600.

Other notes on the once disputed date of Elizabeth's birth can be found in The Great Chronicle of London; BM Addit. MS. 6113 fol.48v.; Archaeologia xxvi, 277 n.3. Notes & Queries vol.153 p.382; The Gentleman's Magazine, January 1831 p.24, and September 1832 p.200. Three Fifteenth Century Chronicles ed. James Gairdner, Camden Society, London 1876. Privy Purse Expenses of Elizabeth of York, ed. Sir N. Harris Nicolas, London 1830. The Athenaeum, 16.11.1844.

CHARLES VIII OF FRANCE 1470.6.30

Only son of Louis XI and Charlotte of Savoy: his first wife was Margaret of Austria (b.1479) and his second Anne of Brittany (b.1476)

Calculated for Amboise 47N23 1E8, Saturday 30 June 1470 at 2h.30m. a.m. apparent time, from Hynes, Schoch, Foelsch.

Tropical zodiac
VP: 12°33'
Campanus houses
RA MC: 325°11'
☊ ♑15.8

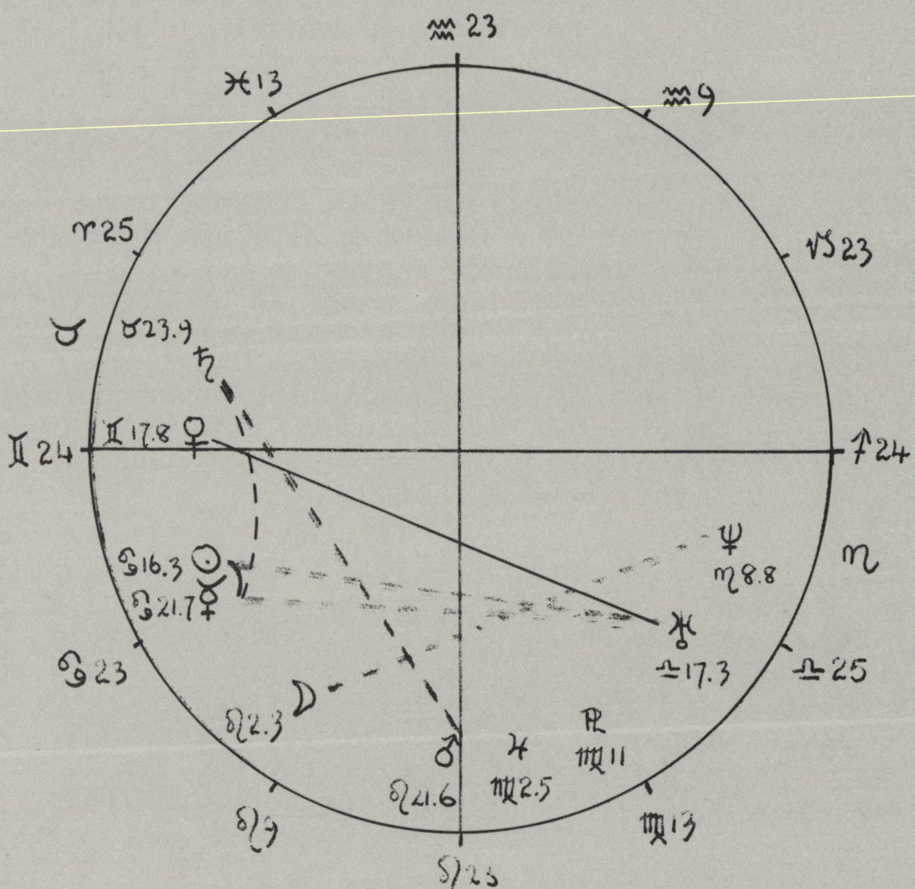

Charles VIII. du no, roy de France, étoit un gentil prince; liberal, doux, gratieux, & accointable selon Jean de S. Gelais, seigneur de Montlieu. Il naquit au château d'Amboise le samedi 30. juin 1470. entre deux & trois heures du matin...
Histoire Genealogique et Chronologique de la Maison Royale de France &c. *Par le P. Anselme, Augustin Déchaussé continuée par M. du Fourny*. (Paris 1746: 3rd edition) p.123.

EDWARD V OF ENGLAND 1470.11.2

Eldest son & 4th child of Edward IV & his queen Elizabeth. He was created Prince of Wales on 26 June 1471 and ascended the throne at his father's death on 9 April 1483. In the following June he was declared illegitimate by Parliament and was substituted by his uncle Richard III. His violent end in the Tower of London is a matter mysterious.

Calculated for Westminster, 2 November 1470, at noon on the sundial, from Hynes, Schoch, Foelsch.

Tropical zodiac
VP: 12°33'
☊: ♑9.2

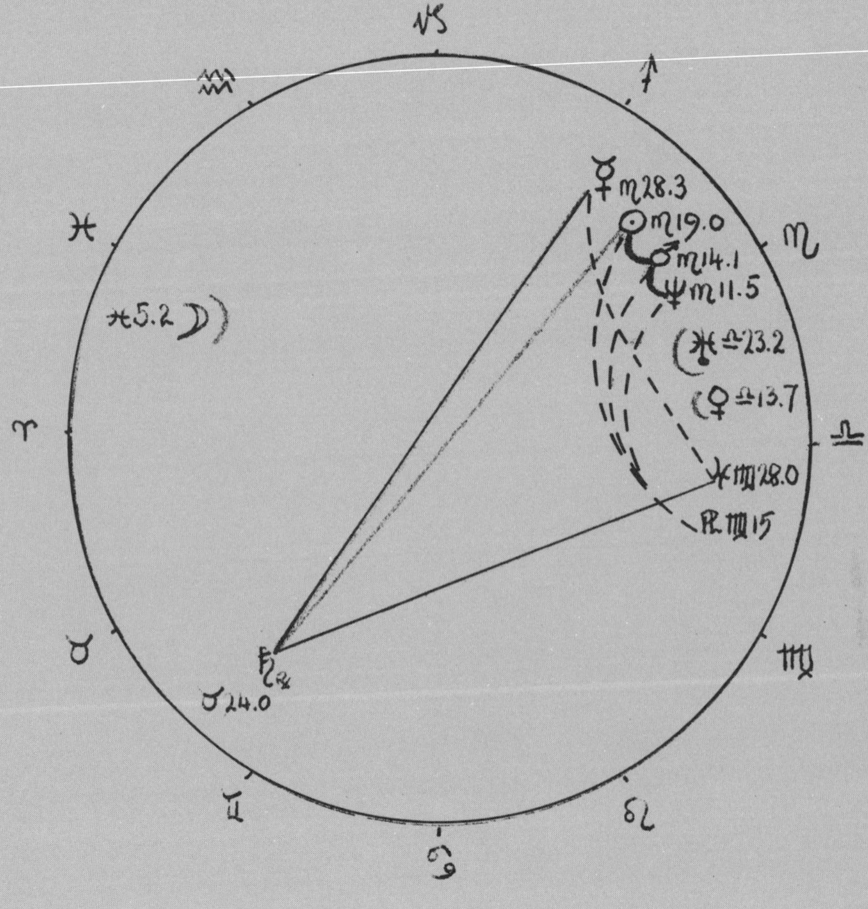

D'n's Edwardus primogenitus filius Regis ✱Edwardi iiij. Princeps Wallie, q^{i} nat^{9} fuit die aiarum ✱d'ni 1470.
Grants of Edward V: ed. G.J.Nicols: Camden Society 1854.

The Seconde Daye of Novembre was borne at Westminster In the Seyntwary, my lorde the Prince, The king That tyme Beinge out of the lande in the parties of Flaundres, Hollande and Zelande.
BM Addit. MS. 6113. fol.59b. (Tudor heraldic collection)

Calendar of Patent Rolls, II. 365 mentions a grant to the Prince of the issues of the duchy of Cornwall from Michaelmas 10 Edw.IV till November 2 next following "on which day he was born."

✱ animalium

ANNE DE BRETAGNE 1476.1.26

Daughter of Francis II, duke of Brittany & Marguerite de Foix, who inherited the duchy after the death of her father. She married Charles VIII. of France in 1491, became a widow in 1498, and married Louis XII. of France in 1499. She died before her second husband, in 1514.

Calculated for Nantes 47N13 1W33 on Friday January 26 1475/6 at 5h.30m. on the sundial from the tables of Hynes, Schoch and Foelsch.

Campanus
Tropical zodiac
RA MC 219° 8'
☊ ♍28

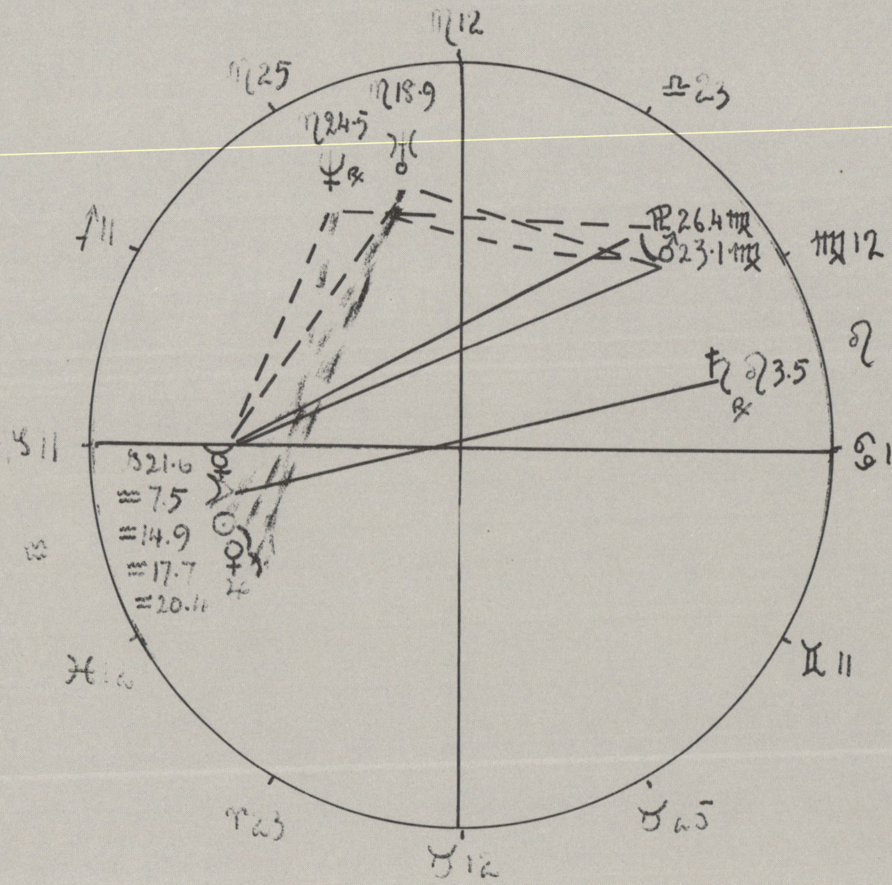

Anne Reyne de France, & Duchesse de Bretagne, fut née à Nantes l'an 1476. le 26. de Ianuier a cinq heures trente minutes au matin.

<u>Journal de Louyse de Savoye</u> in Histoire Genealogique de <u>la Royale Maison de Savoye</u>, par Samuel Guichenon, &c. Paris: 1670.

In most of her notes concerning births, Louise of Savoy mentions the day of the week. There is no mention for Anne of Brittany thus creating a slight doubt as to the style of year used. However in four other cases of births between the end of the year and Lady Day or Easter, in which the day of the week is mentioned, the year is always counted from January 1.

LOUISE DE SAVOIE 1476.9.11

Daughter of Philippe duke of Savoy and Marguerite of Bourbon: her parents dying she was brought up by her aunt Anne de Beaujeu and at twelve was married to Charles of Valois, count of Angoulême, great-grandson of Charles V. He died in 1496 leaving her mother of the future Francis I. of France and the celebrated Marguerite of Angoulême, queen of Navarre and author of the Heptameron. Louise was for a time Regent of France.

Calculated for Pont-d'Ain 46N3 5E20 on Wednesday September 11 1476 at 5h.24m. p.m. by the sundial, from the tables of Hynes, Schoch & Foelsch.

Hypsomatic zodiac
VP: 12°29′

Tropical zodiac
Campanus houses

RA.MC. 259°4′
☊ ♍15.8

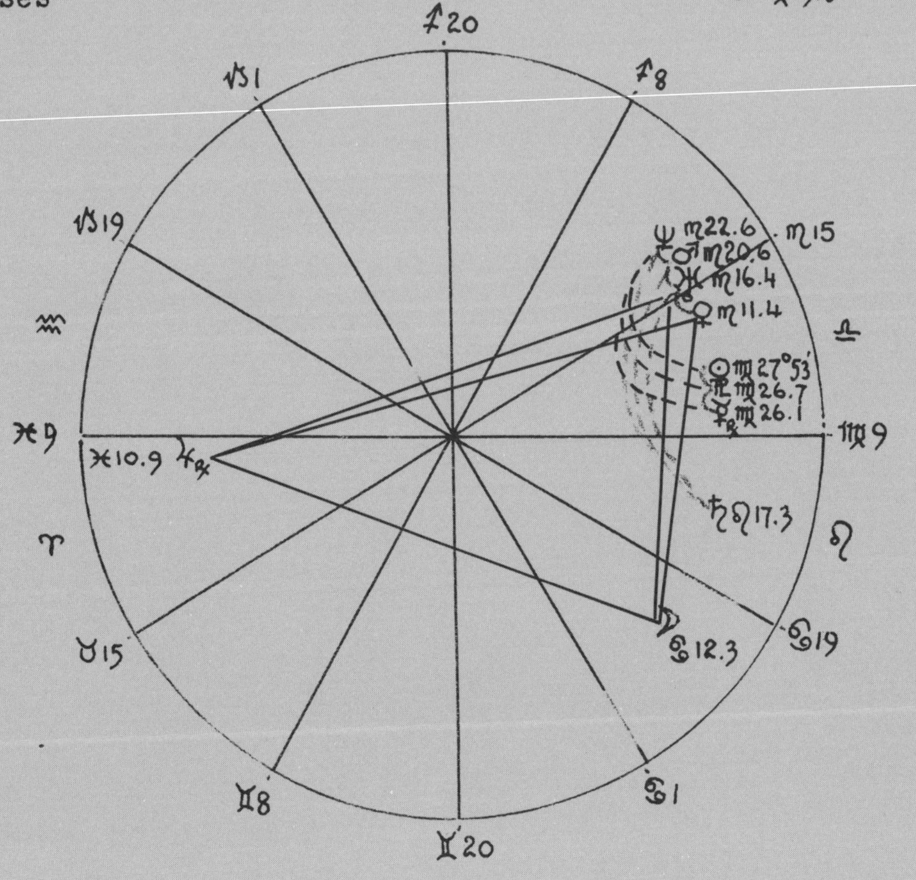

Jovrnal de Lovyse de Savoye Dvchesse d'Angoulesme, d'Anjou et de Valois, Mere du grand Roy François premier. Tiré de l'Original qui est entre les mains de Monsieur Hardy Conseiller du Roy en son Chastelet de Paris, & qui m'a esté communiqué par les soins du R.P.Hilarion de Coste, Religieux Minime du Conuent de laPlace Royale à Paris.

The Journal is printed in Book VI. pages 457 to 464 of:
Histoire Genealogiqve de la Royale Maison de Savoye, &c. par Samvel Gvichenon, Seigneur de Paincssuyt, Conseiller et Historiographe du Roy & de S.A.R. de Sauoye, Comte Palatin, Cheualier de l'Empire, & de la Sacrée Religion des Saints Maurice & Lazare. A Lyon Chez Gvillavme Barbier, Imprimeur ordinaire du Roy, & de S.A.R. de Sauoye, à la Place de Confort. M.DC.LX. avec privilege dv Roy.

> Madame, Ie ne doy parler de moy-mesme, mais ie m'en rapporte à ce qu'en a escript François du Moulinet Abbé de S. Maximin, toutesfois ie seus née au Pont'ains l'an 1476. l'vnziéme iour de Septembre à cinq heures 24. minutes apres midy.

There is a critical essay on the Journal in Revue Historique, 29th year, vol.86, 1904, pages 280 to 303. entitled Le journal de Louise de Savoie by Henri Hauser. He says: Le Journal de Louise de Savoie n'est donc pas, pour l'histoire de l'éducation et des premières années du règne de François 1[a]. une source négligeable...Ce son de simples notes, prises sans doute au lendemain même des événements, rassemblées ensuite dans un ordre bizarre. Mais ces notes sont sincères, presque toujours exactes, et elles ne manquent point de saveur. The times of birth appear to be taken from nativities cast to her order, but where M. Hauser was able to compare them with historical sources they appear to agree.

LUCREZIA BORGIA 1480.4.18

Daughter of Rodrigo Borgia (Pope Alexander VI.) and Giovanna (Vanozza) dei Cattanei

Calculated for Rome 41N54 12E30 on Tuesday April 18 1480 at noon on the local sundial, from the tables of Hynes, Schoch & Foelsch.

Hypsomatic zodiac
VP: 12°25′

☊ ♋6.2

Tropical zodiac

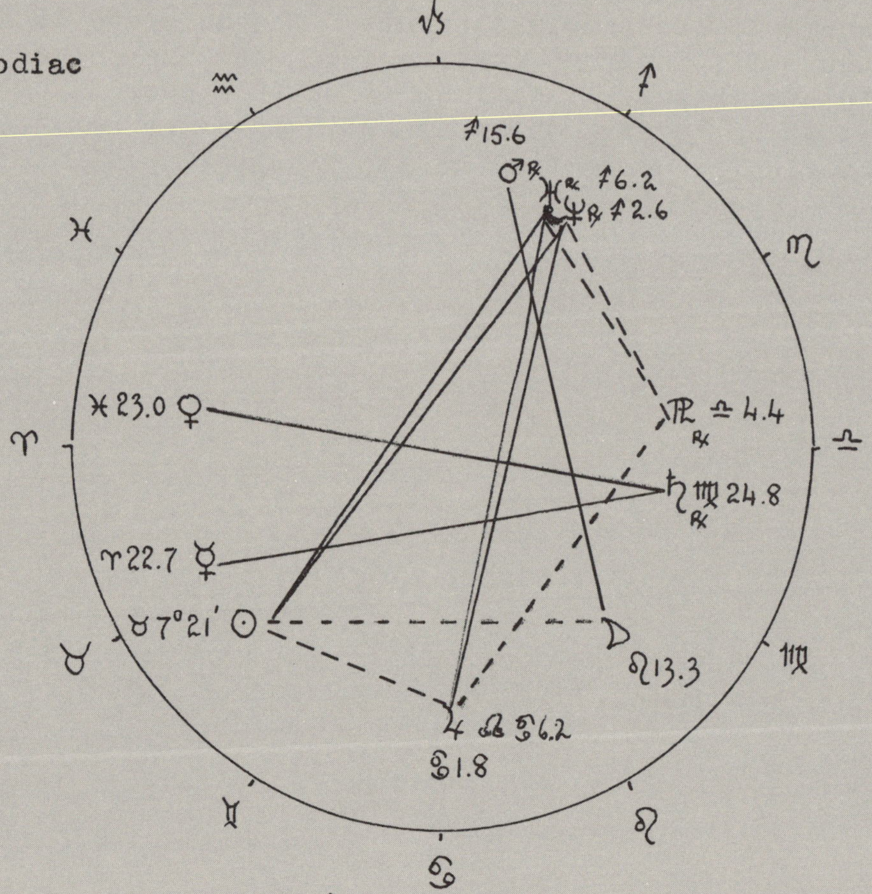

The inclusion of Quincunx makes the figure more life-like.

Enciclopedia Italiana di Scienze, lettere ed arti
Instituto Giovanni Treccani: Milano, 1938.
Naque in Roma il 18 aprile 1480

'Lucrèce Borgia' by Funck-Brentano (Portuguese translation by Maria N. de Meneses, Livraria Tavares Martins, Porto 1947)
The date of her birth has been disputed, but is indicated with precision in her marriage contract with the lord of Centelles, dated February 26 1491, in which it is stated that on the following 18th of April she would enter her twelfth year.

Lucrezia Borgia 1480.04.18

From "Lucrèce Borgia" by Funck-Brentano.

"Of medium height, slender, the face a little long, the nose well formed, and her hair a light golden colour. Her eyes are white (gli occhi bianchi: presumably very light blue) Her mouth a little large and the teeth of sparkling whiteness; her breast is also very white and of appropriate beauty. She is gay and carefree, and laughs all the time."

NICCOLO CAGNOLO, who saw her.

"What shall I say of Lucrezia Borgia? Her charms, her virtue, and her happiness, go on growing day after day, just like a young plant in good ground."

ARIOSTO, in Orlando Furioso.

"The bride is very lovely, she has beautiful eyes, bright & merry, and a graceful figure; she is intelligent, perceptive & rational; she is a mixture of happiness, grace & tolerance. The people of Ferrara like her very much, and have received her with the greatest satisfaction..."

BERNARDINO ZAMBOTTO, Chronicler of Ferrara.

"Above all, the good duchess, who was a pearl, shewed them excellent hospitality, and every day offered them banquets and festivities in the Italian manner. Those who make bold to affirm that there has never been such a great princess, neither in their own time nor for long before, are quite right: for she was beautiful, good, tender and courteous to all. She spoke Spanish, Greek, Italian & French, & a little good Latin, & she wrote in all these languages. And very certain it is that her husband was a good and courageous prince, and that the said lady, by her worth, was the cause of his having rendered such good and loyal services."

"Le Loyal Serviteur" of Pierre de Terrail, Lord of Bayard, who say her about 1511 when she was 31 years of age.

"Madonna Lucrezia was beautiful and well formed, prudent, her manners were gracious and her words always agreeable, kind, and gay."

The PRIVATE SECRETARY of Alfonso d'Este.

"The evidence forwarded by the correspondents of the duke of Ferrara (Ercole) are precise, and agree in praise of the daughter of Alexander VI, for the decency, modesty, and reserve of her life. They wrote, "Lucrezia has a weak constitution and is delicate, given to head-aches; it is painful for her to ride a horse. Though she is of a gay, animated and hospitable nature, she usually lives a life of considerable retirement." They also noted that she was her father's favourite child."

It appears that she was skilful at needlework, was fond of music and plays, and was a fine dancer. On occasions when she was left in charge of government, in the Vatican, in Ferrara, and other places, she showed ability which surprised councillors. She was also given to good works, and was really sympathetic towards the poor, and the persecuted, such as the Jews. Despite her love for her brother, she was disgusted at his treachery towards Guidobaldo, duke of Urgino. She was greatly loved by all the d'Este family, though Isabel was somewhat jealous of her, owing to the attention of her husband, Francisco Gonzaga, duke of Mantua.

Her third husband, Alfonso d'Este, was a man of parts; but he was a terrible man, hard, violent, rude, bad tempered. He was entirely absorbed by his engines of war, when not in his carpenter's shop or at work on his terra-cota. He was a suspicious and revengeful man: a good husband, but also fond of other women, for whom he showed catholic tastes- his first wife was the sister-in-law of the Emperor of Germany; the second the daughter of the Pope; and the third, who was promoted from mistress to wife, was the daughter of a simple tradesman.

Several hundreds of letters written by Lucrezia are still preserved in the Gonzaga archives. Funck-Brentano says of them that they are written in Italian in a light and easy, but banal style, "a reflection of that graceful nature which charmed, but which possessed no individuality. There are no personal characteristics. For the history of her time, of her Court, and even of her own person, they have little to offer." In another place her writes, that there was a streak of reserve & timidity in her nature, which prevented her from showing herself in her letters, and reduced her to banality in writing. Blaise de Bury says that the letters are "correct, insignificant, passionless and without spirit, without observation."

"No matter how great her grief, as in the hour of her husband's murder, or when her father died, it soon vanished. Moreover, she harboured no rancour against her father or brother though they sowed her life with wrongs and adversities, some most dreadful. She lived peaceably, from a kind of superficiality which, if it were not deep seated, was at least much in her character; and also from a sweet and constant temper. Hers was a passive nature which no event, however heavy or violent, could wound deeply. _Je plie et ne romps pas_, said the fishing rod of La Fonatine. Lucrezia did not even bend: she was so fragile and delicate that the storms found no resistence to shake."

FUNCK-BRENTANO

Lucrezia Borgia: Dates 1480.04.18

From "Lucrèce Borgia" by Funck-Brentano, Portuguese translation by Maria N. de Meneses, Livraria Tavares Martins, Porto, 1947.

1493.06.12 Married to Giovanni Sforza, nephew of Ludovico il Moro of Milan. In the Vatican. This marriage was childless. Sforza eventually became politically inconvenient to Cezare B., & he had to fly for his life on Easter Day (April 9) 1447. Lucrezia withdrew to a convent on June 4 and later, under pressure from her father and brother, she signed a declaration that her marriage was never consummated. The marriage was officially annulled 1497.12.20.

1497.06.14 Her brother, the Duke of Gandia, murdered.

1498.06.12 Married to Alfonso of Aragon, Duke of Bisceglie: natural son of Alfonso II of Aragon. In the Vatican.

1499.10.31 Her son Rodrigo born in Rome on the night of October 31 - November 1. This boy was brought up in Rome and later in Spain, where he died in 1512.

Alfonso soon became politically inconvenient to the Borgias and fled for his life on Friday 1499.08.02. He was joined by Lucrezia & eventually they returned to Rome. On the night of 1500.07.15 he was attacked & wounded & left for dead. However, he was nursed back by Lucrezia; but Cezare had him strangled under his personal direction, in Lucrezia's bedroom, on the night of 1500.08.18.

1501.12.30 Married to Alfonso d'Este, eldest son of Ercole d'Este, duke of Ferrara & Leonor of Aragon. Rome. Thereafter she resided and never returned to Rome.

1502.09.05 Stillborn daughter (first of several).

1503.08.14 Her father dies, to her great grief.

1505.01.25 Ercole d'Este dies. Alfonso & Lucrezia become duke & duchess of Ferrara.

1506 Fernando d'Este (younger brother) & Julio d'Este (bastard brother) conspire to kill Alfonso & his brother Hipolito.

1507.04. Cezare Borgia killed in battle, to her great grief.

1508.04.04 Her son Ercole (afterwards II) born.

1509.08.25 Son Hipolito born. Afterwards bishop of Milan and a cardinal.

1514.04. Son Alexander born. Died in two years.

1515.07.03 Daughter Eleonora born. Elesewhere in the book July 4 is given. She became a nun and died in 1575.07.15.

1516.11.01 Son Francis born. He later became Marquis of Massa Lombarda and died 1578.02.22.

1517. Under adversity & trouble she was growing more & more religious. From about this time she began to confess every day, and to communicate two or three times a week.

1519.06.14. Stillborn daughter born in Ferrara (as dawn was breaking, according to her letter to Leo X, dated 1519.06.22)

1519.06.24 Lucrezia dies at night.

....

"We should not censure Lucrezia for showing but passing grief for her murdered husband. We must accept her as she was. None was every more removed from passion than she: that is, the passion which grips the soul and throws it into tumult, and which we so much admire - in others. Her emotions were without energy, without depth. She seems at this time (of her second husband's murder) to have been in this world only to spread grace and gayety: a very proper part for a young and pretty woman. One does not ask the lark to emulate the eagle, neither does one look for the restless sea in a woodland spring."

FUNCK-BRENTANO.

ARTHUR TUDOR 1486.9.20

Firstborn of Henry VII. and his Queen Elizabeth of York, Prince of Wales, Duke of Cornwall and Earl of Chester

Calculated for Winchester 51N4 1W8, Wednesday September 20 1486, at 0h.50m. a.m. sundial time, from the tables of Hynes, Schoch and Foelsch.

Tropical zodiac
VP: 12°20′
Campanus houses
RA MC: 17°42′

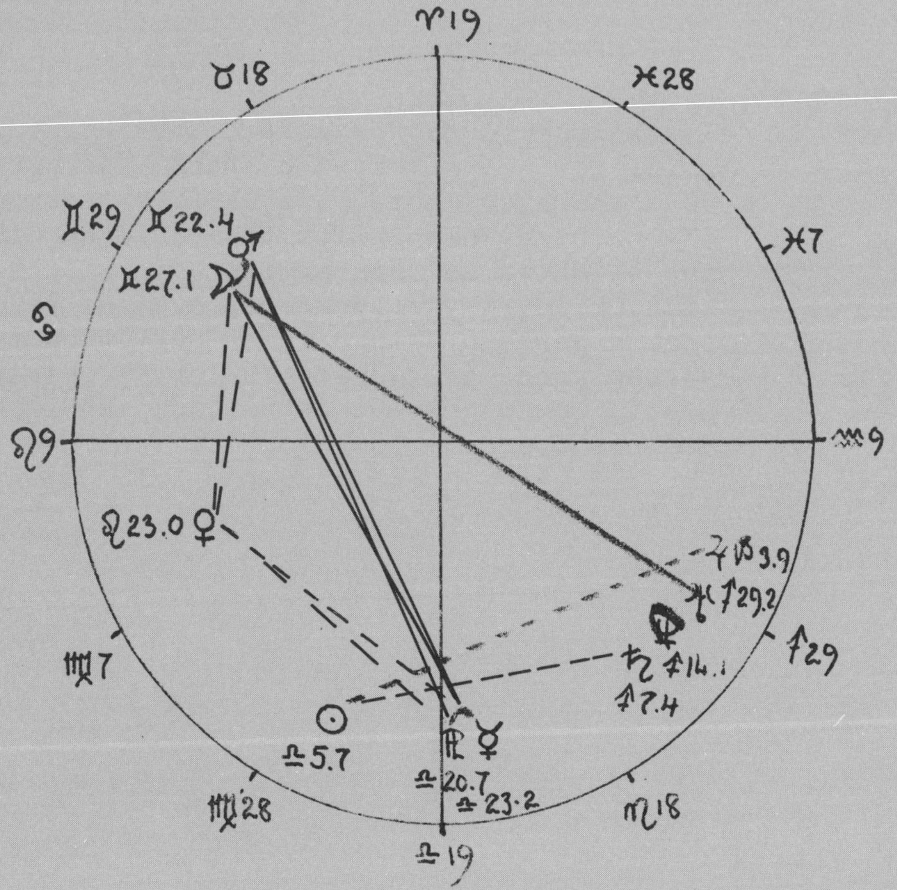

BM MS. Royal 2.A xviii (Horae B. Mariae Virginis) which is a Book of House used by Arthur's grandmother, Margaret Beaufort, thought to have been executed for her grandfather John de Beaufort in the early years of the xv century. At ff. 28 to 33 against the names of saints in a church calendar there are biographical notes in more than one hand, including Margaret's own birth, that of her son, and her grandchildren.

> (fol. 32) vigilia Sancti Mathei apostoli. This day in the mornyng afor oon of the clokke after mydenight was borne Prince Arthur at Winchestre Anno domini 1486.

BM MS. Add. 6113. (Ceremonials Creations etc. Hen. V. - Eliz.) a collection of heraldic pieces written during the time of Henry VIII. to Elizabeth. In this particular entry it is noteworthy that mention of the earl of Oxford and the weather suggest a contemporary source. (fol. 76)

> The Cristennyng of Prynce Arthure / the fyrst Son of kyng Henry ye vijth of y^{t} Name /
>
> By the pvision of god on the xx^{ti} day of Septemb^{r} the feast of S. eustace the Vigill of S. Mathew the Apostle wich was on the Wenisday abowt on of ye clocke in the mornyng was borne at Wynchest^{r} / Arthure Soñ to king Henry y^{e}vijth wich was in the Yere of o^{r} Lord a m^{l}iii^{c}j iii^{xx}j vj, the Dnĩcall Lr̃e was A / in the ij^{de} yere of the reig̃ne of o^{r} said Sov'aig̃ne Lord / wich was not christenid till the Sonday nexte folowyng / bicause therle of oxford was at y^{t} tyme at Lanam in Suff'wich shuld be on of ye godfayś at the foonte/ And also y^{t} Season was all rayny (&c)

EXETER COLLEGE MS. 47 (The de Bohun Psalter) which at one time belonged to Elizabeth of York and Katherine of Aragon. In the first section is a calendar in which family feasts have been entered at the appropriate saint's day.

> (fol. 7^{r}) The xxth day of Septembr in the mornyng the first hour after mydnyghte was borne Prince Arthure the first begoten child of King Harry the vij and queen Elizabe' Anno do^{i} 1486 litera dominicali A.

COLLEGE OF ARMS MS. M3. There is a note concerning this birth in abbreviated Latin which can be found in translation in A GENEALOGICAL HISTORY OF THE KINGS OF ENGLAND &c. by Francis Sandford, Lancaster Herald. The operative part reads:

> Winchester, 20 Sept.: 1486. An. 2 H.7. on a Wednesday about an hour after midnight, upon the feast of St Eustaca, and the Vigil of St Matthew the Apostle, the Dominical Letter being A.

Ms. M3. is strictly contemporary and contains the most reliable recording of the birth of Henry VIII.

MARGARET OF ANGOULEME 1492.4.11

Daughter of Louise of Savoy and Charles of Angouleme, sister of Francis I of France. At seventeen she married Charles duke of Alençon and after his death was married a second time, to Henri d'Albret, king of Navarre. She was a leader of the French renaissance.

Calculated for Angoulême 45N40 OE9, Wednesday 11 April 1492, at 2h. a.m. apparent time, from Hynes, Schoch and Foelsch.

Tropical zodiac
VP: 12°14'
Campanus houses
RA MC: 238°10'
☊: ♏ 14.5

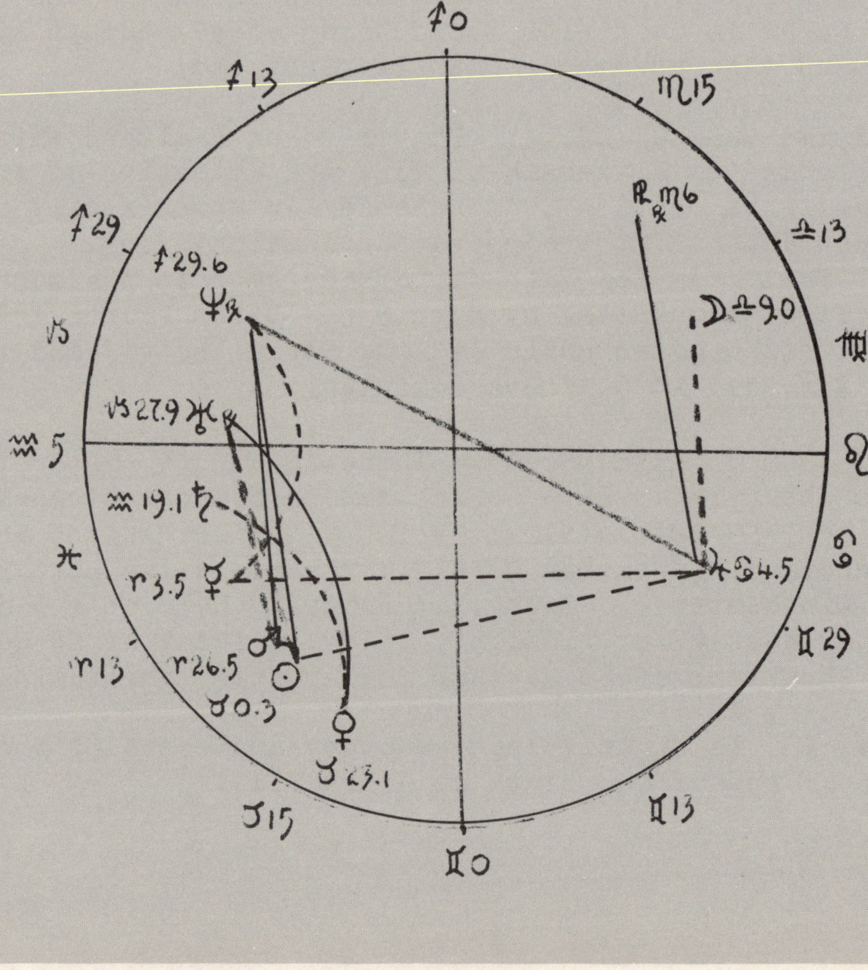

Madame, Ma Fille Marguerite fut née l'an 1492. l'vnziéme iour d'Auril à deux heures au matin, c'est à dire le 10. iour à 14. heures 10. minutes en comptant à la maniere des Astronomes.

<u>Journal of Louise of Savoy</u>, published by Samuel Guichenon, <u>Histoire Genealogique de la Royale Maison de Savoye</u>, Lyon, 1660, concerning which see her own nativity 1476.9.11.

These data are the only ones noticed by Father Anselme in his <u>Histoire Genealogique et Chronologique de la Maison Royale de France</u>.

She was born beneath the tenth degree of the planet (sic) Equarius (sic), Saturn separating himself from Venus in aspect quartile, on the 10th of April 1492, at ten o'clock in the evening in the château of Angoulême, and conceived in the year 1491, ten hours, seventeen minutes before midday, on the 11th of July. Worthy astrologers made their prognostications on these details. She died at Béarn, in the château d'Odos, in the month of December of the year 1549.

<u>Vie des Dames, illustres francoises et etrangeres</u>, by the Seigneur de Brantôme, English translation of 1908 published by Arthur L. Humphreys of London, p.223-224. Brantôme's grandmother had been a lady-in-waiting to Queen Margaret.

Brantôme made a mistake when he wrote that birth took place at 10h. because a birth with the tenth degree of Aquarius rising would have taken place (according to the latitude employed) at about 14h. 10m. p.m., or when Louise of Savoy said it took place 'according to the astronomers.'

PIETRO ARETINO 1492.4.20

Journalist, satirist, poet, writer of the unprintable, also known as the scourge of princes.

Calculated for Arezzo 43N30 12E0, at midnight between Maundy Thursday and Good Friday, 19 to 20 April 1492, from Hynes, Schoch and Foelsch.

Tropical zodiac
VP: 12°14'
Campanus houses
RA MC: 216°32'
☊: ♏14.1

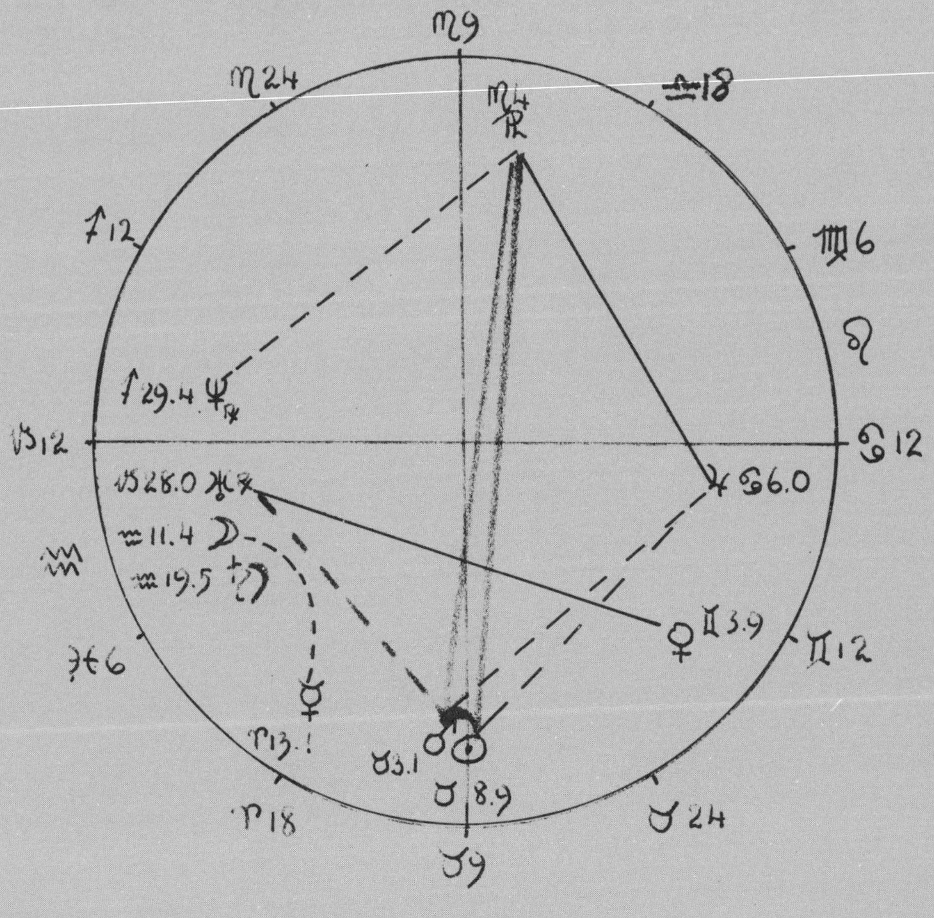

The year of his birth is deduced from his *Lettere* published in Paris in 1609 in 6 volumes:

vol.3 p.141	to Giovio in May 1545:	in his 54th year
vol.3 p.153	July 1545:	has reached 53
vol.6 p.111	November 1552:	passed 60th birthday

The date is deduced from a sonnet by him in *Rime diverse di molti Eccellentiss. Autori*, Venice 1545, I. 211.

In questa chiara sacrosanta notte
a la qual seque di Venere il die,
dalle fedeli creature pie
riverito con lagrime dirotte,
natura fuor delle materne grotte
trasse il mio spirito ne le membra mie,
dirò con sorti più buone che rie;
poi che a soffrirle ho le voglie incorrotte.
Pati Gesù per la salute altrui
nel punto che ne l'alvo più non giacqui
e che da carcer tal libero fui
in quel che al mondo apparendo non tacqui
quasi piangessi la croce di lui
per me Cristo morì, per Cristo io nacqui.

For a long time he was thought to be the son of a gentleman of Arezzo named Luigi Bacci and a whore called Tita, but it has been definitely established that he was the son of a shoemaker of Arezzo, Luca by name, and his wife Tita. Pietro himself said in a letter to duke Cosimo de' Medici: Io natoci d'uno acconciator di scarpe.

ELIZABETH TUDOR 1492.7.2
2nd daughter of Henry VII. of England

Calculated for Longitude 0° on Monday, July 2 1492, at noon on the sundial, from the tables of Hynes, Schoch, and Foelsch.

Hypsomatic zodiac
VP: 12°14′

Tropical zodiac

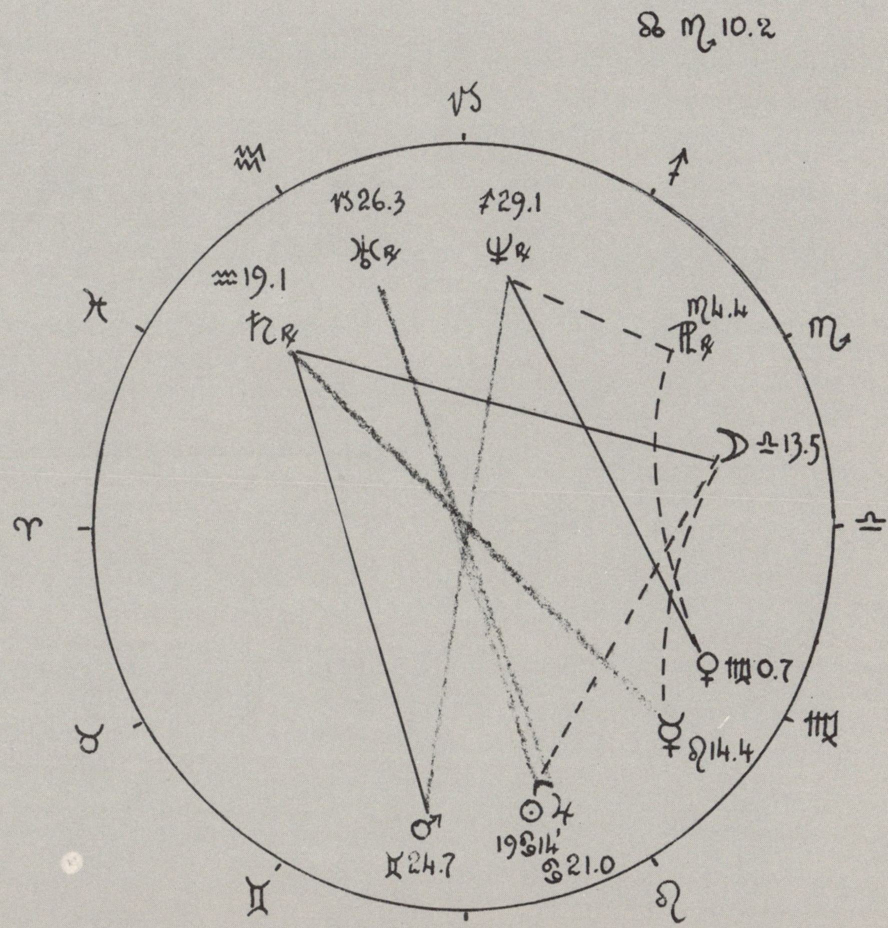

FRANCIS I OF FRANCE 1494.9.12

Second child and only son of Louise of Savoy and Charles of Angouleme, who succeeded Lewis XII. His sister was the famous Margaret who wrote Les Nouvelles de la Reine de Navarre.

Calculated for Cognac 45N1 0W20, Friday 12 September 1494, at 10h. p.m. apparent time, from Hynes, Schoch and Foelsch.

Tropical zodiac
VP: 12°14'
Campanus houses
RA MC: 328°50'
☊ : ♍27.7

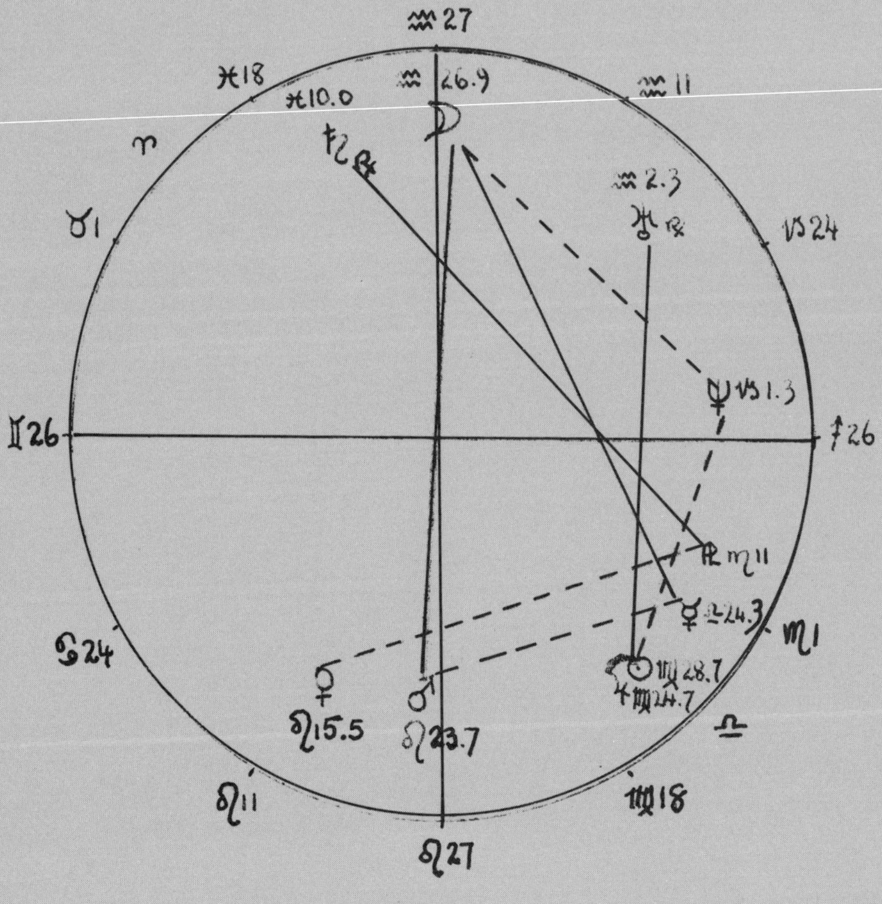

François par la grace de Dieu Roy de France, & mon Cesar pacifique print la premiere experince de lumiere mondaine à Cognac enuiron 10. heures apres midy 1494. le 12. iour de Septembre.

Journal of Louise de Savoy (his mother), published by Samuel Guichenon, Histoire Genealogique de la Royale Maison de Savoye, Lyon, 1660, concerning which see her own nativity 1476.9.11

Francois I. du nom roy de France,... Il naquit à Coignac le 12. septembre 1494. sur les dix heures du soir...

Histoire Genealogique et Chronologique de la Maison Royale de France, &c. Par le P. Anselme, Augustin Déchaussé; continuée par M. du Fourny. (Paris, 3rd ed. 1726) vol.1. p.129.

In his Speculum Astrologiae (1581) Junctinus draws a figure for 9h.44m. p.m. 12 September 1494 (vol.1 page 489). It is curious that one sometimes sees the date given as the 11th of September, and the mistake is an old one because Aubrey has it in one of his MSS.

She (Margaret) was older than the King, her brother, who was born at Cognac, on the 12th of September, at nine o'clock in the evening, in the year 1494, beneath the twenty-first degree of Gemini, and conceived in the year 1493, on the 10th of December, at ten o'clock in the morning. He became king on the 11th of January 1514, and died in 1547.

Vie des Dames, illustres francoises et etrangeres, by the Seigneur de Brantôme, English translation of 1908 published by Arthur L. Humphreys of London, p.224. Brantôme's grandmother had been a lady-in-waiting to Queen Margaret.

21° Gemini rising indicates a time of birth around 9h.40m. p.m. according to the latitude employed. This is more or less the same as the Junctinus figure (above) where the time is 9h.44m. for an MC of Aquarius 21°15 (323°38') and an ascending degree of Gemini 23°, the pole being 48°; but the Junctinus Sun does not tie in with time given and the MC found.

MARY TUDOR 1496.3.18

3rd daughter of Henry VII. of England: queen of Lewis XII. of France, duchess of Suffolk, and grandmother of Lady Jane Grey.

Calculated for Richmond 1W44 at noon on the sundial on March 18 1495-6, Friday, from the tables of Hynes, Schoch, and Foelsch.

Hypsomatic zodiac
VP: 12°12′

Tropical zodiac

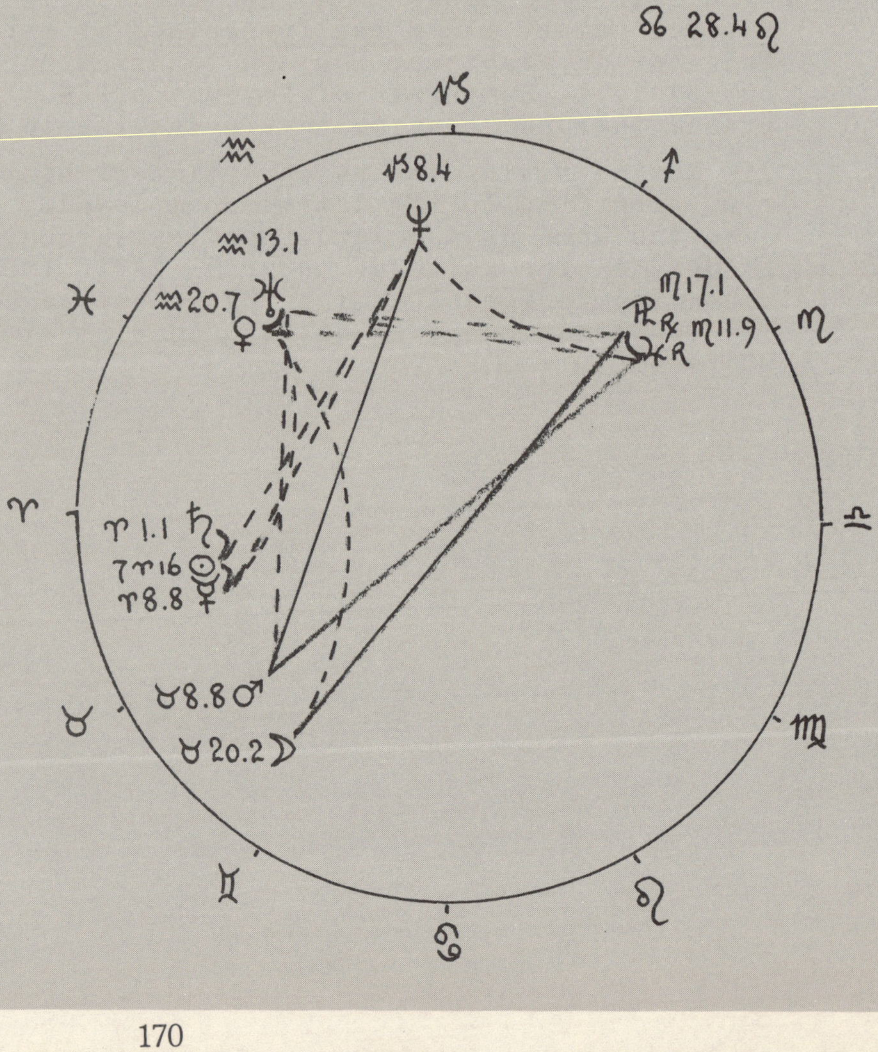

British Museum MS. Royal 2.A xviii. "Horae B. Mariae Virginis" fol.29.

xv Kal. Apr. (the morrow of St. Patrick's day) Hoc die nata fuit Maria 3^{cia} filia Henrici 7^{mi} 1495

This MS. is a Book of Hours which belonged to Mary's grandmother, see Margaret Beaufort 1443.5.31.

Jovrnal de Lovyse de Savoye Dvchesse d'Angoulesme, d'Anjou et de Valois, Mere du grand Roy François premier. Tiré de l'original qui est entre les mains de Monsieur Hardy Conseiller du Roy en son Chastelet de Paris, & qui m'a esté communiqué par les soins du R. P. Hilarion de Coste, Religieux Minime du Conuent de la Place Royale à Paris.

Histoire généalogique de la Royale Maison de Savoye
Samuel Guichenon, Seigneur de Painesuyt, Lyon, 1660.
Vol.4. B.M. 136.f.6. ff.457-464.

Le 9. d'Octobre 1514. furent les amoureuses Nopces de Louys xii. Roy de France, & de Marie d'Angleterre, & furent espouses à 10. heures du matin, & le soir coucherent ensemble.

Le 5. iour de Nouembre 1514. la Reyne Marie fut couronnée à S. Denys entre dix & vnze heures auant midy.

Lewis XII. died on the following Jan. 1, and on Feb. 14 or Mar. 3 she was married secretly to Charles Brandon, duke of Suffolk. On Apr. 16 they left for England and were married officially on May 13. She died A°25H8 at Westhorp Manor in Suffolk, according to Sandford, between 7 and 8 in the morning of Wednesday, June 25, 1533.

Mary had three children: Henry Brandon earl of Lincoln b. 1515-6.3.11; Frances b. 1517.7.17 m. Henry Grey duke of Suffolk, by whom Lady Jane Grey; and Eleanor Brandon m. Henry Clifford earl of Cumberland.

EDMUND TUDOR 1499.2.21
Third son of Henry VII and his queen Elizabeth Plantagenet of York. He died before he was a year old.

Calculated for Greenwich, Thursday 21 February 1498/9, 6h.0m. p.m. apparent time, from Foelsch with the solar refinement of Hynes. Pluto from Foelsch.

Tropical zodiac
VP: 12°9′
Campanus houses
RA MC: 73°25′
☊: ♋1.8
♇: ♏25

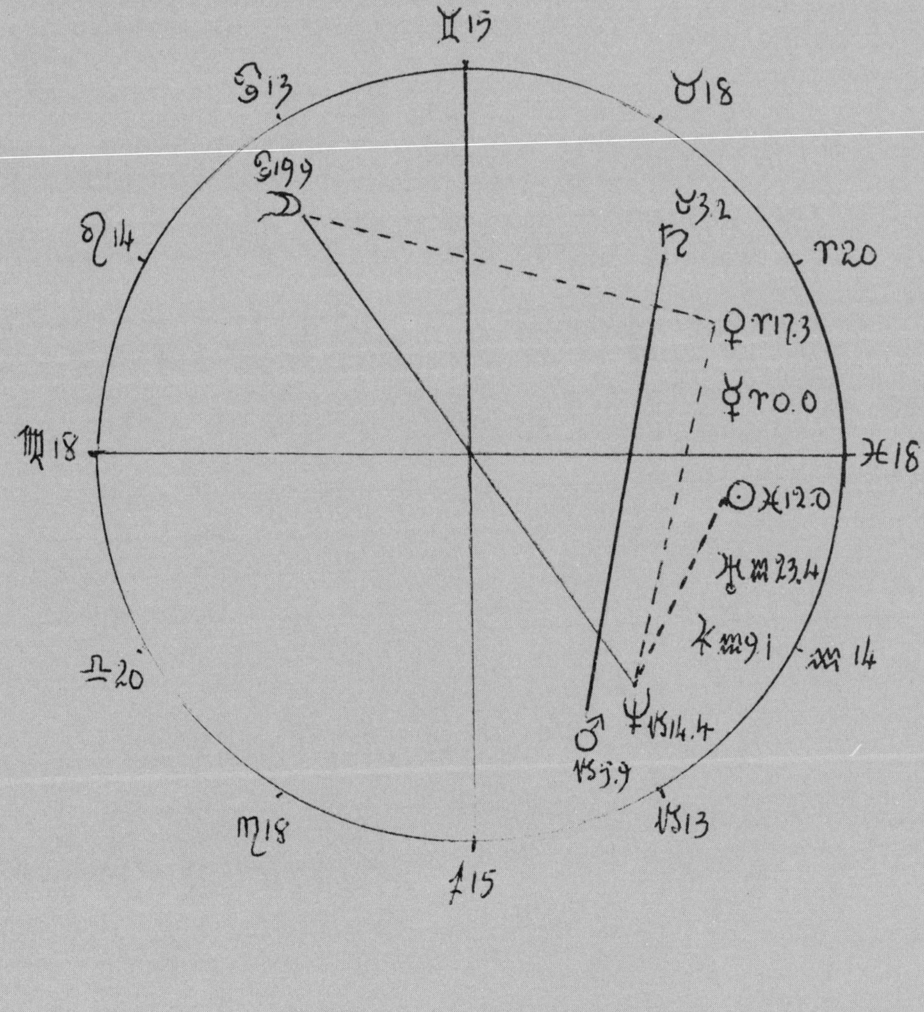

Edmond Todor, third and youngest Son of Henry VII. was born at Greenwich on Thursday, 21 Febr. 1498. about six in the evening, An. 14 H. 7. and was christned at the Church of the Gray Fryers, on St Mathias's day, the 24th of the same month, his Godfathers being the Duke of Buckingham and the Bishop of Durham, and his Godmother Margaret Countess of Richmond his Grandmother, who held him at the Font, where he was called Edmond, in memory of Edmond Earl of Richmond his Grandfather. He was created Duke of Somerset in his infancy; and shortly after departing this life at Bishops Hatfield in Hertfordshire, An. 1499. 15 H. 7. was buried in the Abbey of Westminster.

A Genealogical History of the Kings of England and Monarchs of Great Britain, &c. By Francis Sandford Esq.; Lancaster Herald of Arms. London. 1677. p.447.

Sandford took this from Edward Walker, Garterum, lib.2. but the College of Arms is no longer able to trace this book.

ix Kal. Mar. This day was born Edmunde the iij son of kinge Henry the vii the yere of our Lord 1598.

BM MS. Royal 2. A. xviii. fol. 28d. This is a book of hours which belonged to Edmund's grandmother and godmother, Margaret Beaufort (q.v. 1443.5.31)

CLAUDE OF FRANCE 1499.10.13

Queen of Francis I of France: eldest daughter of Lewis XII and Anne of Brittany. She bore him seven children, including the future Henry II, and died in 1524. An unhappy life.

Calculated for Romorantim 47N20 1E36, Sunday 13 October 1499, at 9h. p.m. apparent time, from Hynes, Schoch, Foelsch.

Tropical zodiac
VP: 12°9'
Campanus Houses
RA MC: 342°8'
☊: ♊19.3

See overleaf for a typical historical nativity in 1001 NN.

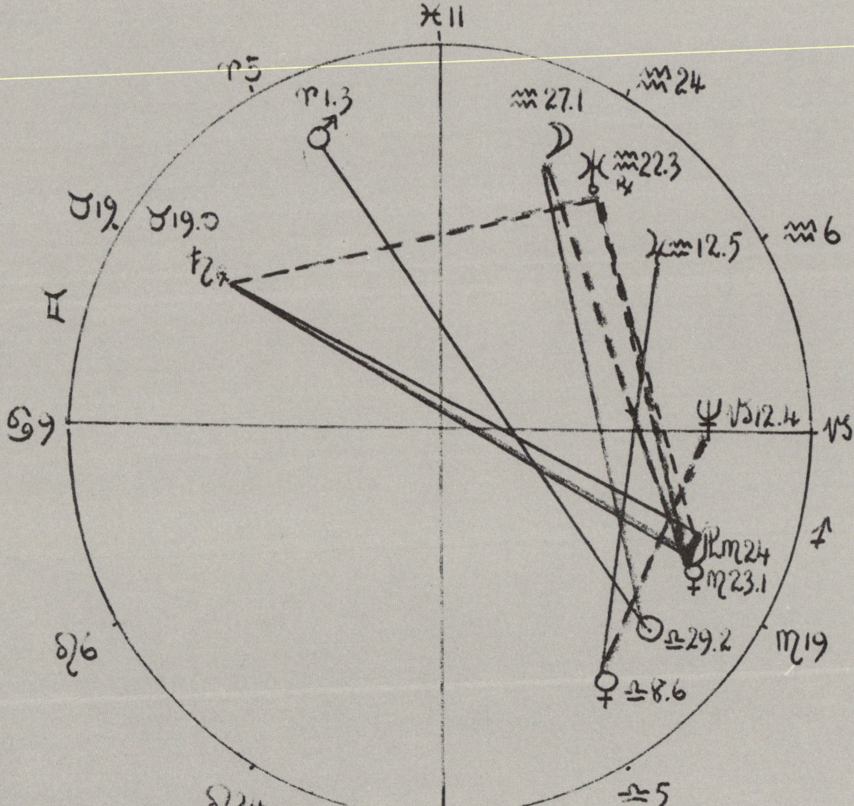

Madame, Ma fille Claude conjoincte à mon Filz par mariage fut née en ma maison à Romorantin le 13. d'Octobre à 8. heures 54. minutes apres midy 1499.

Journal of Louise of Savoy, published by Samuel Guichenon, Histoire Genealogique de la Royale Maison de Savoye, Lyon, 1660, concerning which see her own nativity 1476.9.11.

These data are the only ones noticed by Father Anselme in his Histoire Genealogique et Chronológique de la Maison Royale de France.

In his Speculum Astrologiae, Junctinus has a nativity of her drawn for 16 September 1499, 15h. 14m. p.m. It is in fact for 16 September 3h.14m. a.m. and suffers from misprints or errors in calculation. The difference in date and month are inexplicable. Nevertheless the editor of 1001 Notable Nativities presents it as №509.

THE EMPEROR CARLOS V. OF GERMANY 1500.2.24
"Born to the impossible"

Eldest son of Philip the Handsome, Archduke of Austria, & Juana la Loca, daughter of Fernando & Isabel of Spain: grandson of the Emperor Maximilian I & Maria of Burgundy. From the grandparents on both sides he inherited Aragon, Naples, Sicily, Sardinia, the New World colonies, Castile, Austria, Burgundy, & the Netherlands. He assumed the Spanish Crown in 1516 when D. Fernando died; and in 1519 was crowned Emperor at Aix-la-Chapelle with much splendour. His troops defeated Francis I of France at Pavia in 1525 & took that King prisoner; they seized Rome in 1527 & alarmed Clement VII: towards the end of his life, Carlos had another papal confrontation, this time with ferocious Paul IV, Giovanni Caraffa, who hated Spanish influence & dreaded concessions to Reformers.

In Seville, in March 1526, Carlos married the beautiful Dona Izabel, daughter of Manoel I of Portugal, she being 23. After her death in 1539 he remained unmarried. To Izabel were born Philip II & two daughters. Before his marriage, a Mlle de Plumbes had borne him a daughter Margaret: after Izabel's death, in Ratisbon in 1546, Barbara Blomberg bore him the famous D. John of Austria.

Carlos resigned the Netherlands to Philip in October 1555; his Spanish kingdome & Sicily in January 1556; Franche Comté in the next month. Then he invested his brother Fernando with his power as Emperor, though formal abdication waited until May 1558, a few months prior to his death on 21 September. He spent his last two years in retreat at Yuste in Spanish Extremadura, much occupied with his garden.

Calculated for Ghent, 51N3 3E45, Monday, 24 February 1500, 3h.45m. a.m. apparent time, from Schoch & Foelsch with the solar refinement of James Hynes.

Tropical zodiac
VP: 12º 8′
Campanus houses
RA MC: 221º 42′
☊: ♊ 12.4

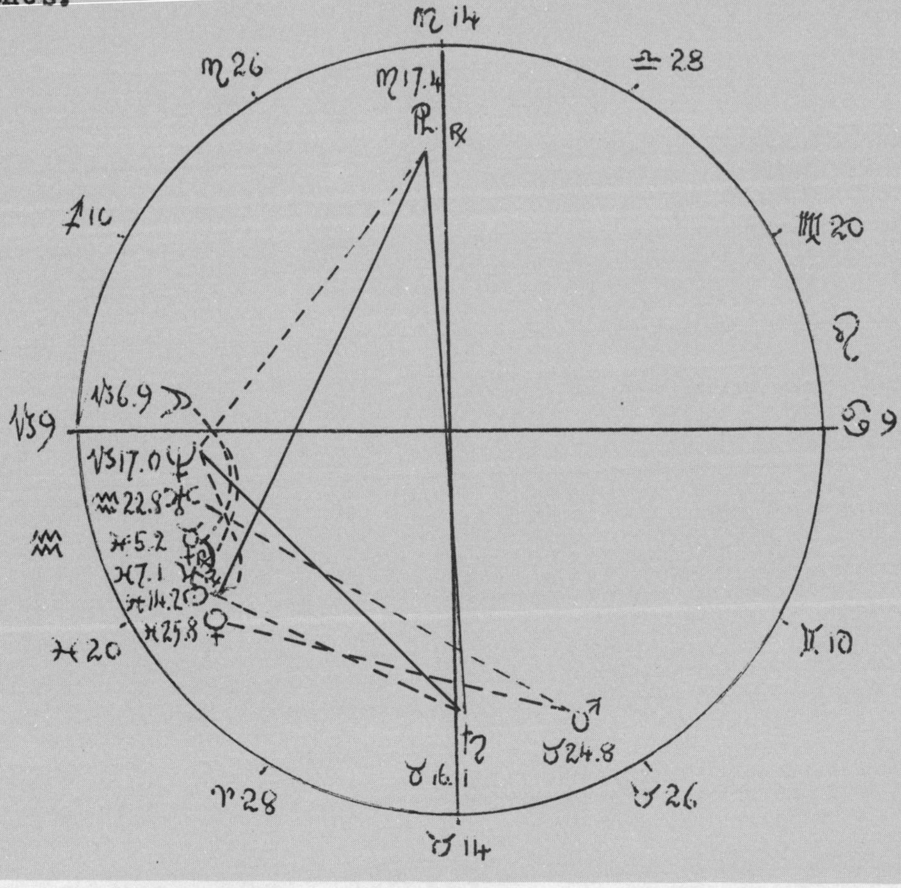

The Neapolitan Bishop of Civitate, Lucas Gauricus (b. 1476), shows shows three figures for Carlos V. in Opervm Lvcae Gavrici, Tomvs II. pp. 1608/9, Basileae, 1575. All are for Monday, 24 February 1500, with these variations: (1) "Schema", 15.49m. p.m. from noon 23 February; (2) "Aestimativvm Schema", 15h.39m. p.m.; (3) "Figvra coelestis", 15h.18m. p.m. Also shown is "clock time" from the last sunset.

My impression is that (1) & (2) are both Estimate times of birth, possibly from different sources; while (3) is clearly the rectified of True Time of birth, so dear to the astrological heart.

Dr. Francesco Giuntini, the Florentine mathematician (b. 1522), adopted 15h.49m. p.m. as shown in Gauricus (1). Didacus Placidus de Titus of Bologna, writing in the early 17th century, took 15h.39m. p.m. or (2) in Gauricus. Catherine de Medici had great confidence in Gauricus, and Giuntini worked at her court as the Almoner of her youngest son, François de Valois: presumably they knew each other. Placidus called himself, in Primum Mobile (1647), Mathematician to His Serene Highness Leopold William Archduke of Austria.

Although an impartial birth time is not available, I am willing in this case to accept the Gauricus data because his three times cover no more than 31 minutes, including his rectification. My figure is therefore cast for fifteen minutes to four in the morning of Monday, 24 February 1500, as tolerably approximate.

"If ever he sported with Amaryllis, it was in the shade. No nation and no creed was at the mercy of the mistress of the moment .... The Emperor's domestic affections were strong, if limited. To his wife he was tenderly attached. He refused all suggestions for a second marriage, although she left only a weakly heir... On his death-bed he called for her picture; in his last half-hour of live he pressed her crucifix to his breast until he could no longer hold it." When he had married her, she "was not the usual nursery princess, but a woman of twenty-three, with ripe judgment and the business capacity of a sixteenth-century Portuguese.... It is remarkable that his absences during his wife's lifetime were short, while after her death Spain only saw his face for a year or so, until he returned, no longer king, to die."

"Such a man, then, was Charles V.; if not a highly dramatic personality, yet by no means a lay figure, nor even the inevitable stage king. He was not quite a great man, nor quite a good man, but, all deductions made, an honourable Christian gentleman, striving, in spite of physical defects, moral temptations and political impossibilities, to do his duty in the state of life to which an unkind Providence had called him. It was not his fault if,—to alter a single word of Sir Richard Morosyne's conclusion,—"all was a good deal better meant than he could do it."

Quotatations from The Emperor Charles V., by Edward Armstrong, M.A. (Oxon.), Macmillan, London, 1902, Two Volumes, 754 pp.

BENVENUTO CELLINI 1500.11.2

Goldsmith of genius

Calculated for Florence 43N47 11E20, Monday November 2 1500 at 9h.5m. p.m. sundial time and according to the English reckoning, or Tuesday November 3 at the fourth hour and one quarter according to the Italian reckoning, from the tables of Schoch & Foelsch.

Tropical zodiac
VP: 12°8′
Campanus houses
RA MC: 3°40′

This is an uncertain nativity: the time is approximate but he may have been born two days earlier.

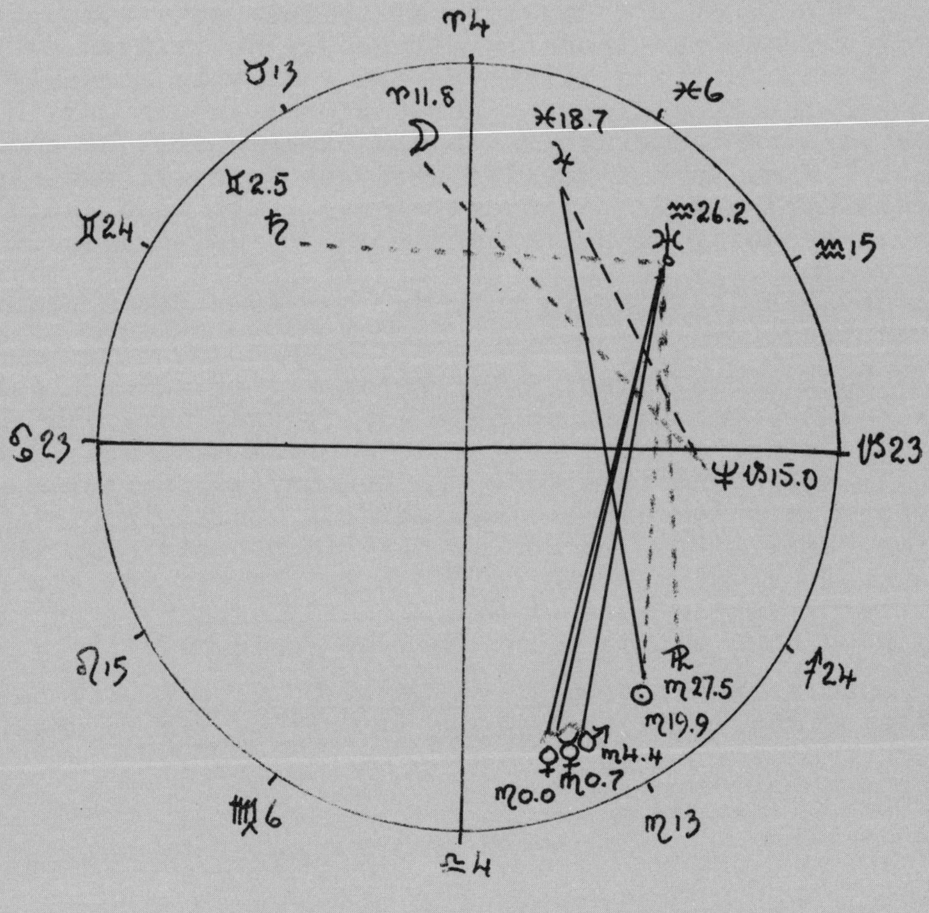

THE MEMOIRS WRITTEN BY HIMSELF (Roscoe's translation)

My name, then is Benvenuto Cellini, and I am the son of Maestro Giovanni, the son of Andrea, the son of Cristofano Cellini; my mother was Madonna Lisabetta, daughter to Stefano Granacci: and both my parents were citizens of Florence... It happened that she (his mother) was brought to bed precisely the night of All Saints' Day, in the year 1500, at half an hour past four... My father, who was a true philosopher, and happened to be then walking about, said, 'What God gives me, I shall always receive thankfully', but, taking off the clothes, he saw with his own eyes the unexpected boy. Clasping his hands together, he lifted up his eyes to Heaven, saying: 'Lord, I thank Thee from the bottom of my heart for this present, which is very dear and welcome to me.' The standers-by asked him, joyfully, how he proposed to call the child: he made them no other answer than, 'He is Welcome.' And this name of Benvenuto he resolved to give me at the font; and so I was christened, and with it I am still living by the grace of God. Andrea Cellini was still living when I was about three years of age; and he was then above a hundred.

That is the story as told by Cellini himself and to my mind there is no reason to doubt it or to think him so religious that he would wish to alter the date of his birth to All Hallows. Nevertheless there is an official recording of his birth sent to me by Cyril Fagan of Dublin together with the calculations shown here, and by Fagan accepted as preferable to Cellini's own story.

I have accepted Fagan's figure without accepting his conviction, but do not think it worth while to do an alternative nativity until more critical evidence is available. It should be noted that the Italian chronology of those days began each day at sunset. On November 2 in Florence I make sunset to be at 4h52m p.m. which would make the time of birth two minutes later than Cyril Fagan made it - but I was working from modern tables whereas Cyril probably took the trouble to calculate back.

JOAO III. OF PORTUGAL 1502.6.6

Firstborn of Manuel I. of Portugal by his second wife, Maria of Castile.

Calculated for Lisbon 38N42 9W8, Monday 6 June 1502 at 1h.55m. a.m. sundial time, from the tables of Hynes, Schoch & Foelsch.

Tropical zodiac
VP: 12°6′
Campanus houses
RA MC: 291°52'
☊: ♈ 29.2

Lucas Gauricus published a figure Ioannes Rex Lvsitaniae cast for 2 a.m. on Wednesday 8 June 1502, and labelled:

Anno 1502 Ivnio D7 H14 MO P.M.

a good example of muddled information and the unreliability of 'traditional' nativities.

quando Martes influia
seus raios de vencimento
e suas forças repartia,
quando Saturno dormia
com todo seu firmamento.

Gil Vicente 1513: Exortação da Guerra

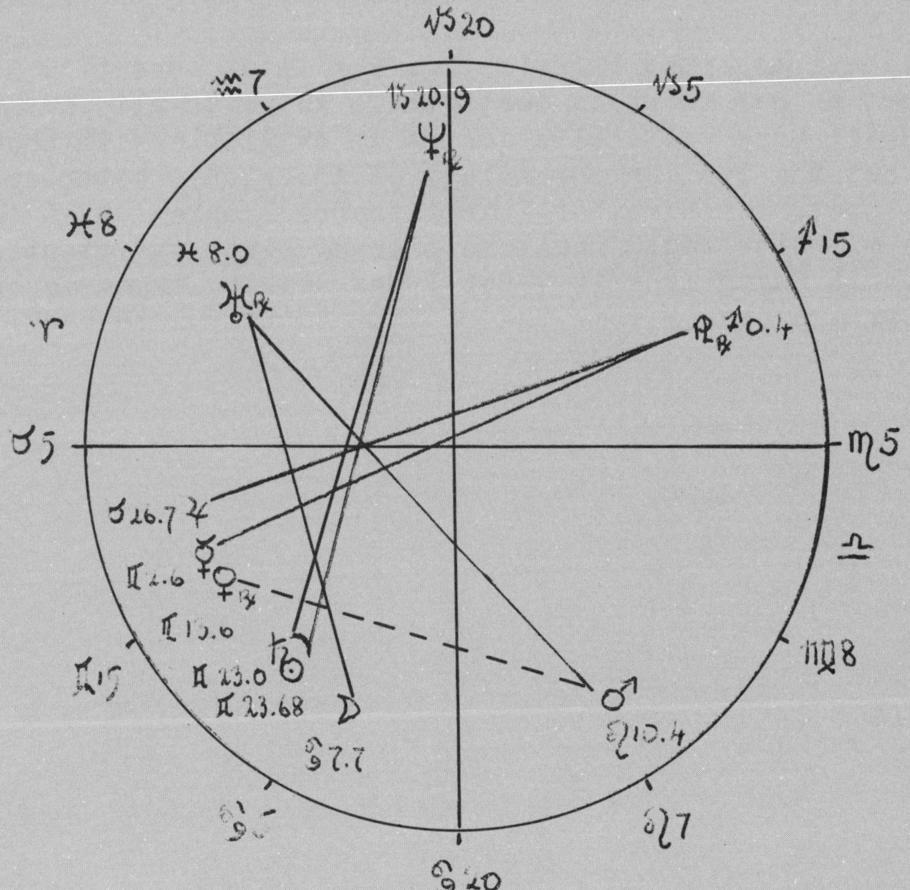

Deste segundo matrimonio foy o primicia o felicissimo princepe dom Ioaõ o terceyro deste nome, que depois reynou neste reyno, de cujos tempos trata esta historia. Naceo este desejado princepe na cidade de Lisboa nos paços dalcaçoua huma segunda feira seis dias do mes de Junho do anno do nacimento de Christo nosso Senhor de mil e quinhentos e dous, quasi has duas oras despois da meya noite; e no tempo que a Rainha começou a entrar nos trabalhos e perigos do parto, espalhandose esta noua por toda a cidade, se ajuntaraõ os prelados com toda a cleresia e religiosos dos conuentos, e ordenando huma solene e deuota procissaõ com muyta cantidade de tochas e cirios acesos, que davaõ de sy grandissima claridade, se foraõ ha capella de Iesus, q̃ está no conuento de saõ Domingos, e prouue a nosso Senhor ouuir suas orações, e dar prospero e seguro parto ha Rainha dona Maria, com a qual noua se enxergou naquella ora em toda a cidade o aluoroço e contentamento, que se custuma ter no bom sucesso da cousa muyto desejada. Neste dia do seu nacimento, sendo no tempo mais seco e mais quieto de todo o ano, ouue em Lisboa huma taõ espantosa e taõ desacustumada tempestade de chuuas, relampados, trouões, e curiscos, que naõ auia memoria de homens que se lembrassem de outra semelhante, mas isso naõ impidio as publicas mostras do geral contentamento, que todo o genero de gente sentia co nacimento do seu desejado princepe: pollo qual assy na cidade de Lisboa como em todo o reyno se fizeraõ muytas e muyto suntuosas festas, e muytos ouue que tiueraõ o sucesso desta tempestade, taõ noua, e taõ fora do seu tempo ordinario, por hum felicissimo pronostico do imperio do princepe que nacera. A noua do prospero parto da Rainha se espalhou logo por todo o reyno...

Chronica do muyto alto e muyto poderoso Rey destes Reynos de Portugal Dom João o III deste Nome... composta por Francisco d'Andrada... Chronista mór. Parte I. pagina 2. (Coimbra 1796)

Entrou a rainha D. Maria em Lisboa por fim do ano de mil e quinhentos, e vêo a parir seu primeiro filho no de 1502, ũa segunda-feira, a seis dias do mês de Junho, às duas horas depois de meia-noite. Este foi o principe D. João, que, sucedendo a seu pai na coroa, for terceiro dos reis deste nome e décimo quinto dos que se contam na sucessão del-rei D. Afonso Anriques...

Anais da vida, reinado e governo do prudentissimo Rei D. João III por Frei Luis de Sousa (1555-1632), 2ª edição, Lisboa 1951.

KATHERINE TUDOR 1503.2.2.
Youngest daughter of Henry VII. of England

Calculated for the Tower of London on Thursday, February 2 1502-3 at 9h. p.m. sundial time, from the tables of Hynes, Schoch, and Foelsch.

This is semi-speculative.

Hypsomatic zodiac
VP: 12°5′

RA MC 100°25′
♌ ♈15.5

Tropical zodiac
Campanus houses

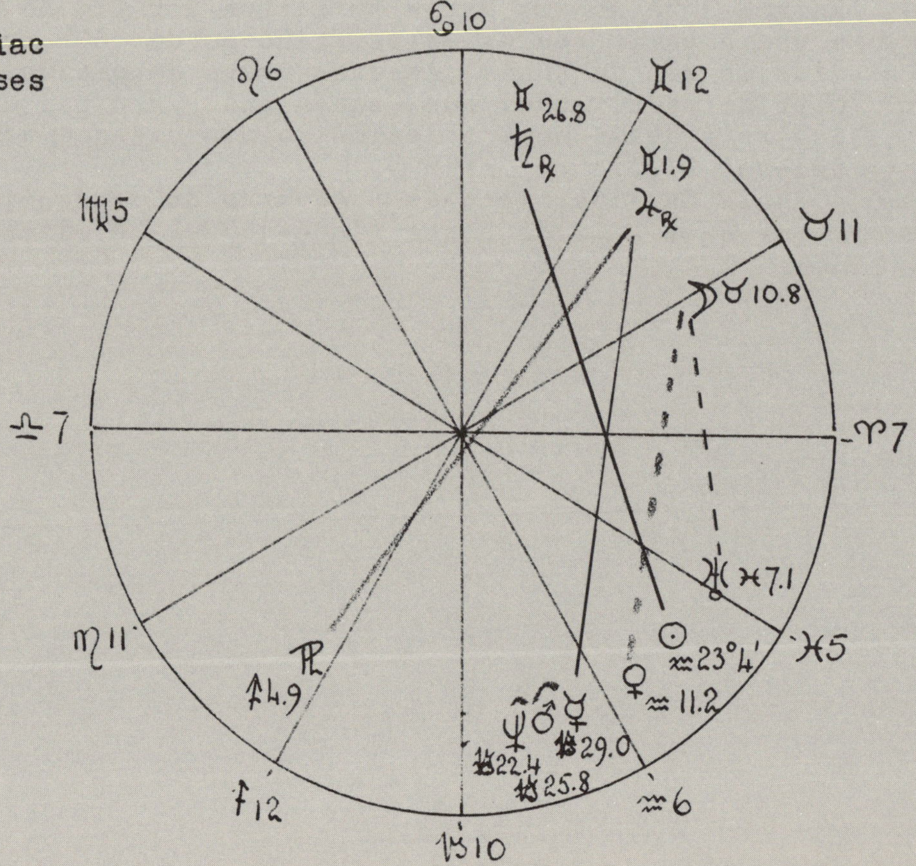

Chronicles of London, ed. Kingsford: C.L. (1905)

p. 258 And vpon Candlemas day, in the nyght folowyng the day, the kyng and the Quene then beyng loged in the Towre of London, the Quene that nyght was delyuered of a doughter; where she entendid to have been delyuered at Richmount; and vpon the Saterday folowyng was the said doughter Cristened within the parisshe chirch of the Towre, and named Kateryn. And vpon that day vij nyght, or vpon the Saterday, beyng the xjth day of ffebruarij, in the mornyng, dyed the noble and vertuous Quene Elizabeth in the said Tour; vpon whose Soule and all Christen Jhesu haue mercy! Amen!

FATIDICAE MULIERIS 1506.4.8
An example from Hieronymus Cardanus

Calculated for Milan 45N29 9E11, Wednesday April 8 1506 at 9h.30m. p.m. by sundial reckoning, from the tables of Hynes, Schoch and Foelsch.

Tropical zodiac
VP: 12° 1′
Campanus houses
RA MC: 168°19′
☊ ♒ 13°9′

Cardanus has the following:

☉	☽	☿	♀	♂	♃	♄
♈29.0	♏10.41	♈4.8	♈14.28	♌14.0	♍6.52	♌10.2

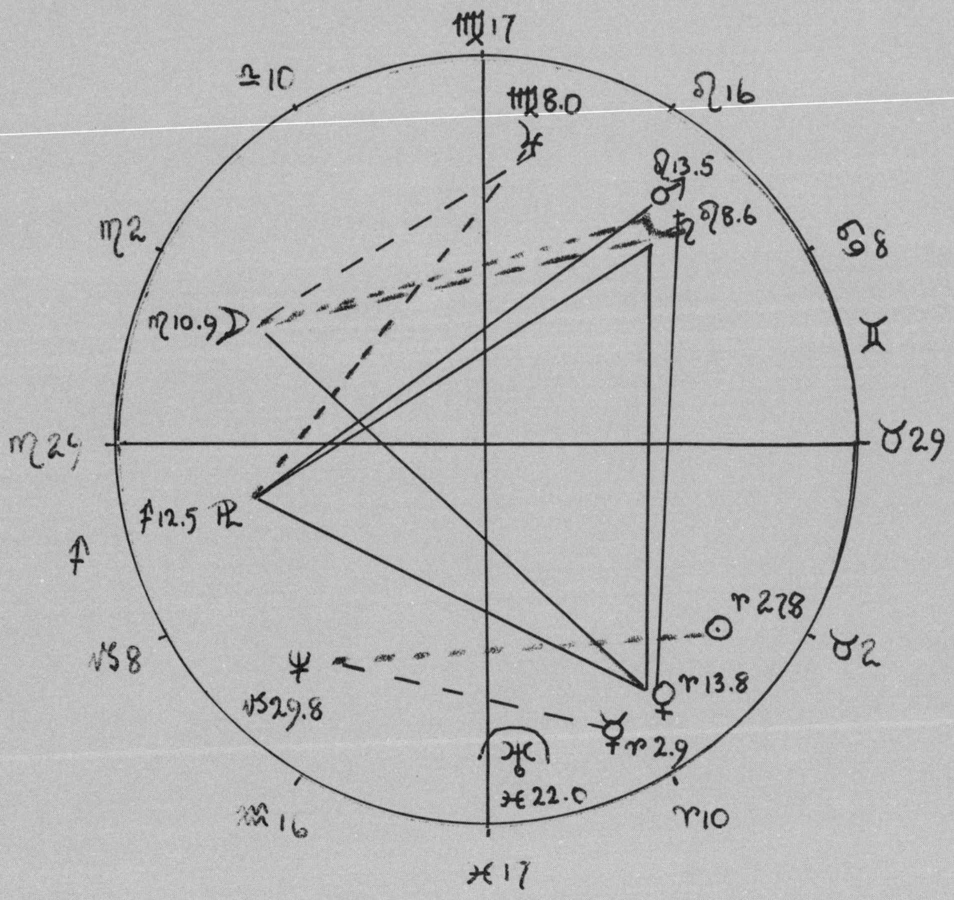

HIERONYMI CARDANI MEDIOLANENSIS LIBELLI QUINQUE
NORIMBERGAE APUD IOHAN. PETREIUM. 1547.

fol.304.v. Fatidicae mulieris 1506. die 8 Aprilis, ho. 9. mi. 32. à merie. Cor coeli, 18 ♍.

Despite mention of the MC a kind of equal house division is adopted with Virgo 2º at the 10th and Sag. 2º at the AS. The calculations are by no means exact.

Hanc figuram obtulit mihi Georgius Ioachimus, & ergo dixi, quod combureretur, & ipse dixit, est foemina, & fuit in carceribus ut combureretur, euasit tamen, & hoc fuit beneficio Veneris, non tamen euadet, rogauit causam? dixi, Fascinatrix ac Praestigiatrix est. respondit ille, multa uera praedicit, miro modo. Causa est, utraq; infortuna in Leone, in trino ascendentis, & ideo est deceptrix maxima, cum Luna sit in Scorpione, & ideo erit pessimorum morum, & meretrix, & multa patietur infortunia, ob locum Lunae. Sed quia Venus respicit infortunas, ideo uidetur uera dicere, sed sunt omnia commẽta, ut clarum est ex genitura, & habitat Mediolani, sed alio loco est oriunda, & est hilaris, & mala morte peribit, non tamen necessario publica, nisi Sol in reuolutione testimonium praebuerit. Est autem ut (dicunt) ualde famosa ob uaticinium, sed necessario est praestigiatrix ac malefica. Et iouis sextilis fecit, ut euaderet, cum esset dominus ascendentis, quia tamen cadit, tandem male peribit. Mortis uiolentae tempus rogauit, sed clarum erat, làbore opus esse, cum tamen mihi tempus haud suppeteret. Erit tamen, cum Luna fuerit in Aquario in veuolutione. Et quia infortunae non sunt in angulo, erit tarde.

HENRY TUDOR 1511.1.1

Firstborn of Henry VIII. of England and his queen Katherine of Aragon. He was soon dead.

Calculated for Richmond 51N28 0W18, Wednesday January 1 1510-1 at 8 a.m. on the sundial, from the tables of Hynes, Schoch and Foelsch.

Tropical zodiac
VP: 11°59′
Campanus houses
MC: 231°48′
☊ ♏12.3

This should be for between 3 & 4 a.m.

MC ♍13 / AS ♏13 = c. 164°

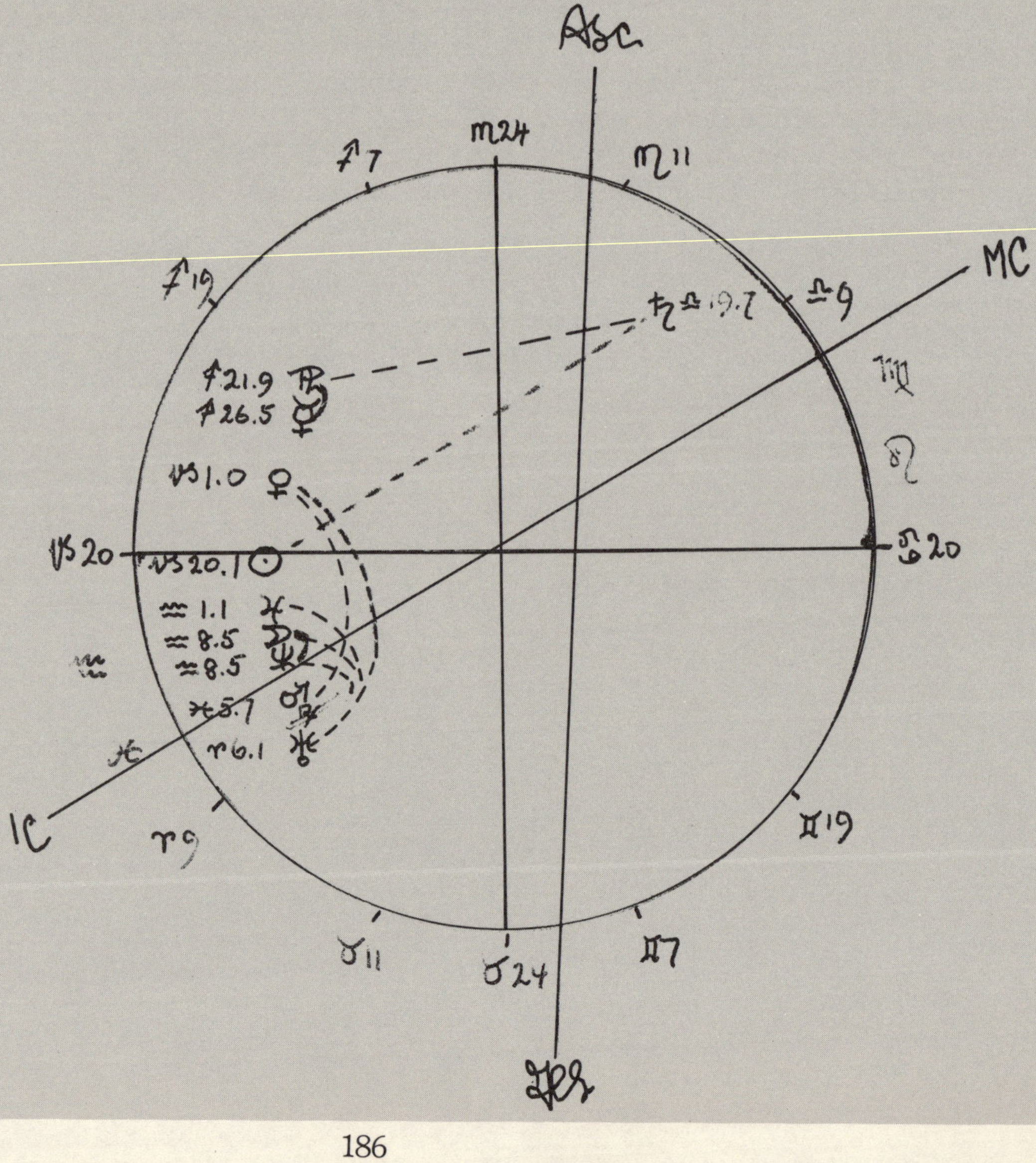

EXETER COLLEGE MS. 47 (The de Bohun Psalter) which formerly belonged to Elizabeth of York and Katherine of Aragon, has in the first section a Kalendar in which family feasts were entered. In the upper margin of fol. 3^{r} is the following:

Hoc die (Jan 1) inter 3^{m} et 4^{m} ante ortum solis natus fuit primogenitus Henricus princeps HenRici viij.

BM ADD. MS. 6113 (Ceremonials Creations &c) a collection of heraldic pieces written during the period of Henry VIII. to Elizabeth. Fol. 79.v.

The Crystennenge of Prince Henry Furste Son of our Souveraine Lorde Kinge Henry the $viij^{th}$ the ij^{de} Yere of His Reigne.

On New Yeres daye beinge Wedinsedaye, That yere the Dominicall letter E, And the Furste Day of January, Abowte of the clocke in the morninge Was Prince Henry Eldeste son of Kinge Henry the $viij^{th}$ borne, In the yere of our lorde, After the Reckeninge $M^{l}V^{c}$&C, And the ij^{de} yere of the Reigne of his Father...

JAMES STUART 1512.4.10

4th child & 3rd son of James IV King of Scots & his wife Margaret Tudor sister of Henry VIII of England, who succeeded his father (after Flodden) as James V of Scots.

The time of birth not being known the places have been calculated as for noon GMT on Easter Eve April 10 1512, from the tables of Hynes, Schoch and Foelsch.

Tropical zodiac
VP: 11°57′
☊ ♎17.8

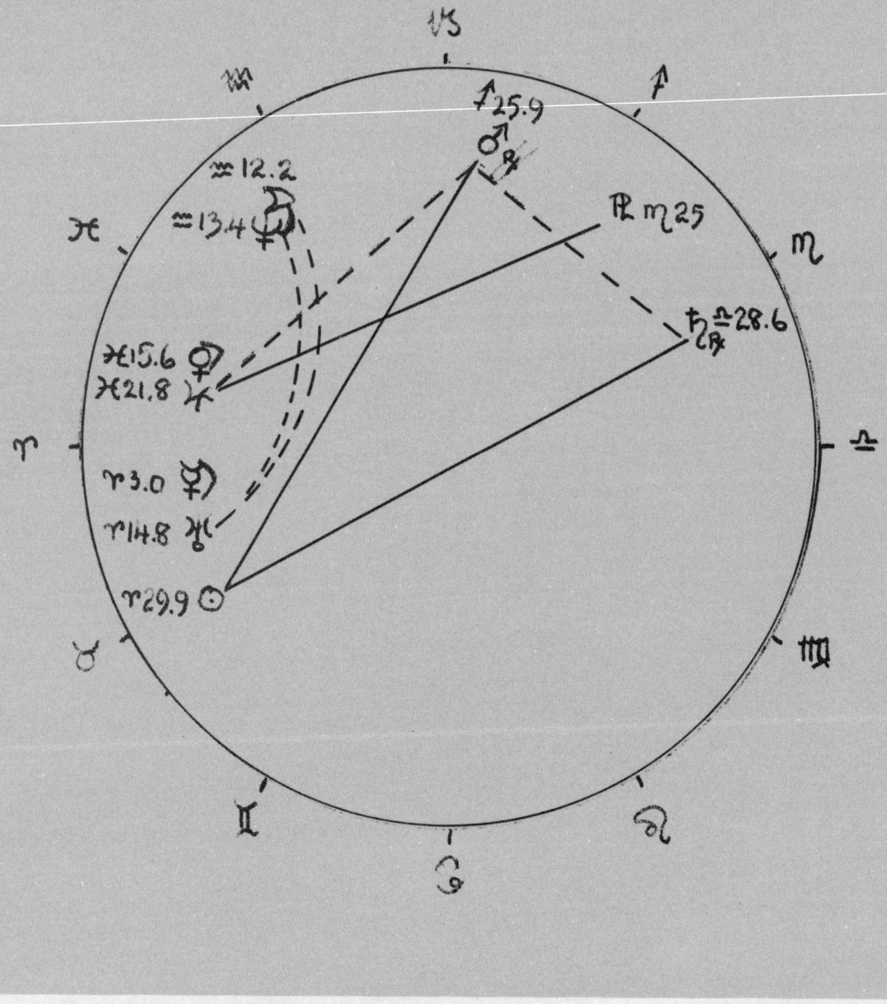

EPISTOLAE, REGUM SCOTORUM 1505-1545. 2 vols. Edinburgh: 1722-1724
(I. 141) Born on Easter Eve 1512.

ACCOUNTS OF THE LORD HIGH TREASURER OF SCOTLAND
Ed. Thomas Dickson.
H.M. General Register House, Edinburgh. 1877
(I.) 11 April 1512. "Item, the same day (the prince's baptism) for ane horse and a man to turse the cradill to Linlithgo on Pasche day in the mornyng, vs."

JOHN KNOX said of him:

Hie was called of some a good poore man's King, and of others he was termed a murtherare of the nobilitie and one that had decreed thair hole destruction. Some praised him for the repressing of theft and oppression, others dispraised him for the defouling of mens' wiffis and virgines. And thus men spak, even as their affections led them.

LADY MARGARET DOUGLAS 1515.10.8

Daughter of Margaret Tudor sister of Henry VIII of England and widow of James IV of Scots, by Archibald Douglas 6th earl of Angus. She herself married Matthew Stewart, 3rd earl of Lennos, by whom she became the mother of Henry, Lord Darnley, the second husband of Mary Queen of Scots. She was thus the half-sister of James VI of Scots, aunt & mother-in-law of Mary Queen of Scots, and grandmother of James VI & I.

The time of birth is partly speculative. This figure is calculated for Harbottle Castle 55N20 1W50, the night of Sunday to Monday October 7-8 1515, midnight apparent time, from the tables of Hynes, Schoch & Foelsch.

Tropical zodiac
VP: 11°55′
Campanus houses
MC: 21°45′
☊: ♌10.2

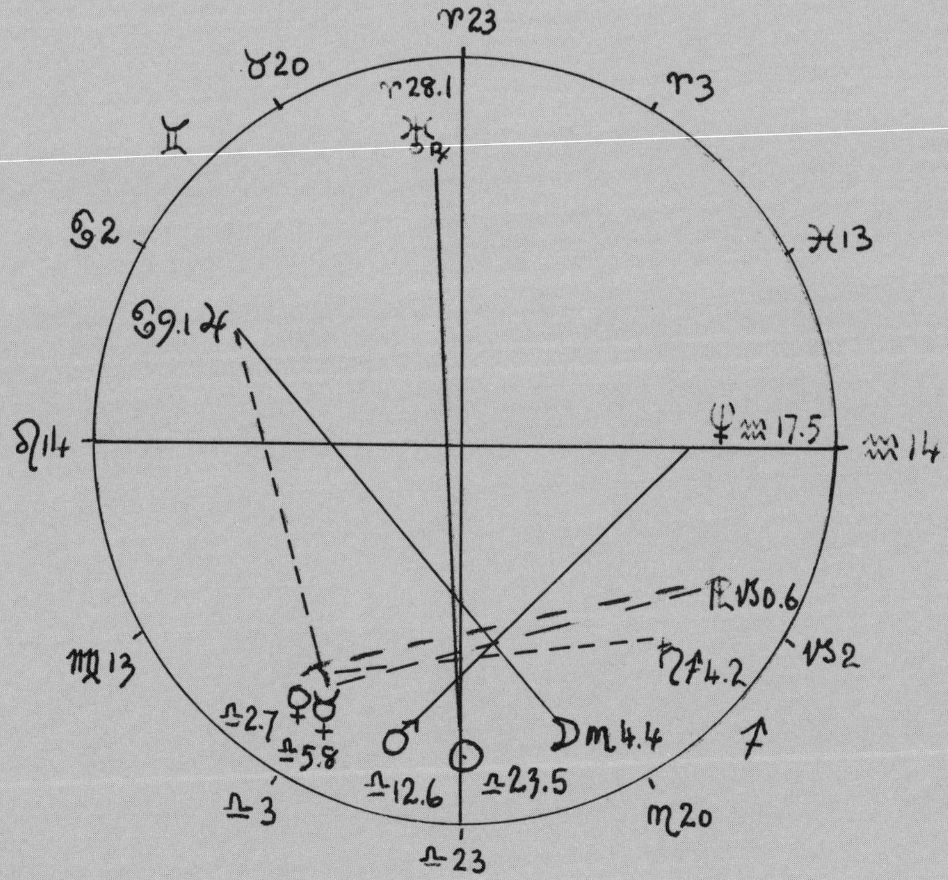

LIVES OF THE QUEENS OF SCOTLAND: Agnes Strickland, published by William Blackwood & Sons, Edinburgh, 1859, says without source that she was born at Harbottle Castle "late in the evening on October 7, or early on October 8, 1515."

HENRY BRANDON EARL OF LINCOLN 1516.3.11

Son of Mary Tudor, queen of France, & Charles Brandon, duke of Suffolk

Calculated for London on Tuesday, March 11 1515-6, at 10h.30m. p.m. sundial time, from the tables of Hynes, Schoch, & Foelsch.

Hypsomatic zodiac
VP: 11°55′

RA MC 158°21′
☊ ♌2.0

Tropical zodiac
Campanus houses

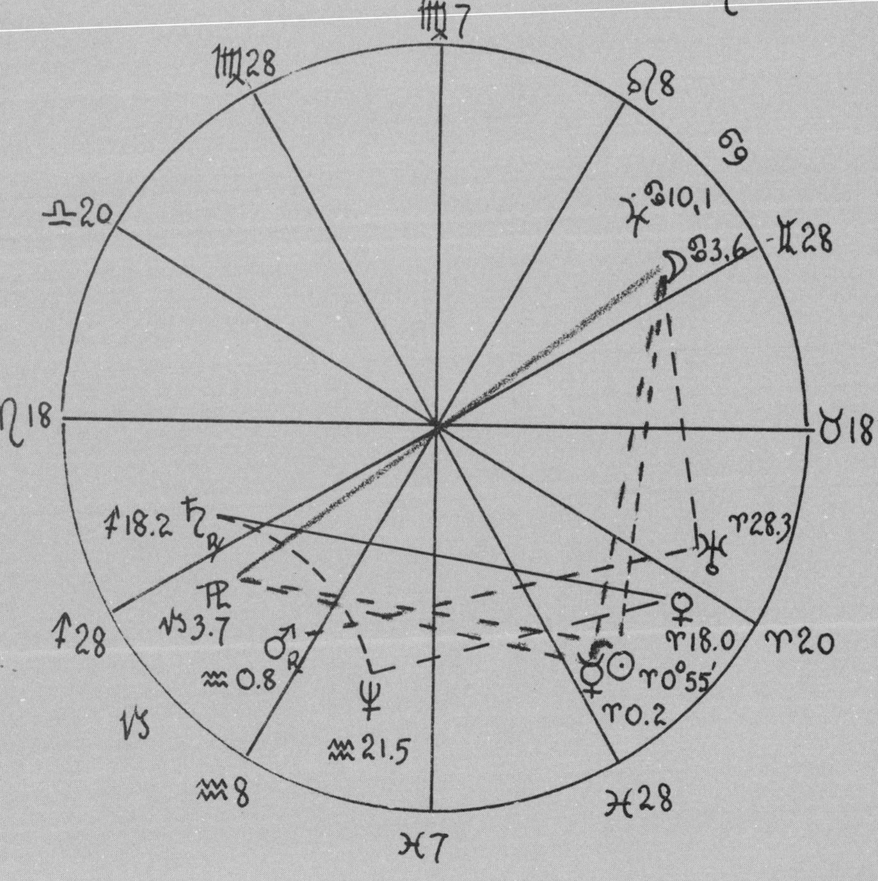

British Museum MS. Add. 6113. "Ceremonials Creations etc. Hen.V - Eliz." a collection of heraldic pieces written during the time of Henry VIII. to Elizabeth.

fol.117.d. The Crystennenge of Henry erle of lincoln/ Furste begotten son of Charles Duke of Suffolk/ and Mary the Frenche quene. In the yere of our Lorde god/ a m^{l}v^{c}xv/ the vijth yere of the Reigne of our Souveraine lorde kinge Henry the viijth/ the xjth day of marche/ beinge tewesdaye, betwexte x and xj of the clocke in the night/ was borne at Bathe place/ the Furste Soñe of Mary quene of fraunce and Charles Duke of Suffolke/ Whose crystennenge was defferred unto the thursedaye nexte Followinge.

FRANCES BRANDON 1517.7.16

Daughter of Mary Tudor, queen of France and later duchess of Suffolk wife of Charles Brandon see 1496.3.18, she married Henry Grey, marquis of Dorset, and by him became the mother of Lady Jane Grey.

Calculated for Bishop's Hatfield 51n45 Ow13, on Thursday, July 16 1517 at 2h.30m. a.m. sundial time, from the tables of Hynes, Schoch, and Foelsch.

Hypsomatic zodiac
VP: 11°54′

RA MC 341°58′
☊ ♋6.0

Tropical zodiac
Campanus houses

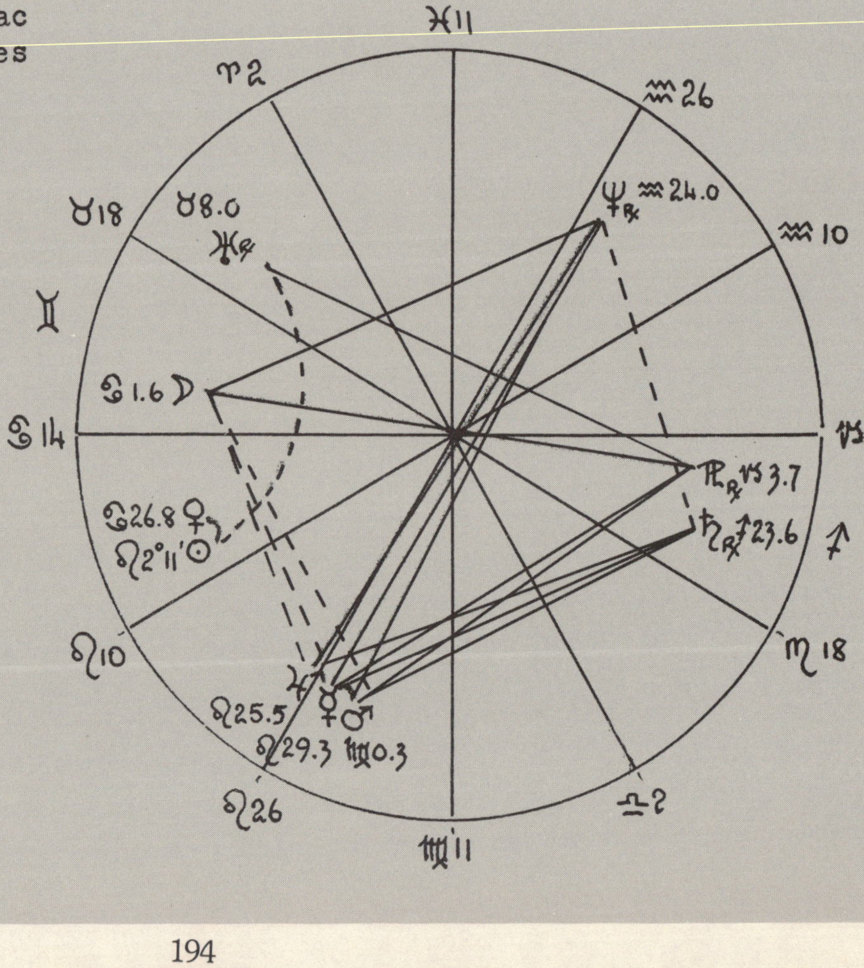

B.M. Add. MS. 6113. "Ceremonials Creations etc. Hen.V.-Eliz." which is a collection of heraldic pieces written during the period of Henry VIII. to Elizabeth. Fol.116.d.

> The Crystennenge of the lady fraunces furste begotten doughter of Charles duke of Suffolke and Mary the frenche queene/
>
> In the yere of our lorde God a $m^{l}v^{c}$xvij/ and the ix^{th} yere of the Reigne of our Soũveraine lorde kinge Henry the $viij^{th}$/ the Thursedaye the $xvij^{th}$ day of July/ betwexte ij and iij of the clocke in the morninge/ was borne at busshoppes Hatfelde/ the Furste doughter of Mary quene of fraunce/ And Charles duke of Suffolke/ whose crystennynge/ was differred unto the Satterdaye nexte Followinge/

July 17 1517 was a Friday, not a Thursday. As the birth was in the early hours of the morning I should, normally, take the day as July 17 in the supposition that whoever recorded the time of birth had sat up and was still thinking in terms of the day before. However, on this occasion I have allowed myself to be influenced by the lunar position of Frances's brother, Henry, see 1516.3.11.

It might be noted that the account of the christening is long and obviously that of an eye-witness, for the decorations of the church are described in detail and the names of many people present are given. And at the end it says: "And this done, the young lady was conveyed to the Queen's grace her mother, and the name of this lady was Frances, for that she was born on St. Francis day." The only days dedicated to St. Francis, known to me, are October 4 and May 25. But Sir H. Nicolas, in the Chronology of History that Francis of Assisi, founder of the Friars Minor, was canonized on July 16.

MAGDELAINE DE FRANCE, Queen of Scotland 1520.8.10
5th child & 4th daughter of François I of France & his queen Claude de France. In 1536/7 she married James V of Scotland, but she died on 7 July 1537 in Edinburgh.

Calculated for S. Germain en Laye: 1520 August 10, 10h. p.m. apparent time, a Friday, from Schoch with the solar refinement of Hynes. Pluto from Foelsch.

Tropical Zodiac
VP: 12°51′
Campanus houses
RA MC: 299°35′
☊: ♉6.6
℞: ♑9

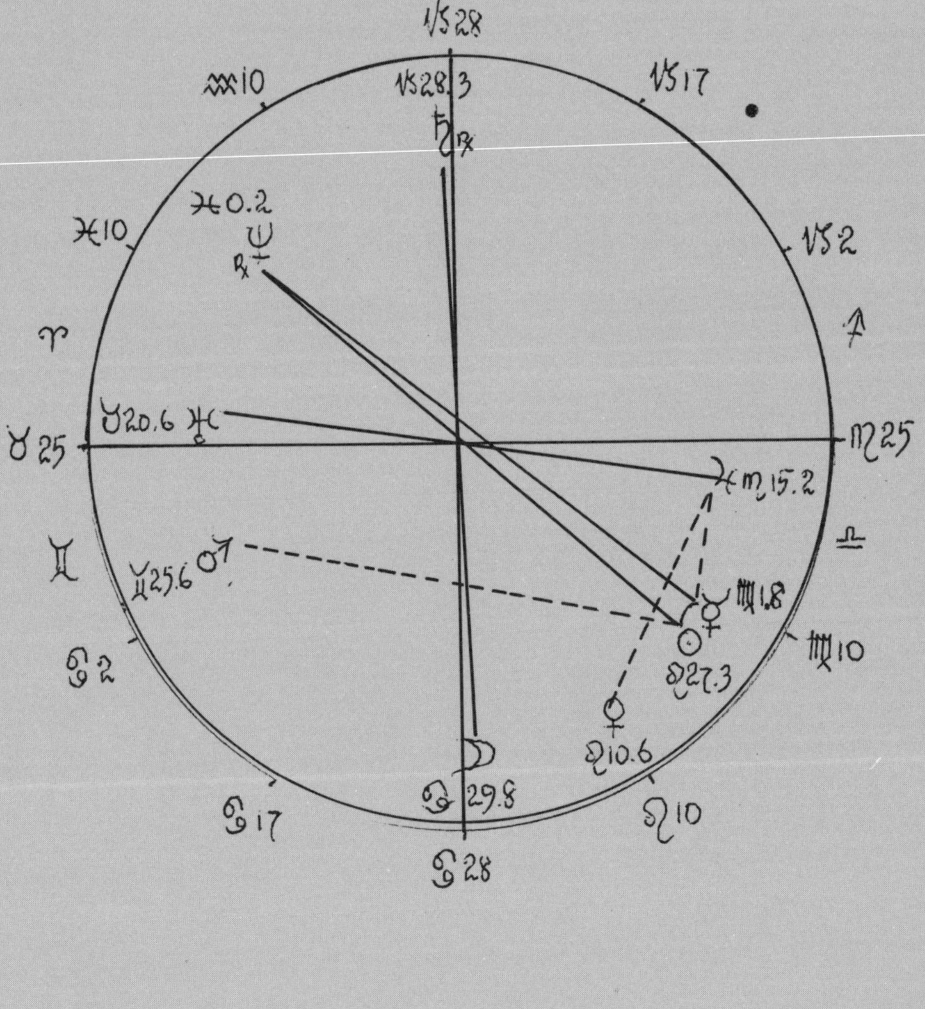

En Aoust 1520. le iour S. Laurent à 10. heures apres midy a S. Germain en Laye sortit du ventre de la Reyne ma Fille Magdelaine troisiéme Fille du Roy mon Fils.

<u>Jovrnal de Lovyse de Savoye Dvchesse d'Anglulesme, d'Anjou et de Valois, Mere du grand Roy François premier.</u>
<u>Tiré de l'Original qui est entre les mains de Monsieur Hardy Conseiller du Roy en son Chastelet de Paris, & qui m'a esté communiqué par les soins du R.P.Hilarion de Cœste, Religieux Minime du Conuent de la Place Royale à Paris.</u>

IN Historie Genealogiqve de la Royal Maison de Savoye, &C. Liure VI. ff. 457-464, par Samvel Gvichenon. Lyon: M.DC.LX.

SIR WILLIAM CECIL, K.G. 1520.9.13

Lord Burghley

Queen Elizabeth's Secretary of State

His father (d.1552) was Henry VIII's Master of the Robes. He entered St John's, Cambridge, at 15 & became one of a brilliant group; at 21 he entered Gray's Inn, married Mary Cheke of Cambridge who bore his son Thomas in the following year & died in February 1542/3. At the end of 1945, he married Mildred Cooke who spoke Greek as easily as English: another of her sisters married Francis Bacon.

Protector Somerset appointed Cecil Master of Requests in 1547 and made him personal secretary in 1548. Somerset fell in 1549 but Northumberland, who imprisoned and executed Somerset, knew Cecil's father and admired William. He became Secretary of State in 1550. Roger Ascham wrote to a friend: 'He is a young man indeed, but mature in wisdom and so deeply skilled both in letters and affairs, and endued with such moderation in the exercise of public offices, that to him would be awarded, by the consenting voice of Englishmen, the fourfold praise attributed to Pericles by his rival Thucydides: "To know all that is fitting, to be able to apply what he knows, to be a lover of his country, and superior to money."' Cecil was only thirty.

Edward VI died in 1553, Mary was proclaimed, Northumberland died with his protégée Lady Jane Grey. Cecil merely fell from grace because of his Religion; but it is said that towards the end, her Council consulted him. Elizabeth had been consulting him on the quiet. When Mary died in 1558, Cecil was the first Councillor sworn by Elizabeth and became Secretary of State, where he stayed until his death forty years later.

Tropical zodiac

VP: 11º51′

Campanus

RA.MC: ~~242º36′~~ 232° 38′

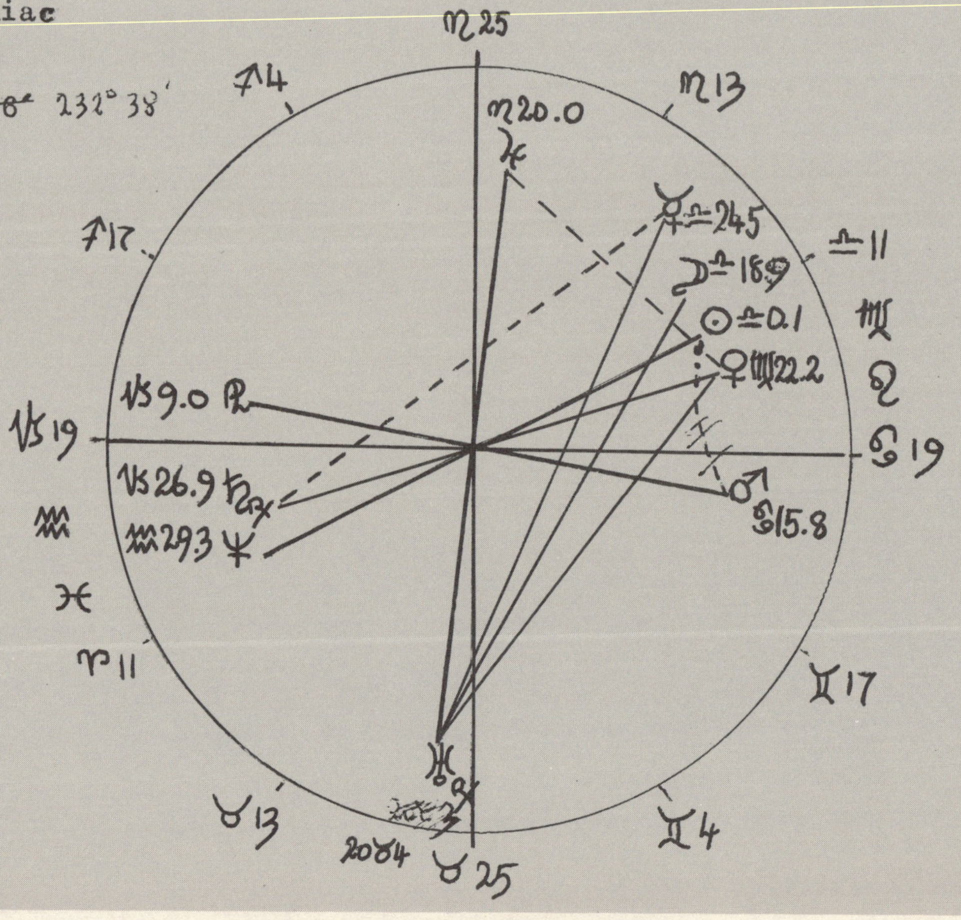

My figure is calculated for Bourne, Lincolnshire, 0W54 52N45, Thursday 13 September 1620, 3h.30m. p.m. apparent time, from Hynes, Schoch, & Foelsch. Data are from Martin Hume's <u>The Great Lord Burghley</u>, London, 1906

Cecil made a journal of principal events in his life (now in the British Museum) when he was already famous. Under <u>1521</u>:-

> 13º Sep. Ego Guilielm. Cecill nat^s sũ, apud Burne in Com̃ Lincolñi (Hume, p.5)

Later he crossed this out and carried it to 1520, putting in its place the arrival of Charles V in London on 5 June. This also was a mistake, because the Emperor's 2nd visit was in June 1522. On the other hand, Cecil recalled his entry into Gray's Inn as 1541, aged 21, which indicates 1520 as the year of birth. Hume also discovered "a small perpetual calendar" at Hatfield which seemed to him the foundation of the journal in the B.M. In this, the two events mentioned above appear as:-

> 13th Sep. 1521. Ego Gul. Cecill natus sũ: 13 Sept. 1521, between 3 and 4 P.M. (Hume, p.6)

> 6th May, 33 Henry VIII (1541) Gul. Cecill veni ad Graye's Inn. (no age shown)

Hume reasons that after Cecil began his permanent journal now in the B.M. he noticed that the year of birth recorded in the small perpetual calendar at Hatfield was wrong, and made the necessary correction. This is confirmed by the B.M. journal's note regarding his entry into Gray's Inn, May 1541, and his marriage in that year on 8 August to Mary Cheke of Cambridge. His next entry records the birth of his son Thomas on 5 May 1542, giving his age as 22:

> Natus est mihi Thomas Cecil (sic) filius; cum essem natus annos xxii (Hume, p.10)

Martin Hume had no doubt that Cecil was born in 1520, and not in 1521 as previous biographers had thought.

As Cecil gave his birth as between 3 and 4 in the afternoon, the figure is cast for 3h.30m. p.m. But experience shows that this type of recording (where it can be checked) usually means the first half of the hour: in the case of Queen Elizabeth, <u>it actually referred to the first-named hour itself</u>. If one adjusts Cecil's hour of birth to 3h.15m. p.m. apparent time, Jupiter is at a Midheaven in <u>Scorpio 21º</u>, Uranus at the I.C., and Pluto more close to an Ascendant in <u>Cancer 15º</u>. Campanus cusps would then be roughly five degrees less. This seems to me a more likely figure—according to common astrological rules.

Cecil's nativity emphasizes the importance of 150º aspects.

INFANTA D. MARIA DE PORTUGAL (2) 1521.6.8

"a sempre noiva"

Youngest child of D. Manuel I of Portugal, by his third queen Leonor of Castile, sister of the Emperor Charles V., daughter of Philip I. of Castile. Calculated for Lisbon, 38N42, 9W8, Saturday 8 June 1521, at 7h. 0m. p.m., from the tables of Hynes, Schoch, Noesselt-Hoffmann.

Tropical zodiac
VP: 11º50′
Campanus
RA MC: 191º42′
☊: ♈ 20.6

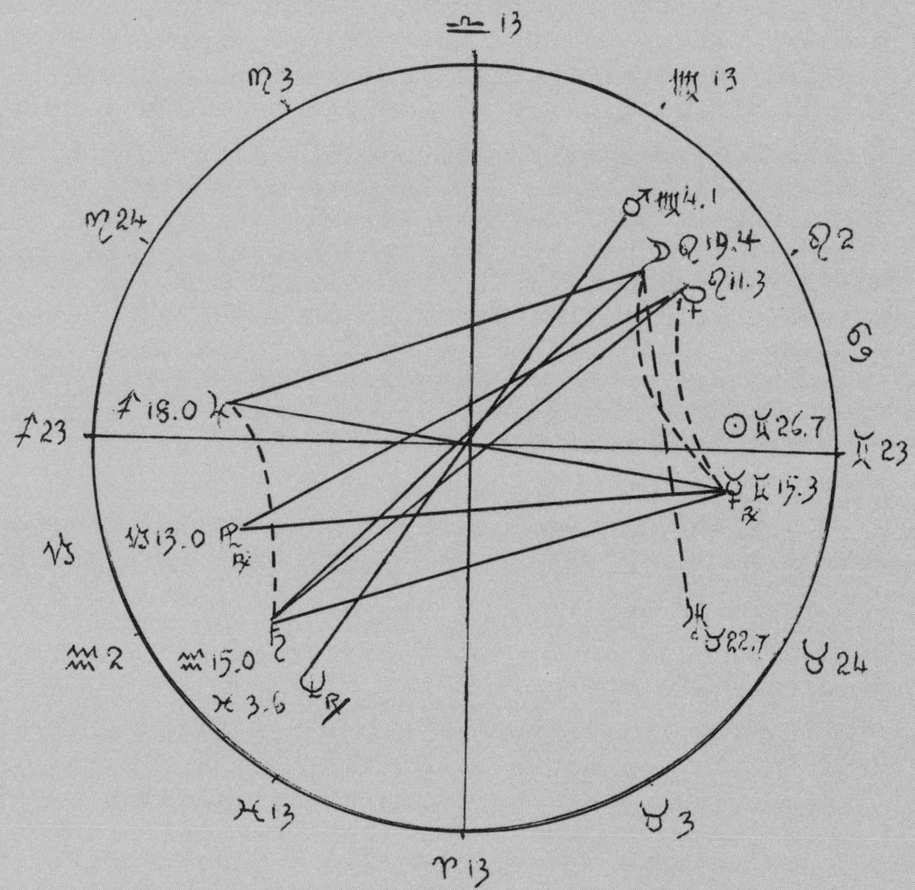

INFANTA D. MARIA DE PORTUGAL 1521.6.8

"a sempre noiva"

She was the last of D. Manuel I's many children, born in 1521 to his third wife D. Leonor of Castile, and thereby a niece of her father's former wives. She was tall, had blue eyes and auburn hair, and everyone thought her beautiful even at fifty; and she died unmarried in her 57th year (1577) after eight bethrothals for diplomatic purposes. Music and dancing she liked, but her chief interest lay in the classics and belles-lettres generally, and became a patron of the arts. Some think of her as the inspiration of Camões, as in his redondilha:

> Perdigão perdeo a penna
> não ha mal que lhe não venha

"penna" meaning a "feather" or "plumage" or "grief", but in English the best translation might be " when the partridge breaks his wing / there's no ill he doesn't come by".

The Camões theory was ventilated in 1910 by Dr. José Maria Rodrigues in "Camões e a Infanta D. Maria", Coimbra, pp 272; continued in 1932 when he edited "Lirica de Camões" (Coimbra) together with Dr. Afonso Lopes Vieira. This latter work, as well as in "Historia da Literatura Portuguêsa Ilustrada", 1929 Vol. I. ed, Dr. Albino Forjaz de Sampaio, Lisboa, reproduces a contemporary portrait of the Infanta when she was about 20 years of age, done by Gregorio Lopes circa 1540. It is in the Museu Condé at Chantilly. The Conde de Sabugosa also included an essay on her in his "Donas de Tempos Idos", 2nd ed. Lisboa, 1920.

But according to Pierre de Bourdeille, Seigneur & Abbot of Brantôme, who knew her well, her only love was François de Lorraine, son of the duke of Guise, Grand Prior of France, & Commander of the galleys, found at the end of his Septiéme Discours. She could not hide her grief from Brantôme when he died. His story is this:

> J'ay veu l'infante de Portugal, fille de la feu reyne AEleonor, en mesme resolution; et est morte fille et vierge en l'aage de soixante ans ou plus (sic). Ce n'est pas faute de grandeur, car ell' estoit grande en tout; ny par faute de biens, car elle en avoit force, et mesme en France, où M. le general Gourgues a bien fait ses affaires; ny pour faute de dons de nature, car je l'ay veue à Lysbonne, en l'aage de quarante-cinq ans, une tres-belle et agreable fille, de bonne grace et belle aparance, douce, agreable, et qui meritoit bien un mary pareil à elle en tout, courtoise, et mesmes à nous autres François. Je le peux dire pour avoir eu cest honneur d'avoir parlé à elle souvant et privement. Feu M. le grand prieur de Lorraine, lorsqu'il mena ses galleres du Levant en Ponant pour aller en Escosse, du temps du petit roy François, passant et sejournant à Lysbonne quelques jours, la visita et veid tous les jours. Elle le receut fort courtoisement et se

pleust fort en sa compaignie, et luy fit tout plein de beaux presens. Entre autres, luy bailla une chaisne pour prendre sa croix, toute de diamans et rubis, et perles grosses, proprement et richement elabourée; et pouvoit valloir de quatre à cinq mill' escus, et luy faisoit trois tours. Je croy qu' elle pouvoit bien valloir cela, car il l'engageoit tousjours pour trois mill' escus, ainsi qu'il fit une fois à Londres, lorsque nous tournions d'Escosse; mais aussitost estant en France il l'envoya desengager, car il l'aymoit pour l'amour de la dame de laquelle il estoit encaprissé et fort pris. Et croy qu'elle ne l'aymoit point moins, et que voluntiers ell' eust rompu son neud virginal pour luy; cela s'apelle par mariage, car c'estoit une tres-sage et vertueuse princesse. Et si diray bien plus, que, sans les premiers troubles qui commençarent en France, où messieurs ses freres l'attiroient et l'y tenoient, il voulut luy-mesmes retourner ses galleres et reprendre mesme routte, et revoir ceste princesse, et luy parler de nopces; et croy qu'il n'y fust point esté esconduict, cat (sic) il estoit d'aussi bonne maison qu'elle, et extraict de grands roys comm' elle, et surtout l'un des beaux, des agreables, des honnestes et des meilleurs princes de la chrestienté. Messieurs ses freres, principallement les deux aisnez, car ils estoient les oracles de tous et conduisoient la barque, je vis un jour qu'il leur en parloit, leur racontant de son voyage et les plaisirs qu'il avoit receuz là, et les faveurs: ilz vouloient fort qu'il reffist encor le voyage et y retournast encor; et luy conseilloient de donner lá, car le pape en eust aussitost donné la dispense de la croix; et, sans ces mauditz troubles, il y alloit et en fust sorty (à mon advis), à son honneur et contentement. Ladite princesse l'aymoit fort, et m'en parla en tres-bone part, et le regreta fort, m'interrogant de sa mort, et comme esprise, ainsi qu'il est aisé, en telles choses, à un homme un peu clairvoyant le cognoistre.

Birth data are from "Historia Genealogica da Casa Real Portuguesa, desde a sua origem até o presente, com as Familias Illustres, que procedem dos Reys, e dos Serenissimos Duques de Bragança. Justificada com Instrumentos, e Escritores de inviolavel fé, e offerecida a Elrey D. João V. Nosso Senhor por D. Antonio Caetano de Sousa, Clerigo Regular, e Academico do numero da Academis Real.
Lisboa Occidental, Na officina de Joseph Antonio da Sylva, Impressor da Academia Real.
Vol. III. p. 459. (1737)

Da Rainha D. Leonor de Austria, terceira mulher del Rey D. Manoel, nasceu unica filha a Infanta D. Maria em Lisboa em hum Sabado a 8 de Junho do anno 1521 às sete horas da tarde.

My figure is on the following page.

PHILIP II OF SPAIN 1527.5.21

He enjoyed the style, honour, and kingly name of England during his marriage with Mary II, from July 25 1554 until her death on November 17 1558.

Calculated for Valladolid 41N39 4W50 on Tuesday May 21 1527 at 4h. p.m. on the sundial, from the tables of Hynes, Schoch & Foelsch.

Junctinus	3h.43m p.m.	0♌56	~~36~~ 26♎6
Stadius	3h.41m. p.m	29♋40	25♎
Mechlin		3♌0	28♎
Gauricus	2h.48m. p.m.	16♌52	14♎36
Eichstadius	4h. p.m.		

Hyposomatic zodiac
VP: 11°45'

RA MC ~~134°43'~~ 127°11'
☊ ♊ 5.5

Tropical zodiac
Campanus houses

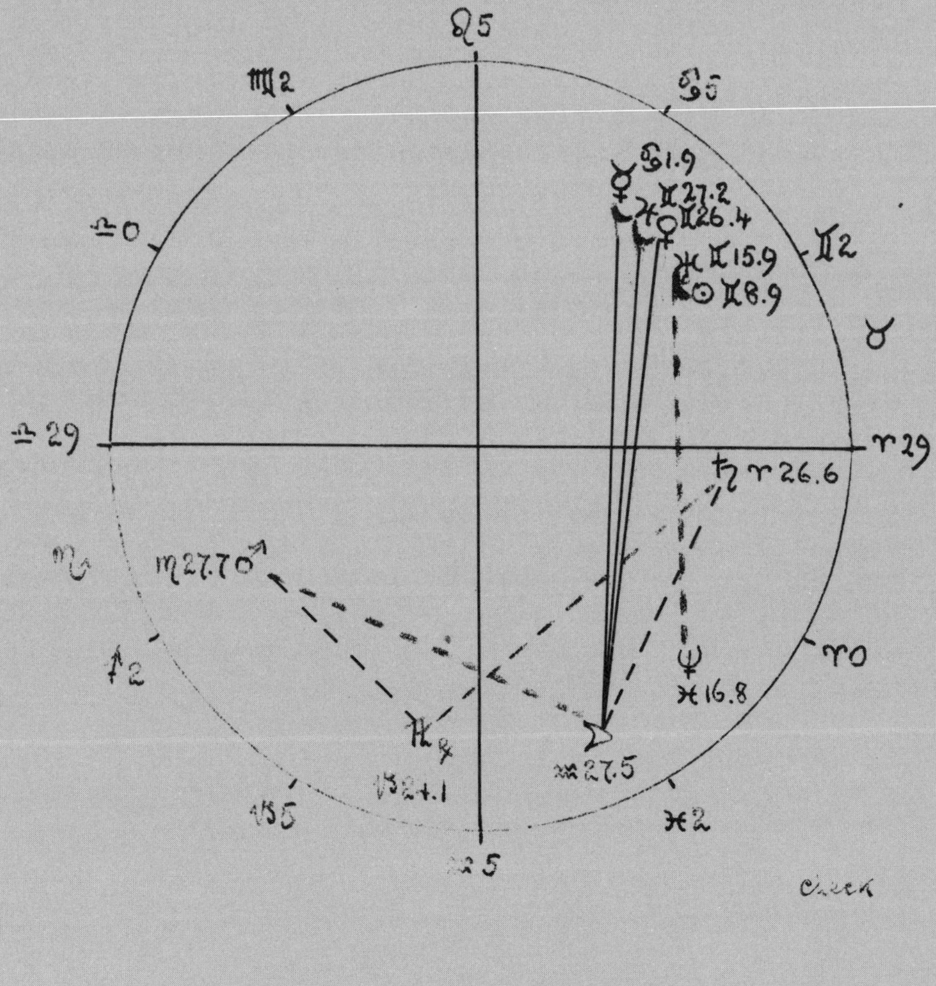

LETTERS & PAPERS, FOREIGN & DOMESTIC, OF THE REIGN OF HENRY VIII.
Vol.IV. - Part II. Editor: J.S.Brewer, M.A.
page 1423, item 3128: Bishop of Worcester & Edward Lee to Wolsey.
The Empress was delivered of a son this afternoon, at 4 o'clock.
4p. Suppose that the Messenger from the Emperor to the King is sent to announce the news. There is a rumour of the Pope's death. Hopes Wolsey will excuse this short letter, as they are anxious not to detain the Emperor's messenger. Valladolid, 21 May 1527.

CALENDAR OF STATE PAPERS & MSS. (VENICE).
Vol.IV. 1527-1533. Editor Rawdon Brown. 1871.
page 66. Letter in Italian from the Venetian Ambassador to Spain, Andrea Navagero, to the Signory, dated Valladolid May 23 1527, and preserved in the Navagero Despatches, Cicogna Copy, in the Correr Museum.
Announces the birth on the 21st, at 4.30 p.m., of the Emperor's
4.30 son and heir, to the joy of all Spaniards, by reason of the love they bear their sovereign on account of his extreme justica and goodness. He now obtains what was wanting to secure his dynasty.

LAURENTIO EICHSTADIO EPHEMERIDUM
Amsterdam: 1644. Aph. 34. (xxxiv.)
Meminit Johannes Baptista Codronchius Medicus Italus in lib. de Climactericus annis cap. 8. Philippum II regem Hispaniae Caroli V. Imp. filium, nec non Hippolytum Aldobrandinum, Patricii
4p. Florentini gnatum, anno 1527 d. 24. Maij h. 4 p.m. sub iisdem Aspectibus felicibus, nempe conjunctione ☉♀ ✶ ☿ in ♊ supra reliquos elavatorum natos esse: Ille magnus Rex Hispaniae; iste Pontifex Romanus electus est, & Clementis VIII nomen accepit; non tamen ambo eodem tempore denati sunt; siquidem Rex anno 1598 mense Decembris; Pontifex anno 1605 mense Martio fatis concessit.

OPERVM LVCAE GAVRICI &C. TOMVS II. BASILEAE. CIↃ. IↃ. LXXV.
Mense Martio.
2h.48 page 1609 give a nativity for 1527 May 21, Tuesday, at 2h.48. P.M. RA.MC 108°19' MC Cancer 17°. AS Libra 15°

SPECVLVM ASTROLOGIAE &C AUCTORE FRANCISCO IVNCTINO FLORENTINO S.T.D. &C TOMVS PRIOR. LVGDVNI, M.D.LXXXI.
page 926 Francesco Giuntini (b.1522) observes that a Spanish
3h.43 astrologer has calculated the geniture for 3h.43m. P.M.; he mentions Gauricus (as above); he refers to Stadius with
3h.41 3h.41m. P.M.; and finally he says "Secundum Religiosum
c4p → Mechlinnensem. Horoscopus est 28.♎ Cor caeli 3.0.♌

4p. This evidence points to 4 o'clock as the best approximate time.
also the time given by Sandoval according to William Thomas Walsh in "Philip II" Sheed & Ward, London, 1938.

WILLIAM OF NASSAU SURNAMED THE SILENT 1533.4.24
Prince of Orange

Calculated for Dillenburg castle 50N45 8E17 on Thursday April 24 1533 at 2h.40m. a.m. sundial time, from the tables of Hynes, Schoch, and Foelsch.

Hypsomatic zodiac
VP: 11°40′

RA MC 260°28′
☊ ♍0.7

Tropical zodiac
Campanus houses

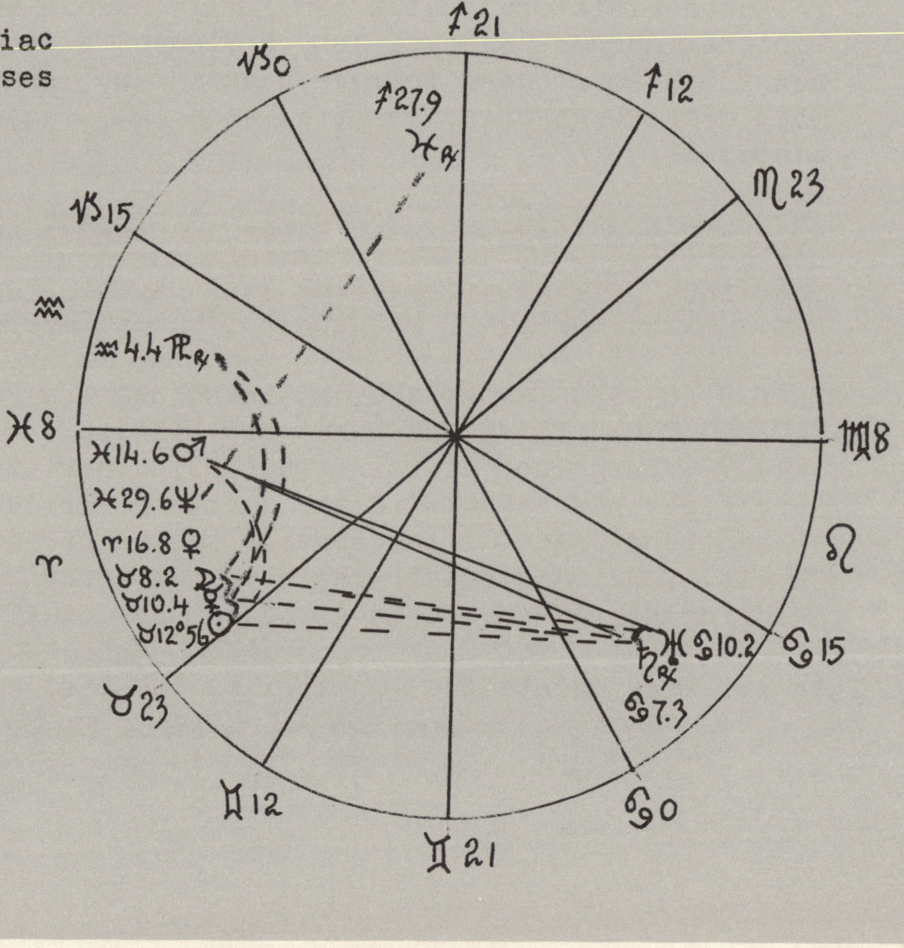

"William, Count of Nassau-Dillenburg, was forty-six years old when his eldest son was born...On Thursday, April 24th, 1533, as he recorded with his own hand,

> the highborn Juliana von Stolberg, Countess and lady of Nassau, between two and three in the morning - but nearer to three- in the castle of Dillenburg, gave birth to an infant of the male sex: he shall be called William.
>
> WILLIAM THE SILENT by C.V.Wedgewood. Jonathan Cape Limited London, 1944. A foot-note says that the quotation is from JULIANE VON STOLBERG by E. Jacobs. Wernigerode 1889.

Regarding this passage C. Veronica Wedgewood wrote to me in a letter dated July 26 1946:

> The father of William the Silent simply wrote down that his son was born between two and three in the morning but nearer to three on April 24th 1533, Thursday. It is not in a diary or in a letter but in one of that sort of personal books that head s of families used often to keep. I haven't seen the original but this is what I gather from the printed record of the matter. William's father was a meticulous man and I should be surprised if he had made the natural but rather careless mistake of forgetting that the date changes at midnight. I don't know where people get that date April 25th from; it _is_ given in several secondary authorities, without a reference; but the leading German and Dutch authorities on William give the 24th and do not question it.

In reply to my query as to whether Nassau-Dillenburg kept the Nuernberger Uhr, by which day and night, beginning at sunrise and sunset respectively, are each divided into 12 hours of varying length according to the time of year, the Public Record Office, in a letter dated May 18 1948 (Ref:4684/5082/Rel.), "Most German states in the Sixteenth Century followed the normal practice of reckoning from midnight to midnight, and there seems no reason to suppose that Nassau-Dillenburg was an exception to this rule."

In C.V.Wedgewood's book at page 11 there is the following:

> According to a tradition not wholly improbable, William of Nassau, in the first excitement of having an heir, had persuaded the well-known theologian, Melancthon, to cast his eldest son's horoscope. The result seemed at the time rather absurd: young William was to achieve great wealth and power, to suffer in middle life some extraordinary reverses of fortune, and to die a violent death. Since the worldly prospects of a future Count of Nassau-Dillenburg could hardly be described as great wealth and power, the rest of the horoscope was dismissed as equally ridiculous. Meanwhile, young William had ceased to be his father's only son and was learning, in the rough and tumble of family and school, the art of getting on with his fellows, an art for which he had, from the beginning, an astonishing aptitude.

ROBERT DUDLEY
Earl of Leicester

1534.9.7

Calculated for London on Monday September 7 1534 at 3h.45m p.m. on the sundial, from the tables of Hynes, Schoch and Foelsch.

Tropical zodiac
VP: 11°40′
Campanus houses
RA MC: 230°38′
☊ ♌4.2

See also my article in "Astrology" vol. 22. No 2. 1948.

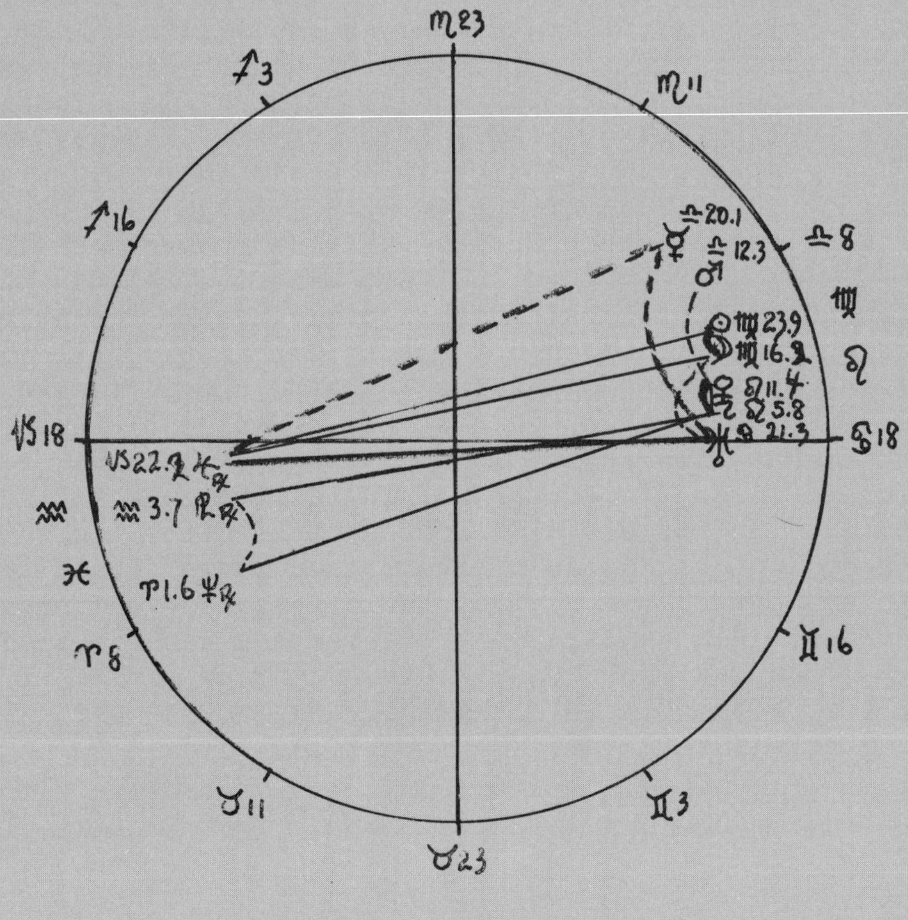

SPECVLVM ASTROLOGIAE VNIVERSAM MATHEMATICAM SCIENTIAM, IN CERTAS CLASSES DIGESTAM, COMPLECTENS. AVTORE FRANCISCO IVNCTINO FLORENTINO S.T.D. LVGDVNI, IN OFFICINA Q. PHIL. TINGHI, FLORENTINI: APUD SIMPHORIANUM BERAUD. M.D.LXXXIII. VOL. I. P. 706.

D. Milorti Ruperti Anglici Natiuitas
1534. Die 7. Septembris ho. 3. mi.45. post meridiem.
Per Animodar ad instar ☿ rectificata.

(Latin) The English Lord Robert has the degree of a great conjunction in a royal house, & Jupiter in the first house beholding that degree by a sextile: for which reason, according to the rules of Ptolemy (loc. cit.) he was to rise to greatness & to the greatest dignities: whereby he was enabled to become a benefactor of many. Yet riches, dignities, honours & offices do not come to the subjects of princes, unless by the friendship of the prince and by long service under him; these cannot be deduced from a nativity. Fate is more powerful in this respect than astrology. Now this fortunate knight has the same nativity as the very wise queen of the English. Therefore, the conformity of the ascendant and of other stars, which is found in both nativities, is an indication of his good fortune. He will therefore be fortunate in the acquisition of riches & honours, as his birth shows; I had it from Henry Paget when I was in Venice.

This was copied from the BM's edition. The one in Bodly is dated M.D.LXXXI.

Henry Paget was the son and heir of William Lord Paget of Beaudesert who was a good friend of the Dudleys and indeed received his peerage as a reward for co-operating with Warwick against the Protector Somerset. Henry was born about 1537, travelled in France in 1559, 1560 and 1561, and was in Venice in November 1559 and in 1565. See THE COMPLETE PEERAGE: Vol.x. London 1945.

BODLEY MS. ASHM.176 (a quarto containing several MSS. & papers in different hands) has at fol. 167v. four nativities which appear to be in a xvi century hand: Henry VIII, Edward VI, Elizabeth, James, and Robert Dudley.

1534 Sep. die 7 ho 3 m 45 PM nat[9]. R. Dud. Comes Lecest.

Almost certainly these were copied from Junctinus.

BODLEY MS. ASHM.313 (Ashmole's copy of ENGLANDS PROPHETICALL MERLINE by William Lilly)

Opposite the scheme for Queen Elizabeth is a copy of the scheme mentioned above, but another underneath it for the same date and time in 1533: the date and hour usually attributed to Elizabeth.

THE PRIVATE CHARACTER OF QUEEN ELIZABETH
Frederick Chamberlin: John Lane: 1922: page 238.

Robert and Queen Elizabeth were of the same age, some say even to the day and hour. (No authority given)

MALE TUDOR STILLBORN 1536.1.29

Son of Ann Bulen by Henry VIII.

Calculated for apparent noon on Saturday, January 29 1535-6, from the tables of Hynes, Schoch, and Foelsch.

Hypsomatic zodiac
VP: 11°38′

Tropical zodiac

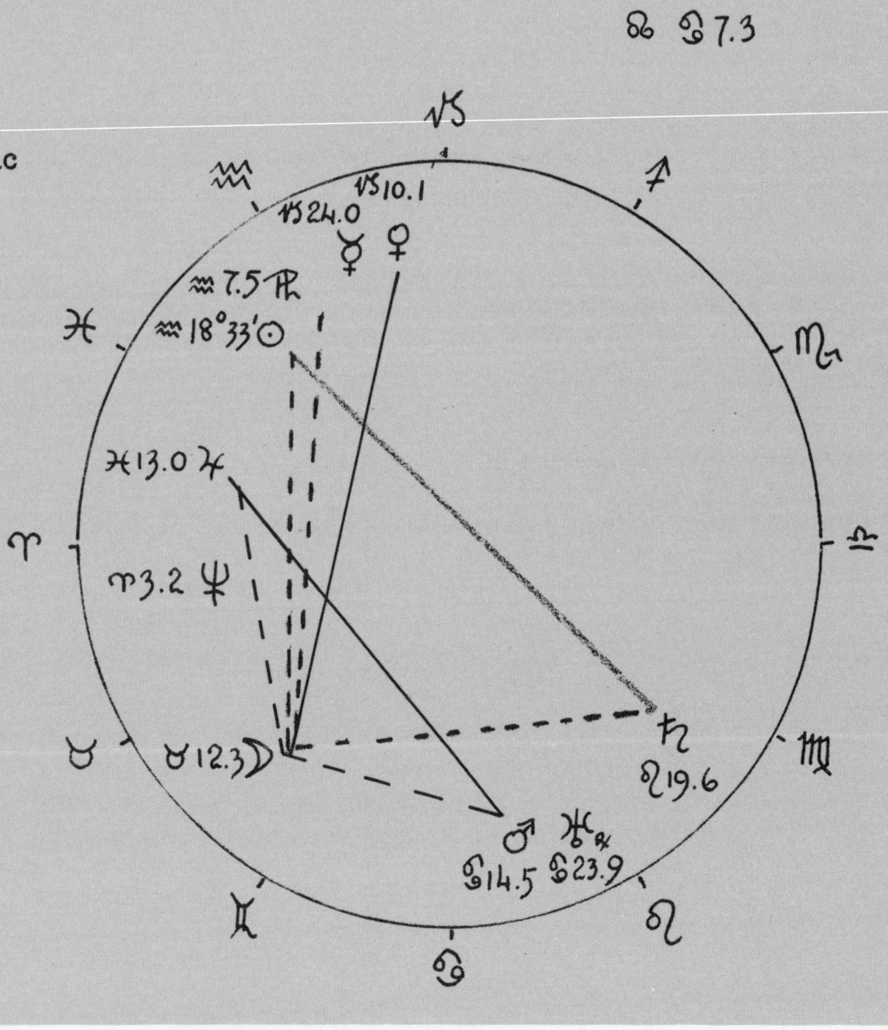

The Annales of England, Faithfully collected out of the most autenticall Authors, Records, and other Monuments of Antiquitie, lately corrected, encreased, and continued, from the first inhabitation vntill this present yeere 1600. By Iohn Stovv citizen of London. Imprinted at London by Ralfe Newbery. Cum priuilegio Regiae maiestatis.

Page 964. Ann. reg. 27. 1536 The twentie nine of Januarie, Queene Anne was deliuered of a man Childe before her time, which was borne deade.

EDWARD VI OF ENGLAND 1537.10.12

Only son of Henry VIII of England & Jane Seymour, crowned Edwardus Sextus Dei gratia Anglie Francie et Hibernie Rex Fidei Defensor et in terra Ecclesie Anglicane et Hibernice Supremum Caput

Calculated for Hampton Court 51N24 0W24, Friday 12 October 1537, 2h.0m. a.m. apparent time, from Schoch with the solar refinement of Hynes. Pluto from Foelsch.

Tropical zodiac
VP: 11°37′
Campanus houses
RA MC: 56°10′
☊ : ♊ 4.3
♇ : ♒ 8.1

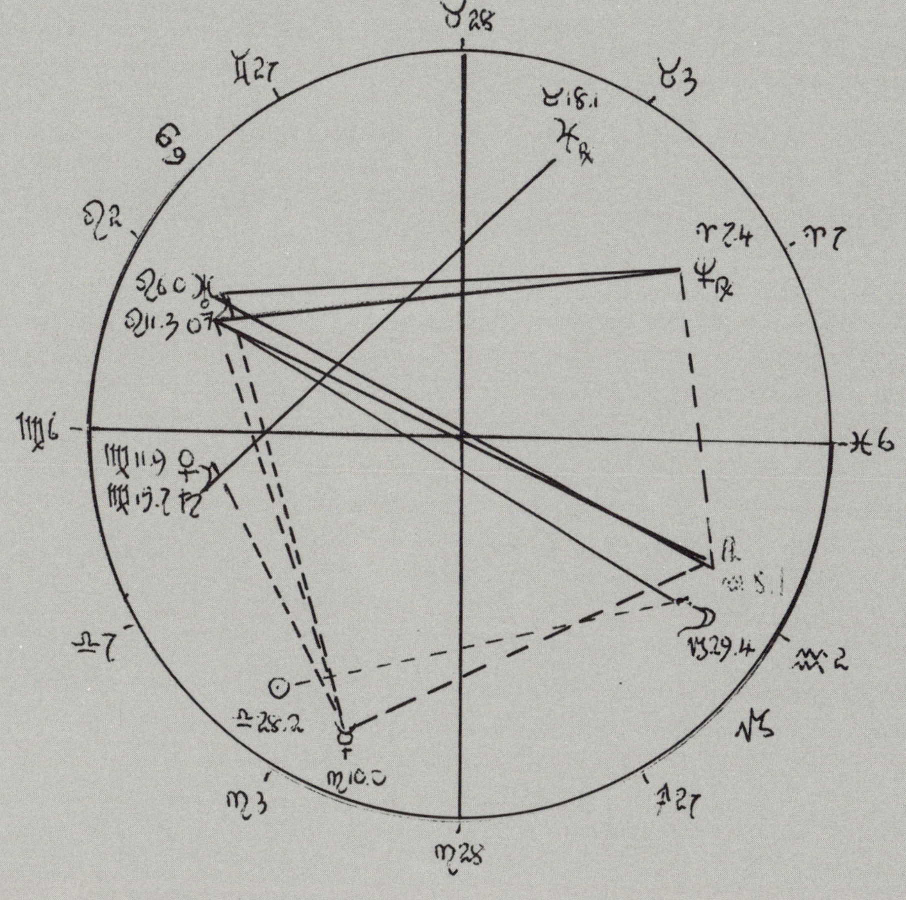

This yeare, the 11th daie of October, Anno 1537, and the 29th yeare of the raigne of King Henrie the Eighth, being Thursdaie, their was a solempne generall procession in London, with all the orders of friars, preistes, and clarkes going all in copes, the major and aldermen, with all the craftes of the cittie, following in their liveries, which was donne to pray for the Queene that was then in labour of chielde. And the morrowe after, being Fridaie and the eaven of Sainct Edward, sometime King of Englande, at tow of the clocke in the morninge the Queene delivered of a man chielde at Hampton Court beside Kingston.

Chronicle of Charles Wriothesley, Windsor Herald
covering A.D. 1485 to 1559
Camden Society, 1875.

The cristynnyng of P^{i}nce Edward the moost derest Sonne of king Henry the viijth of y^{t} Name/
By the provisyon of god o^{r} Lady S. mary and the glorious Martir/ S. george on the xijth day of Octob^{r}/ the feast of S. Wilfride the Vigill of Saint Edward Wich was on ye Friday abowte ij of ye clockæ in the mornynge/ was borne at Hampton Courte Edward Sonne to King Henry the viijth In the yere of our Lord a m^{l}v^{c}xxxvij The Dnĩ call Lett^{r} was G. in the xxix^{ti} yere of ye raĩgne of o^{r} said Souv~aigne Lord Wich was not Cristemyd (sic) till ye monday nexte folowyng.

BM Addit. MS. 6113. F.81. Ceremonials Creations &c. Hen. V. to Elizabeth, which is a collection of heraldic pieces written during the time of Henry VIII to Elizabeth. This from the internal evidence was written during the time of Henry.

With regard to the christening, it should be noted that the Calendar of State Papers, Henry VIII. Foreign & Domestic, June to December 1537, vol. xii, part 2. art. 923. has a letter from John Husee to Lady Lisle, October 16, 1537 (Tuesday) saying:

The prince was christened Sunday last, and all the ceremonies were finished by 12 o'clock.

On 12 October, Circular letters in the Queen's name and under her signet were prepared, announcing the birth of Prince Edward. BM Nero C.x. leaf 7.

Queen Jane died on Wednesday 24 October 1537.

From "Collectio Geniturarum, or a Collection of Nativities in CL. Genitures &c.", by John Gadbury, London, 1662.

Edward VI 1537 October 11. 13h51m P.M. 1537

I have taken this Nativity from the Learned Ephemeridist - Master John Stadius, in fol. 15. of his Introduction to his Ephemerides. I cannot here omit the false play that Gassendus useth toward Astrologers at large, and Cardanus in particular, about this Princes Geniture. For (saith he) Cardan predicted that King Edward should be very sickly in the 23, 24, and 25th year of his Age; and yet (saith he) the Records of England assure us that he died in the 16th year of his Life: And immediately after subjoyns this scoffing Quere; O! if Cardan had had the luck to have foretold that this King should fall into some dangerous Distemper in that year wherein he died, what joy, what triumph, what quacking would there have been among Astrologers?

But is it not a very great Argument that Gassendus either never read Cardan, or else by halves, and with Prejudice? for had he read him impartially, as an Author ought to be read, he would never have abused him, by relating what out of him serveth as an occasion (though weak) whereon for him to fasten his Cerberian Fang. Cardan, it is true, supposing the Horoscope of this Princes Birth to be the latter Degrees of ♌, saith - Ascendens ad Saturnam pervenit in annis 23. mensibus 9. diebus 22. Et tunc animi & corporis langorer patietur; which are but the Natural Effects of such a direction. But Cardan, supposing a possibility for himself to erre in the Ascendent of this Radix, chuseth rather to relie upon the Directions of the Luminaries, as appeareth in these words out of him:

Deduxi (saith he) postmodum oppositum ♂ ad ☽ hoc modo, ut praecipit Ptolomaeus, & fuit distancia par. 15. min. 7 quae si jungatur parti Septuagesimae secundae, pertiget opposuum ♂ ad ☽ , in annis 15. mensibusque 4. quo tempore imminebant insidia à servus propriis Periculum Vitae Eodem tempore pervenit ☉ ad □ ♂, hoc modo in annis 14. completis paulo plus. Hoc igitur tempore expresse imminebat periculim amissionis etiam regni rebellionis causa, etc. Where you see that Cardan did predict danger of Death, & of Rebellion also; and although both were true, Astrologers have neither boasted nor bragged thereof no needed they indeed;...howbeit, Astrologie is sufficiently verified, and Gassendus proved an insulting Lyar, by Cardan his predicting danger to the Life of this Prince in the year he died.

WALTER DEVEREUX earl of Essex 1540.9.17

Eldest son of Sir Richard Devereux , Viscount Hereford; his wife was the Lady Lettice Knollys, cousin of Queen Elizabeth. He was the father of Robert Devereux, the favourite of Queen Elizabeth (1566 q.v.) and grandfather of Robert Devereux, the Parliament general (1591 q.v.)

Tropical zodiac
VP: 11°35′
Campanus houses
RA MC: 18°20′
☊ : ♈7.6
♇ : ♒12.9

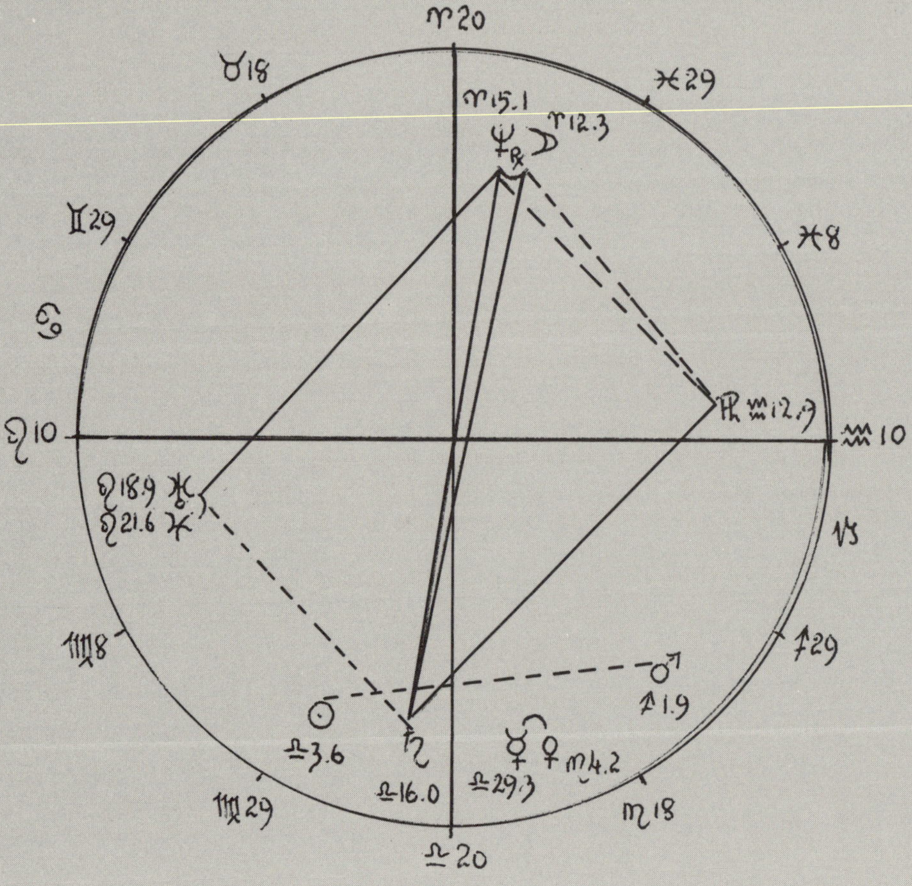

comes efsexia gwalterus erat natus añ. do. 1540 die 17 Septembris hora prima ante mer.

Note at f.14.v. against the printed nativity of Edward VI (also born in the early hours) in my copy of the Ephemerides of John Stadius 1554-1600 which once belonged to George Carey, 2nd Lord Hunsdon, and the note is in his hand, being the only MS. note not connected with Carey's family. This book was at one time in Sion College Library, and was sold by order of the President and Governors in 1938, being bought from them by Messrs John M. Watkins, 21 Cecil Court, Charing Cross Road, London, from whom I bought it in 1946.

Professor G.B. Harrison writes, <u>The Life & Death of Robert Devereux</u>: 'About noon on Saturday, September 22, 1576, in the Castle of Dublin, died Walter Devereux, Earl of Essex, Earl of Ewe, Viscount Hereford, Lord Ferrers of Chartley, Bourchier and Lovaine, Knight of the Most Honourable Order of the Garter and Earl Marshal of Ireland. He was aged thirty-six. His life had latterly been full of disappointments, and his end was very painful. This Walter Devereux was the eldest son of Sir Richard Devereux and grandson of Walter Devereux, created Viscount Hereford in 1550.

Sir Richard died in 1547, Walter succeeded his grandfather in 1558. Some four years later, he married the Lady Lettice Knollys, daughter of Sir Francis Knollys and his wife Mary, who was the sister of Anne Boleyn. The Lady Lettice was thus cousin to Queen Elizabeth, and one of the first of her maids of honour, a lady of great beauty, courageous personality, and quick, tart speech. After their marriage, the Viscount and his wife lived principally at Chartley, taking small part in the life of the Court. They had four children: Penelope, born in 1563; Dorothy, in 1564, Robert born on November 10, 1567 (sic): and Walter in 1569. A fifth child died in infancy.'

Devereux fought in 1569 against the northern lords in their rebellion on behalf of Mary Stuart, being made Marshal of the Field. In 1572 he was rewarded with a K.G. and the earldom of Essex. In 1578 he undertook to colonize Ulster as a private speculation. The venture was a disaster, lasting from July 1573 to May 1574. He lost his fortune and returned to England. However, he went back to Dublin in 1576 and died there of dysentery.

He is said to have been very popular, exceptionally courageous in the field, ahd willingly shared hardships with his men. His failure was due in part to lack of foresight, irrational enthusiasm, and the hesitation of the Lord Deputy. On one occasion he was guilty of murdering his Irish guests in a barbarous manner. Among his pastimes were history, genealogy, and heraldry. On his deathbed he sang a hymn of his own composition.

<u>The Complete Peerage</u>, vol. v. p.140 (1926) gives him born at Carmarthen Castle on 16 September 1539.

SIR GEORGE CAREY 1547.2.26

2nd Lord Hunsdon and Lord Chamberlain

Calculated for Greenwich (the place of birth being unknown) on Saturday February 26 1546-7 at 6h.28m. a.m. on the sundial from the tables of Hynes, Schoch and Foelsch.

Tropical zodiac
VP: 11°28′
RA MC: 264°30′
☊: ♐3.0

Carey's own calculations were:

☉	☽	☿	♀℞	♂	♃	♄
♓17	♊10	♒21.25	♈2.20	♉23.35	♒26	♑4.33

The figure was set in accordance with the tables of Stadius for 51° lat. with ♐25 at the MC & ♓17 rising – but the time 6h.24m.

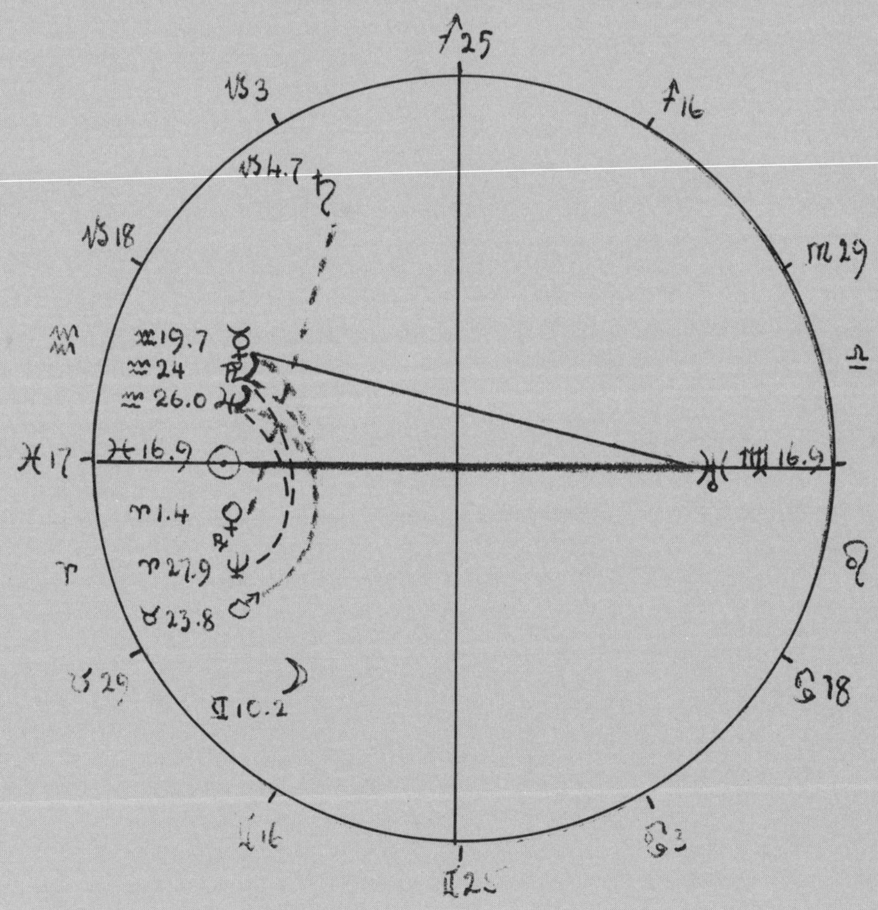

EPHEMERIDES NOVAE, AVCTE ET REPVRGATAE IOANNIS STADII LEONNOVTHENSIS MATHEMATICI. SECVNDVM ANTVERPIAE LONGITVDINEM. AB ANNO 1554. VSQUE AD ANNUM 1600. COLONIAE AGRIPPINAE APVD HAEREDES ARNOLDI BIRCKMANNI. ANNO M.D.LXX. CUM GRATIA & PRIUILEGIO CAES MAIEST. My copy, bought in 1946 from the bookseller J.M. Watkins, Cecil Court, London, who acquired it from a sale of Sion College Library books in 1938. This book belonged originally to Sir George Carey, contains many manuscript notes, and on the reverse of the first page of the ephemeris for 1555 there is the figure of his nativity in his own hand.

accidents passees

An~dom~1564, Jariuoys .1. de jun. en framce.
1565 en automne. Jestoys bien fort malade
1566 enuirõ le 25 aug. en danger de mourir par vn vehemente ardente faeure,
1570 .11. maij Jeshys fayct cheualier au cãp.
1571 10 julii le mariage espere rũpue.,
1571 17 oct. l'inure fort reuengee
1571 25 nou. mis en prisõ auec l'indignatñ de la royne et perte de mõ credit/
1575 .6. [fe.] nuptus (this in darker ink)

Natus an~do~ 1547. die 26 febr. hora .6. mi. 24. ante mer. die sabati in ortu solis/ G Carey

The page for January 1574/5 has the day 6 marked with the annotation 'I maried' and at the top of this page is written: the .6. day george carey maryed elizabeth spenser 3. quarters and half a quarter after x owres in the mornynge

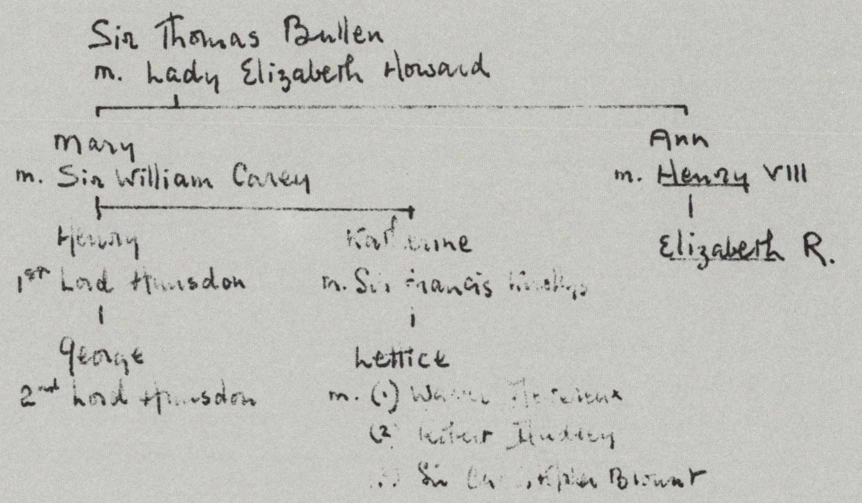

He [illegible] to the peerage on [illegible]

ANNA OF AUSTRIA 1549.11.1

4th Queen of Philip II. of Spain

Daughter of the Emperor Maximilian II & Maria of Austria, born in the ancient town of Cigales near Valladolid, Spain. There was talk of her marrying the witless D. Carlos, son of Philip, but he died in 1568. Philip then decided to marry her himself, and did so in 1570, she being 21 & he 43. They had five children: Fernando (1571), Carlos Lorenzo (1573), who all died young; Philip (1578) who succeeded his father in 1598; and a daughter (1580) who died young, or possibly dead, because I find D. Anna died herself in that year, only 31 years of age.

Calculated for Valladolid, 41N40 4W41, Friday, 1 November 1549, at 11h. p.m. apparent time, from Schoch & Foelsch, with the solar refinement of James Hynes.

Tropical zodiac
VP: 11º27'
Campanus houses
RA.MC: 31º51'
☊: ♎ 11.1

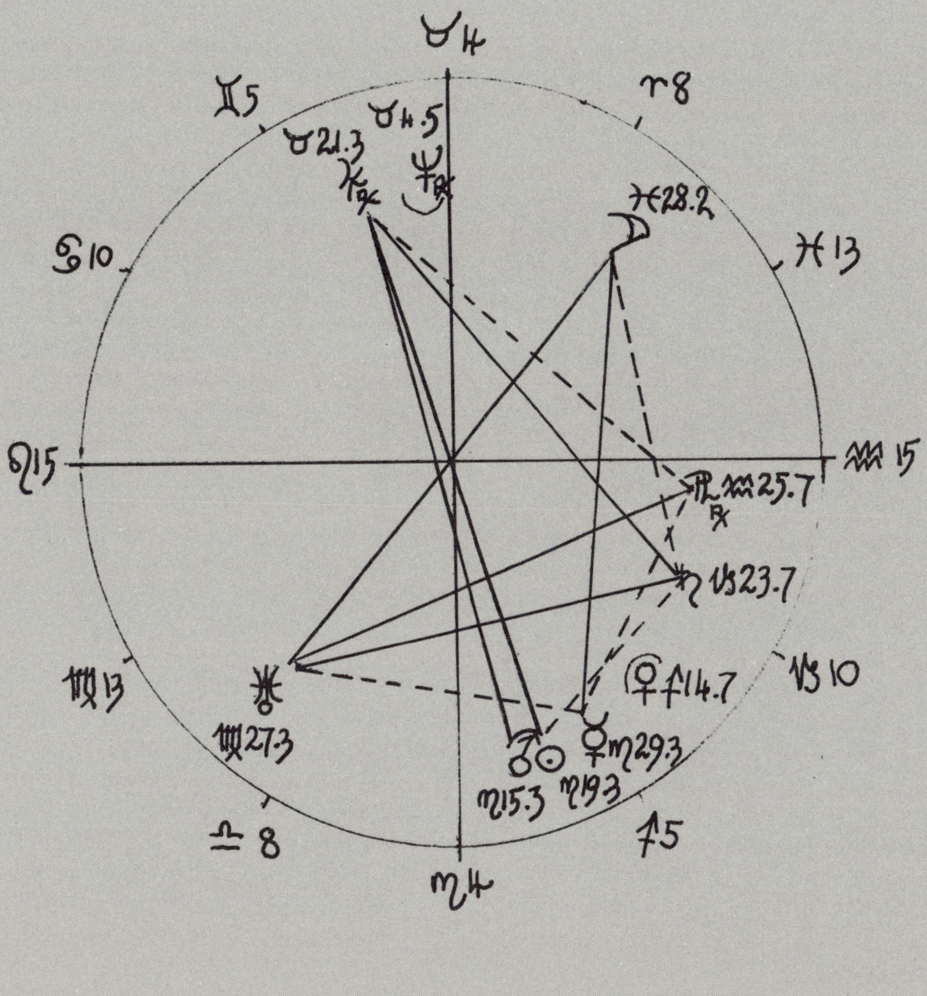

CHARLES IX OF FRANCE 1550.6.27
St. Bartholomew: 1572

5th child & 3rd son of Henri II of France & Catherine de Medici. He succeeded his brother François II in December 1560 with his mother as Regent. In 1570, he married the beautiful & dedicated Elizabeth of Austria (born 1554), daughter of the Emperor Maximilian II and Maria of Austria, a daughter of the Emperor Charles V. He died in Vincennes of consumption on 30 May 1574, a month before his twenty-fourth birthday.

Calculated for St. Germain-en-Laye, 48N50 2E4, Thursday, 27 June 1550 at 5h.15m. a.m. apparent time, from the tables of Schoch & Foelsch with the solar refinement of Hynes.

> Tout son règne ne fut qu'un horrible carnage,
> Et mourut enfermé comme un chien qui enrage.

Tropical zodiac
VP: 11º26′
Campanus houses
RA MC: 4º9′
☊: ♍ 28.3

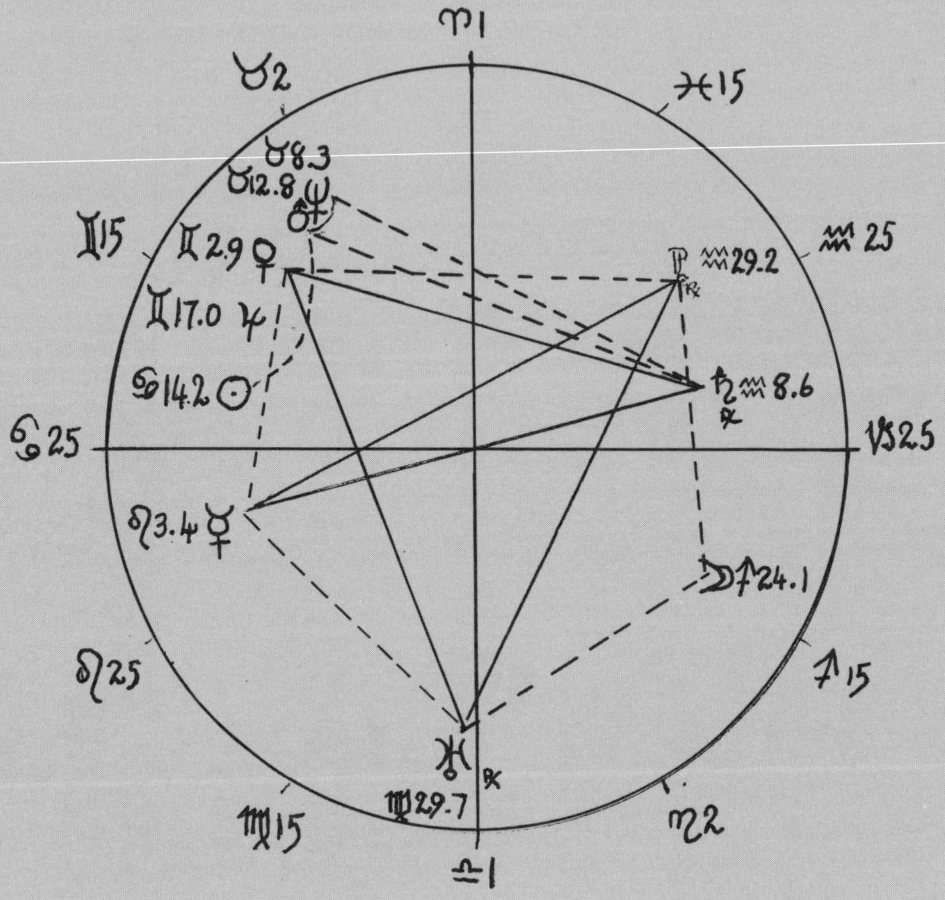

♇ ⊼ ♀☿♅

Ce matin, entre cinq et six heures, la Royne, ma femme, est accouchée d'ung des plus beaux enfans qui se sçauroit voir. Je dépesche en Espagne vers le roy de Bohême pour le pryer d'estre mon compère, et à ma tante la duchesse de Ferrare pour estre ma commere.

Henri II to the duke of Guise, dated Sainct Germain en l'Aye, 27 June 1550. Quoted in "Lettres de Catherine de Médicis" by Hectore de la Ferrière: vol.1, p. 34.

Charles-Maximilien IX. du nom, roy de France, né à S.Germain en Laye le vendredi 27. juin 155o. à 5 heures & un quart du matin, porta le titre de duc d'Angoulême, en suit de duc d'Orleans, puis succeda à la couronne au roy François II son frere aîné, sous la regence de la reine sa mere en 1560...

Histoire Genealogique et chronologique de la Maison Royale de France, &c. Par le P. Anselme, Augustin Déchaussé; continuée par M. du Fourny.
Paris: François Didot. M.DCC.XXVI.
Troisieme edition. Vol.1, p. 137.

Edith Sichel, an authority, wrote of him as the only member of the family with lovable elements: the most decent and less perverted, apparently because he was more like his father than his mother. Charles's love for Marie Touchet, daughter of a Judge, lasted through his brief life, a haven of refuge amid storms within and about him, and it was for Marie that he called from his deathbed. "Nothing," he used to say, "shapes the spirit of a young man so truly as a love rightly placed." Towards his wife, says Sichel, he was courteous and kind, liking her "pour la voir naive"; but he needed somebody stronger, found in Marie Touchet.

Sichel finds him sensitive, high-strung, extravagant, impressionable to a dangerous degree. His temperament was artistic and his face betrayed his feelings. Anything dramatic appealed, he loved music and worked with his own choir in part-singing; he loved poetry and the poet Ronsard.

On the other hand, he had the fatal flaw of insanity. Even his activity was diseased and his restlessness knew no bounds: he hardly slept and usually rose at midnight. Apart from the aesthetic foibles of fastidiousness, capricous fears, fantastic and intermittent enthusiasm, he had fits of wild folly, or reckless perversity; of insane energy about trifles. "Wherever we turn, we see traces of his ghastly heritage: we find the madman, a decadent madman.

The above is a summary of pp. 105-107 (part of a much longer character sketch) in The later years of Catherine de Medici, by Edith Sichel, Constable, London, 1908, which also contains some interesting portraits.

See the nativity of his wife, 1554.6.8.

MARGUERITE DE VALOIS 1553.5.14

7th child & 3rd daughter of Henri II of France & Catherine de Medici, later the 1st wife of Henri IV of France.

Calculated for St Germain-en-Laye 48N54 2E4 on Sunday May 14 1553 at 4h.15m. p.m. on the sundial, from the tables of Hynes Schoch & Foelsch.

Campanus
Tropical zodiac
RA MC: 124°35'
☊: ♌2.9 VP: 11°24

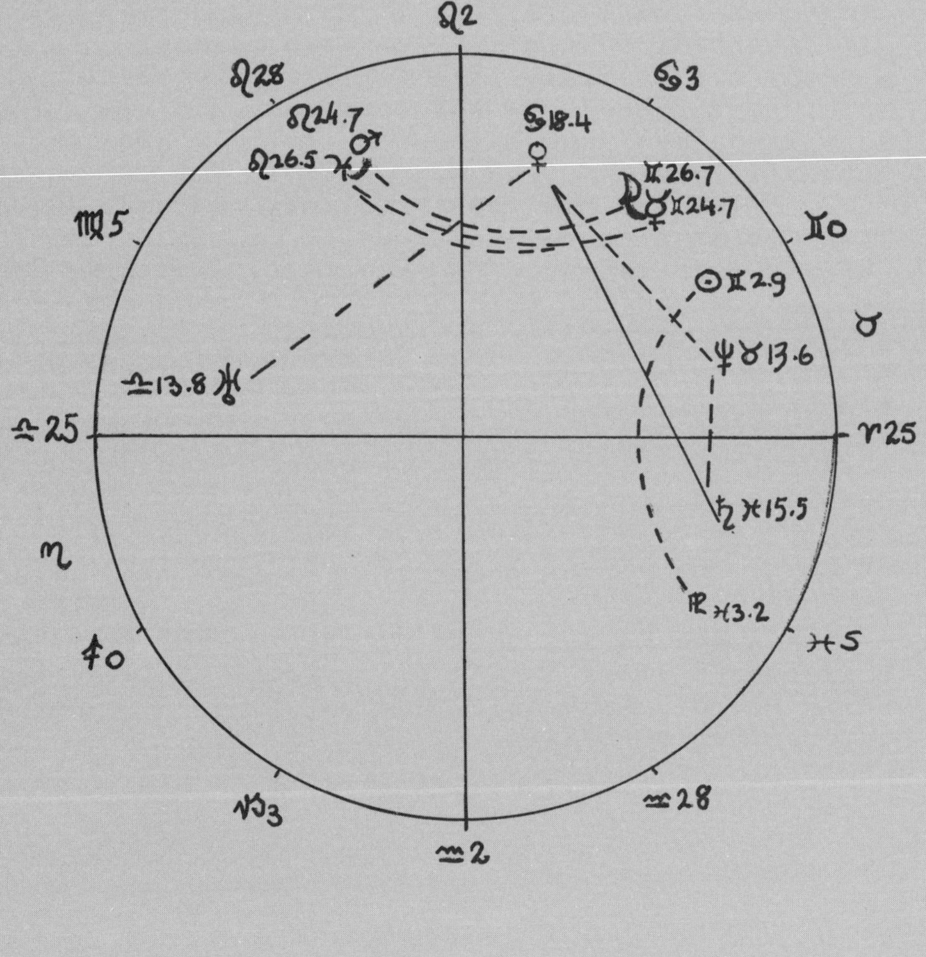

Marguerite de France, duchesse de Valois, &c née le dimanche
14. mai 1553. à quatre-heures un quart du soir...
P. Anselme (op.cit. I. page 135)

This is the date, and fairly near the time, of the nativity drawn by Junctinus (b.1522) who was the Almoner of Marguerite's young brother. Presumably it is trustworthy, but supporting evidence would be desirable as I have seen a date one year earlier quoted.

Speculum Astrologiae &c. Autore Francisco Junctino Florentino S.T.D.
p. 704. 3h. 56m p.m. rectified.

Margaritae uxoris regis Navarrae Nativitas Margarita
filia Henrici Regis Gallorum coniux Regis Navarrae
1553. die 14 Maij hora 3. min. 56. post meridiem.
Rectificata ad motum ☿ per Animodar.

RA.MC. 119.50 MC. ♋ 27.45 As. ♎ 21.34

☉ ♊ 2.58.30 ☽ ♊ 26.5
☿ ♊ 17.24 ♀ ♋ 17.55 ♂ ♌ 22.56 ♃ ♌ 25.18 ♄ ♓ 16.20

D. SEBASTIÃO DE PORTUGAL 1554.1.20

Sixteenth king of Portugal, killed in battle with the Moors at Alcacerquibir in 1578.

Calculated for Lisbon 38N42 9W8 on Saturday January 20 1554 at 8h. a.m. on the sundial, from the tables of Hynes, Schoch, and Foelsch.

Tropical zodiac
Campanus Houses
VP: 11°23'
RA MC: 252°24'
☊ : ♋ 19.5.

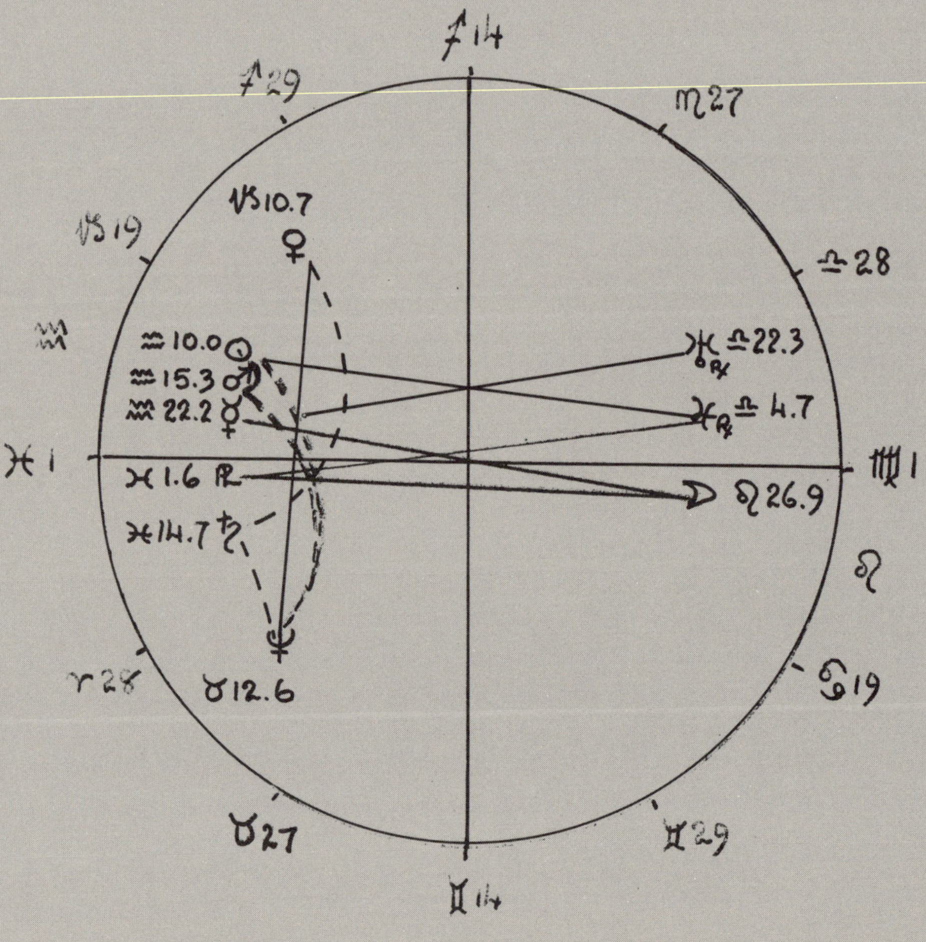

CHRONICA DO MUYTO ALTO E MUYTO PODEROSO REY DESTES REYNOS DE PORTUGAL DOM JOÃO O III DESTE NOME, DIRIGIDA HA C. R. M. D'EL REY DOM FILIPPE O III, COMPOSTA POR FRANCISCO D'ANDRADA DO SEU CONSELHO, E SEU CHRONISTA MOR. PARTE IIII. CAPITULO CVIII. Coimbra: Na Rreal Officina da Universidade. Anno de MD.CC. LXXXXVI. Com a Licença necessaria. page 454.

Aos dezanoue dias do mes de Janeyro ha meya noite vieraõ as dores do parto ha princesa, o que deuulgandosse polla cidade, se fizeraõ nella muytas procissões e deuações pollo bom sucesso daquelle parto, em que se afirmou por certo que antes que a Princesa parisse, huma molher velha em saõ Domingos se foy aos officiais de confraria de JESV, e lhes disse assentaime lá o princepe dom Sebastiaõ, e o deixou assentado nella, dando de esmola hum real de prata, e ao outro dia em que se celebraua a festa do gl·rioso martir saõ Sebastião, <u>has oito oras da menham pouco mais ou menos,</u> a tempo em que o seu braço vinha polla cidade em huma solene procissaõ, pario a Princesa o desejado princepe, cujo nacimento deu grandissimo aliuio ha dor e sobressaltos que todo o reyno geralmente sentia, e enxugou grande parte das lagrimas que se derramauão pollo morte do princepe seu pay..."

RELAÇÃO DE COISAS QUE SUCEDERAM NO TEMPO DE EL-REI D. SEBASTIÃO Biblioteca Nacional MS. 887 F.G. by Lavanha. XVII century. Quoted by Mario Saa in 'As Memorias Astrologicas de Camões', Lisbon, 1940, which on page 123 gives a reproduction of a nativity in this work, for a birth just after sunrise. The label reads:

> Nativitas Sebastiani Regis m̃ri. anno 1554 die. 19. Januarii. hora 19. m. 18 post meridiem

The MC has Sag. 3°; AS Aquar. 13°; Sun Aquar. 10°23'; Moon Leo 26°52'.

Europa Portuguesa · Manuel de Faria e Sousa (2a ed. 1679)
Tomo II Parte IV Cap. II

Avia la Princesa quedado con esperanças de fruto, y tan adelante en las esperanças del que a la media noche de los 19. del proprio mes le sobrevinieron los dolores.... [miraculous stories] Assi predixo el nascimiento, y el sexo, y el nombre de aquel siempre lamentable [?] mal logrado fruto, que salió hermosissimo, y amabilissimo a la luz del mundo <u>con la primera luz del dia</u> de aquel invicto, y generoso martyr, a la propria hora que su braço caminava por las calles en una de aquellas afetuosas procesiones.

Or nos Phis ex Chronica do muito alto, e muito esclarecido principe D. Sebastião decimosexto Rey de Portugal
D. Manoel de Menezes, Chronista mòr do Reyno, Lisboa 1628

DONNA ELIZABETH OF AUSTRIA 1554.6.5

Queen of Charles IX. of France.

5th child & 2nd daughter of the Emperor Maximilian II. and Maria of Austria (a daughter of the Emperor Charles V.), married in 1570 to Charles IX of France. The Court respected her without much love, feeling that her austere habits and purity were a living reproach to their own ways. Though devoted to her husband, she enjoyed neither his affection nor his confidence: they had but one child, a daughter. After the death of Charles she returned to Vienna where she founded the Convent of St. Claire, mourning her husband there as a member of the Third Order of Franciscans; and against her parents wishes refused to marry Philip II. of Spain. Her portraits show a beautiful woman. She died in Vienna, still young, in January 1592.

Calculated for Vienna, 48N14 16E20, Tuesday, 5 June 1554, at 10h.30m. p.m. apparent time, from Schoch & Foelsch with the solar refinement of James Hynes. Brantôme says she always spoke in Spanish, but I find no reason to suppose that she was not born in Vienna, although her eldest sister and brother were both born in Spain.

Tropical zodiac
VP: 11º23′
Campanus houses
RA MC: 240º19′
☊: ♋ 12.3

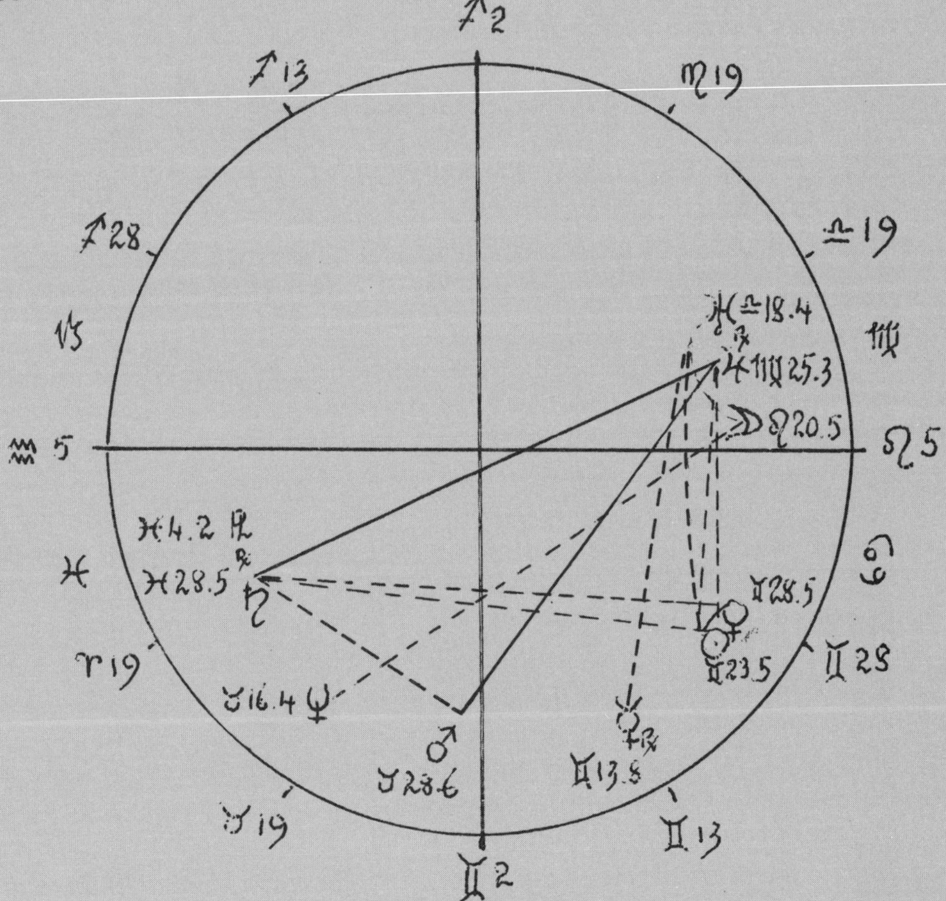

Elizabeth: Vienna: 1554: 5 June: 10.30 p.m.
This appears (in Latin) in a complete list of the children of the Emperor Maximilian II., in Speculum Astrologiae (&c.) Autore Francisco Iunctino Florentino S.T.D. (&c.) Tome Prior. Lugduni. M.D.LXXXI. p.771.

Among the few who admired her was Pierre de Bourdeille, Seigneur de Brantôme. He wrote: "she was one of the kindest and sweetest, as well as one of the most wise and virtuous Queens who have sat on our throne... Of all her beauties, the most wonderful was he colour, and the clear delicacy of her skin; no lady at Court had a complexion near so fine. She was not above middle height, but her figure was very beautiful. Without being in any way bigoted, she was deeply religious, and did not display public devotions as I have seen some paternostrians do."

Elizabeth was horrified by the St. Bartholomew massacre, and when told that her husband gave the order, "O mon Dieu (s'escria-elle) qu'est cecy? et quelz conseillers sont ceux-là qui luy ont donné tel advis? Mon Dieu! je te supplie et te requiers de luy vouloir pardonner: car, si tu n'en as pitié, j'ay grand'peur que cest offance soit mal pardonnable." Et soudain demanda ses heures et se mit en oraisons et prier Dieu la larme à l'oeil. Brantôme thought this remarkable, as in his opinion she had every reason to desire the extermination of Protestants who were sworn enemies of the faith she loved above all things in the world.

When her husband was dying: "il me souvient que, tout durant la malladie du roy son seigneur et mary, luy gissant en son lict, et le venant visiter, soudain elle s'assioit auprés de luy, non prés de son chevet, comme l'on a de coustume, mais un peu à l'escart et en sa perspective, où estant sans parler guieres à luy, selon sa coutume, aussi luy à elle, tant qu'elle demeuroit là, jettoit ses yeux sur luy si fixement que, sans les retirer aucunement de dessus, vous eussiez dit qu'elle le couvoit dans son coeur, de l'amour qu'elle luy portoit; et puis on luy voyoit jetter des larmes si tendres et si secretes que, qui ne s'en apercevoit bien, n'y eust-on rien cogneu, essuyant ses yeux humides, faisant semblant de se moucher qu'elle en faisoit pitié tres-grande à un chascun (car je l'ay veu), pour la voir ainsi gesmée à ne decouvrir sa douleus ny son amour, et que le roy aussi ne s'en aperceust."

Rather strangely, seeing how different they were, one of her few real friends in France was Marguerite de Valois; and afterwards, in Vienna, when she heard that her sister-in-law had fallen on evil days, Elizabeth share half her income with her.

These notes are from Les Dames Galantes, of Brantôme, Garnier Frères, Paris, N.D., Ed. Maurice Rat, pp. 370-376. From which I now see I should have headed this page: DONNA YZABEL D'AUSTRIE.

JANE FROMONDS 1555.4.22
Dr. John Dee's second wife

Calculated for Greenwich (as I cannot identify Cheyham) on Monday April 22 1555 at noon by the sundial, from the tables of Hynes, Schoch, and Foelsch.

Hypsomatic zodiac
VP: 11°22′

RA MC 38°44′
☊ ♊25.3

Tropical zodiac
Campanus houses

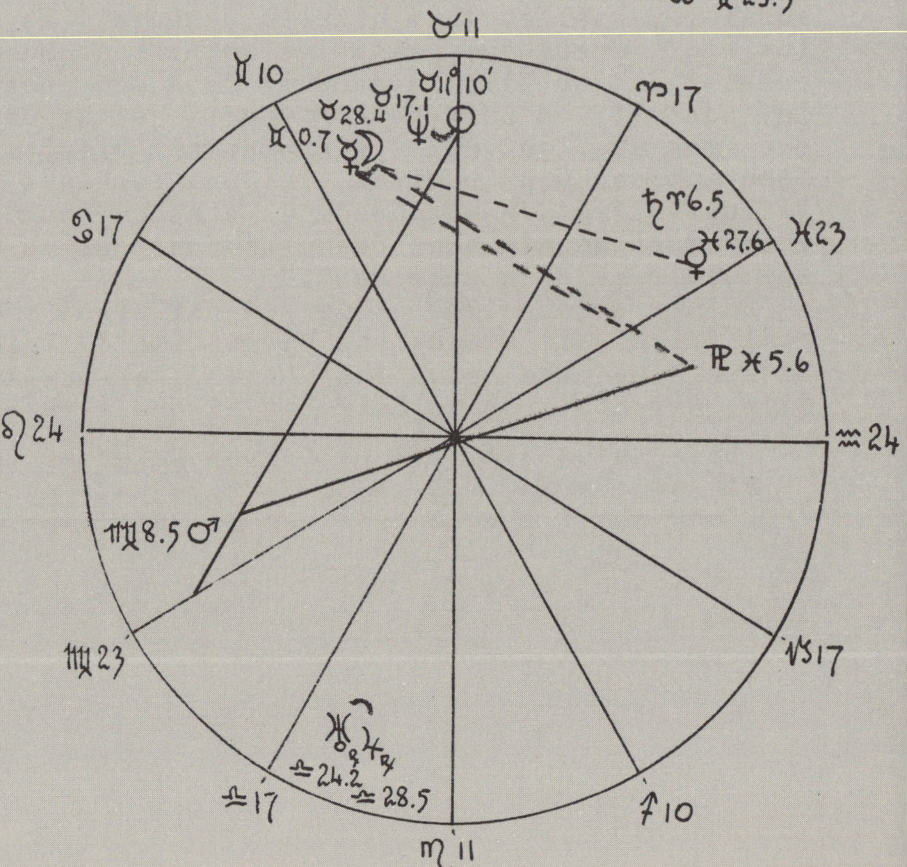

The Private Diary of Dr. John Dee, ed. James Orchard Halliwell, FRS Camden Society, vol.xix, 1842.

1555. April 22nd Jane Fromonds borne at Cheyham at none.
I cannot trace this place: is it Chatham, Chesham, Chilham, Chidham?

1577-8. Feb. 5th, sponsalia cum Jana Fromonds horam circiter primam.

The following children are recorded in Dee's Diary:

1579 Arthur Dee was born 13 Julii 1579, manè, hora 4.30′fere (vel potius, 25 min.) in ipso ortu solis, ut existimo.

1581 June 7th hora 7 1/2 mane nata est Katharina Dee

1587-8 Feb. 28th mane paulo ante ortum solis natus est Theodorus Trebonianus Dee, ascendente sirio in horoscopo, die dominica.

1591-2 Jan. 1st. my dowghter Francys borne on New Yeres day at the sun-rising exactly.

1595 Aug. 14th. peperit Jana (nutu Dei) circa hora 4 1/2 a meridie. Godfather, the Lord Keper; his deputy, Mr. Croune. Godmothers, the Cowntess of Cumberland, her deputy Mistris Belè.
(This was Margaret Dee)

GEORGE CLIFFORD 1558.8.8

3rd earl of Cumberland, courtier and sportsman, but noted principally for his twelve voyages.

He was born at Brougham Castle in Westmorland but as the time of birth is unknown the figure below has been calculated for noon GMT on Monday August 8 1558, from the tables of Hynes, Schoch and Foelsch.

Tropical zodiac
VP: $11^{\circ}20'$
Campanus houses
☊ : ♈ 21.3

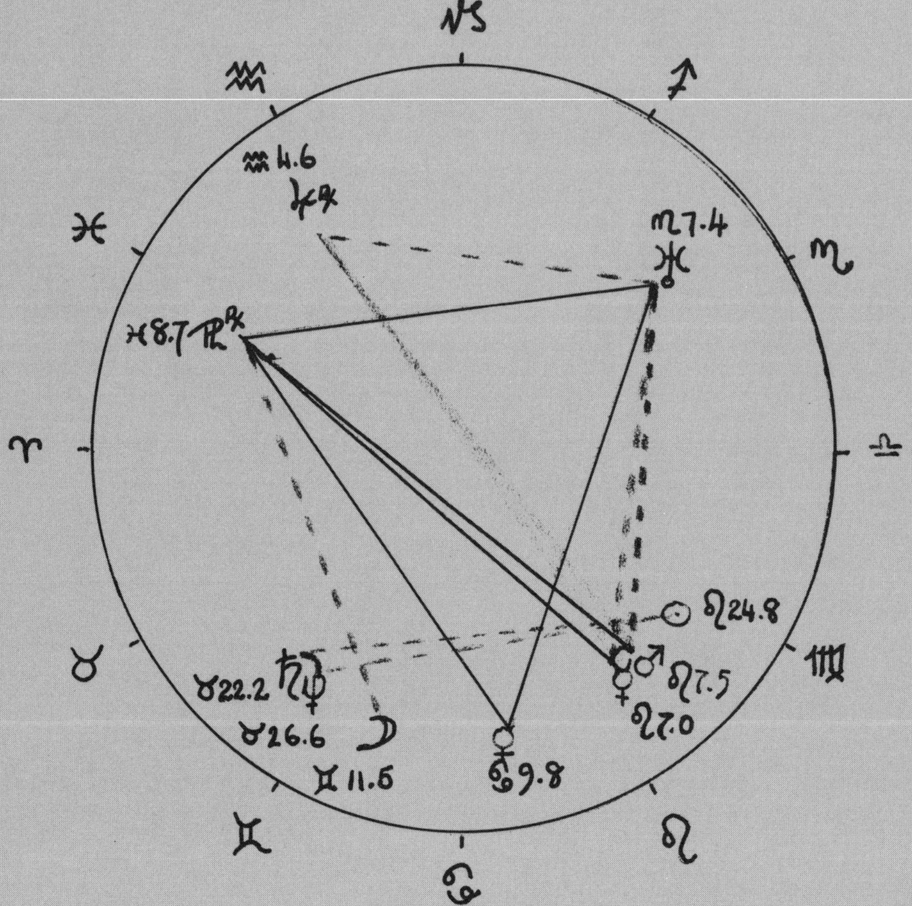

GEORGE, THIRD EARL OF CUMBERLAND (1558-1605)
HIS LIFE AND HIS VOYAGES
By Dr. G.C. Williamson: Cambridge: 1920

George Clifford, third Earl of Cumberland, was born in his father's house, Brougham Castle, so his daughter Lady Anne tells us, on August 8th, 1558, and she adds that in the very same room, his father, Henry, second Earl of Cumberland, died on January 8th, 1569/70, when the boy was but eleven years and five months old. (p.2).

MARGARET CLIFFORD NÉE RUSSELL 1560.7.8

3rd daughter of Francis Russell, third earl of Bedford, wife of George Clifford, 3rd earl of Cumberland, the great sailor.

Calculated for Exeter 50N44 3W32 on Monday July 8 1560 at 2h.9m. a.m. sundial time from the tables of Hynes, Schoch and Foelsch.

Tropical zodiac
VP: 11°16′
Campanus houses
☊ ♓15.1

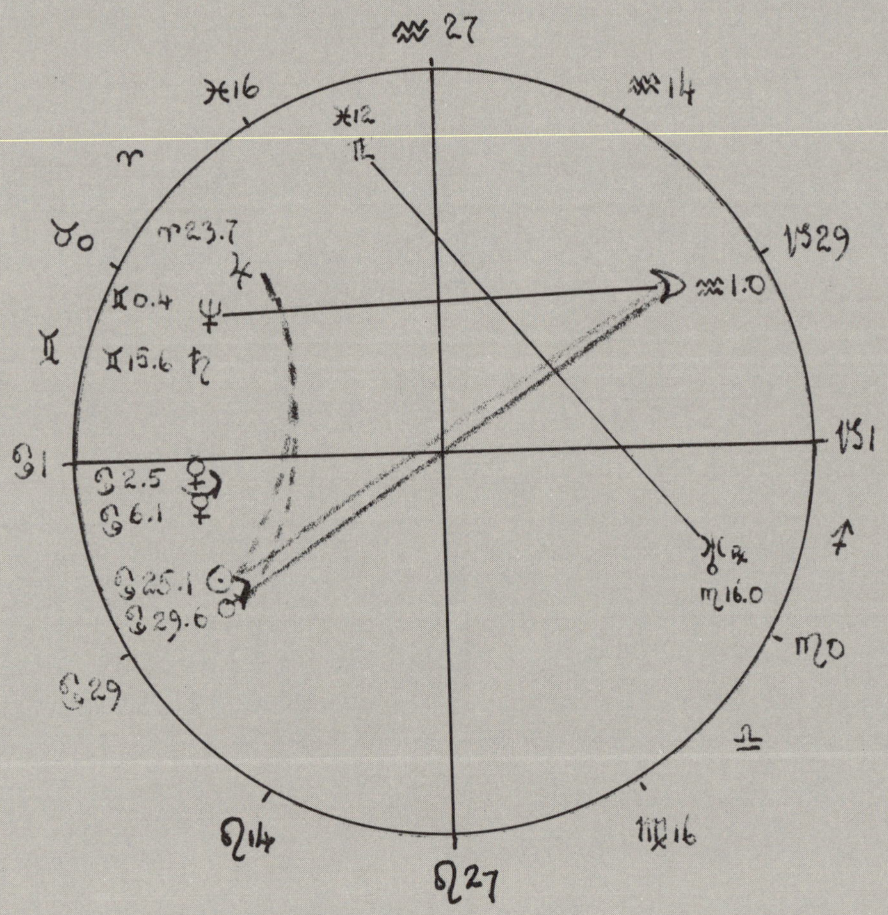

THE PRIVATE DIARY OF DR. JOHN DEE
Edited by James Orchard Halliwell F.R.S.
Camden Society vol.xix 1842

1560. July 8th. Margaret Russell, Cowntess of Cumberland,
hora 2 min. 9 Exoniae mane

She married George Clifford on June 24 1566 at St Mary Overies, Southwark. Concerning these people see GEORGE THIRD EARL OF CUMBERLAND by Dr G.C. Williamson: Cambridge: 1920.

SIR JOHN COKE 1563.03.05
Secretary of State

John Coke sone of Ric was born at London the Vth of March almost a qr^{tr} before 3 of the clock in the forenoon of the same day A^{o}. R. Eliz. 5°

"The Last Elizabethan"
Dorothea Coke
John Murray, Albermarle St, London, 1937

V Elizabeth was from Nov.17, 1562, to Nov.16, 1563. Thus the year of birth is established as 1562-3.

Calculated by J.M.Harvey from the tables of Karl Schoch and Kuno Foelsch for Friday, March 5, 1562-3 O.S. apparent time. Houses after Campanus.

JOAN COOPER 1563.6.23

Wife of Sir Edward Kelley (1555.8.1)

Calculated for the latitude of London and longitude zero for Wednesday June 23 1563 at 6h.40m. p.m. on the sundial, from the tables of Hynes, Schoch and Hoelsch.

Tropical zodiac
VP: 11°14'
Campanus houses
☊: ♑17.4

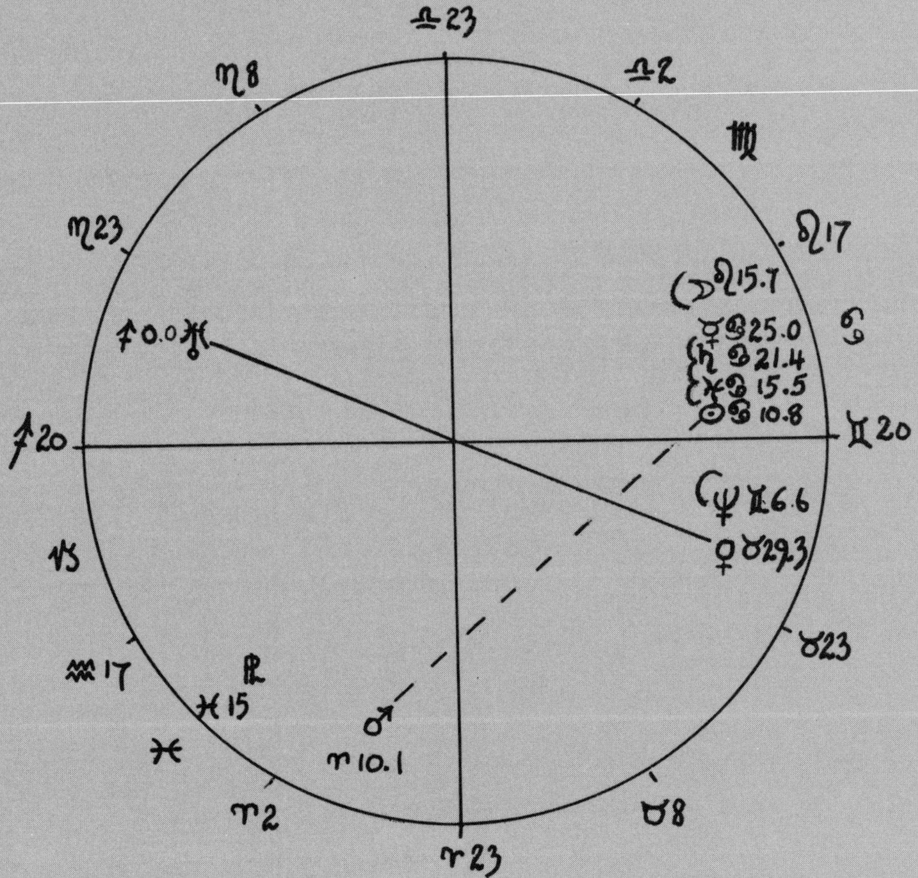

"Dee's entry in the margin of Joannes Stadius's Ephemerides Novae (for the years 1554-1600), Cologne, 1570 (MS. Ashm. 487), f. LI^{v}, could not be clearer than it is. It refers to 23 June 1563, which date (in the ephemeris) is underlined, and it reads:

> Jone Cooper now mystres Kelly,
> toward evening. asc. ♐ 20.

Your reconstruction of her nativity, with 18° ♐ ascending, from Halliwell's defective transcript is, therefore, remarkably near to the figure which Dee or Kelly must have cast."

Letter dated 21 February 1964 from Dr. Kurt Josten, Curator of the Museum of the History of Science.

WINIFRED GOOSE 1564.8.21

Client of John Dee: she committed suicide, aged 29.

Calculated for Kingston 51N24 OW18 on Monday August 21 1564 at 9h.30m. p.m. sundial time, from the tables of Hynes, Schoch & Foelsch.

Hypsomatic zodiac
VP: 11°14′

RA.MC. 302°23′
☊ ♐24.9

Tropical zodiac
Campanus houses

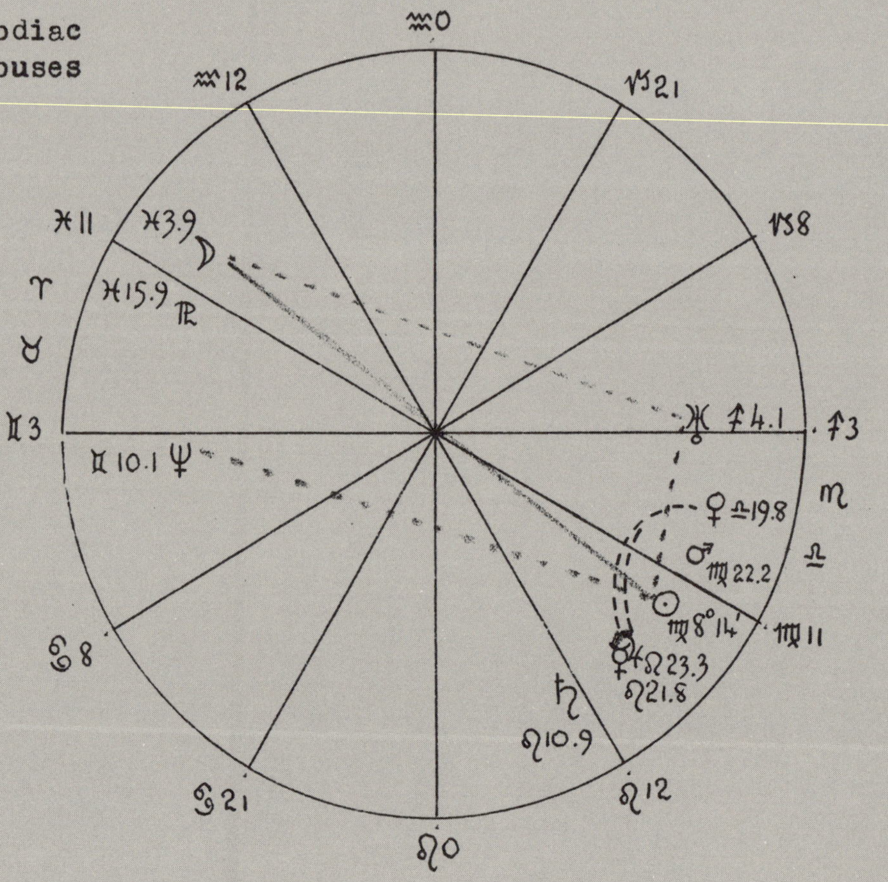

The Private Diary of Dr. John Dee: Edited by James Orchard Halliwell, F.R.S. Camden Society No.XIX. 1842.

page 2.	1564.	Aug 21st, Wenefride Goose, inter 9 et 10 a meridie by Kingstone. (With the birth data of Mrs Brigit Cooke & Mr. Hudson.
page 32.	1589.	Oct 29th, Wenefrida Goose inter 9 et 10 a meridie. (This follows various notes of visits to him).
page 40.	1592.	April 14th, Winifrede Goose, wife of goodman Goose of Tuddington, dowghter of Harry Wyse, eviley tempted, cam to me with her sister.
	1593.	Jan 21st., Sonday, about none Wenefryde Goose her sone born and died, and she did uppon (sic) for old melancholik pangs destroy herself. (the year is 1592-3)

No clue to the temptation is given, though it seems possible that she may have asked Dee to perform an abortion. The entry for 1589 may refer to the birth of a daughter, or it may be a second visit to Dee at which he took note of her birth data afresh.

HENRY BROOKE 1564.11.22

The eleventh Lord Cobham who behaved so badly towards Sir Walter Raleigh at the trial for treason in 1603.

Calculated for Cobham Hall 51N23 0E30, near Rochester in Kent, on Wednesday November 22 1564 at half past four in the morning by sundial time, from the tables of Hynes, Schoch and Foelsch.

Tropical zodiac
Campanus houses
VP: 11°14'
RA MC: 136°30'
☊: ♐ 20°

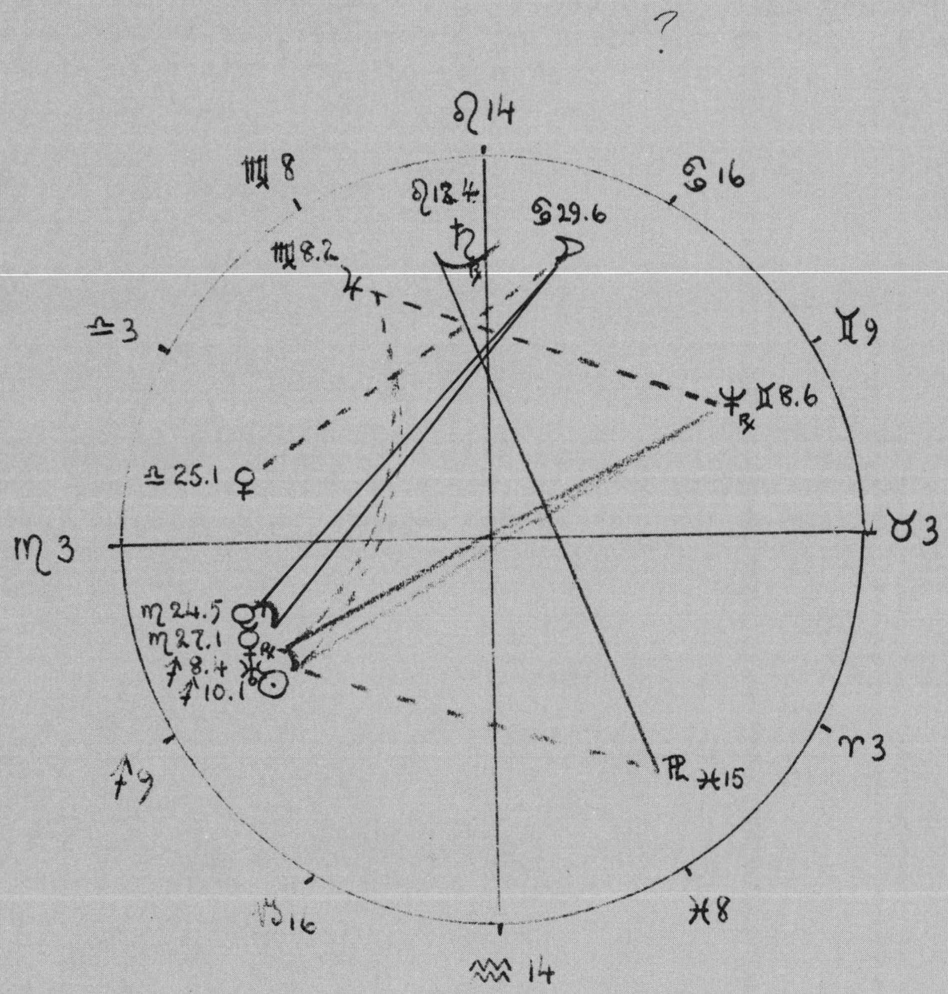

BM SLOANE MS.1697 "ASTROLOGICAL MISCELLANIES"

This MS. has no history. At the opening f.54v and f.55 are four figures of Robert Devereux (1566) and his son (1591) on the former and Robert Sackville (1561) and Henry Brooke (1564) on the latter. On other pages are nativities of Domina Russell (1540) and Domina Carrill (1558). For D. Russell there are directions from 1593 to 1619, and there is a note that D. Carrill died in June 1601. There are horary figures connected with the Countess of Derby for 1599. It seems possible that these figures were drawn towards the end of the 16th century and continued by another hand in the early years of the 17th century. Notes concerning Robert Devereux are in another hand after his death (1601). The Sackville-Brooke page is headed De parentibus, but I cannot trace the relationship unless it be that both men married into the Howard family (Norfolk and Nottingham). Incidentally the son and heir of Sackville married (in 1609) the only daughter of the Countess of Cumberland, née Margaret Russell. The reference to Henry Brooke reads:

> 1564 die 21 hora 16 m. 30 Novembris ☿ Natus fuit Dominus Henricus Brooke alias Lorde Cobham.

One of Brooke's contemporaries referred to him as: "a worthless mortal known to have neither honour, virtue, principle or veracity". He was an enemy of Robert Devereux who treated him with contempt. He was an acquaintance of Sir Walter Raleigh but was the chief witness against him in "The Treason of the Maine" in 1603. In July of that year, together with his brother George Brooke, Sir Walter Raleigh, Sir Griffin Markham and Lord Grey of Wilton he was arrested and brought to trial. His dastardly behaviour at the trial is well known. He was condemned to death but James pardoned him on a hoax scaffold; but he had been attainted and his honours forfeited. He was re-committed to the Tower and remained there (except for a visit to Bath for his health in 1618) until his death on January 24 1618/9. One report says that he died of hunger in a poor woman's house in the Minories. o.s.p.

In 1601 he married the widow of Henry Fitzgerald, earl of Kildare, Frances, daughter of Charles Howard, 1st earl of Nottingham. She was a niece of George Carey (q.v.). She took no notice of her husband after his trial but lived in solitary state at Cobham Hall which, with other his lands, had on May 13 1604 been granted to her for life by the king.

Henry Baron Hunsdon (1st cousin Eliz. R.)

George Carey
2nd Ld. Hunsdon

Katherine Carey
Charles Howard (1st e. Notts)

Frances Howard
m.
(1) Henry Fitzgerald
(2) Henry Brooke

JAMES STUART 1566.6.19

Jacobus Dei gratia Anglie Scotie Francie et Hibernie Rex Fidei Defensor: only son of Mary Queen of Scots & her second husband, Henry Stewart, Lord Darnley.

Calculated for Edinburgh Castle 55N57 3W11: Wednesday June 19 1566 at 10h.15m. a.m. on the sundial, from the tables of Hynes, Schoch & Foelsch.

Tropical zodiac
VP: 11°12′
Campanus houses
RA MC: 71°16′

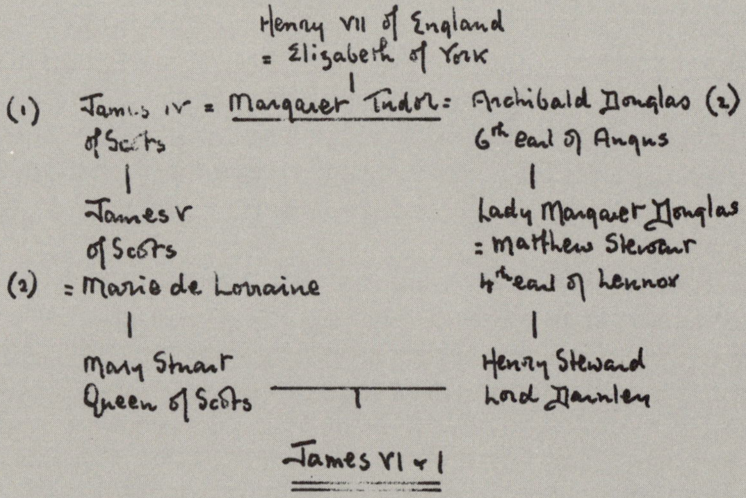

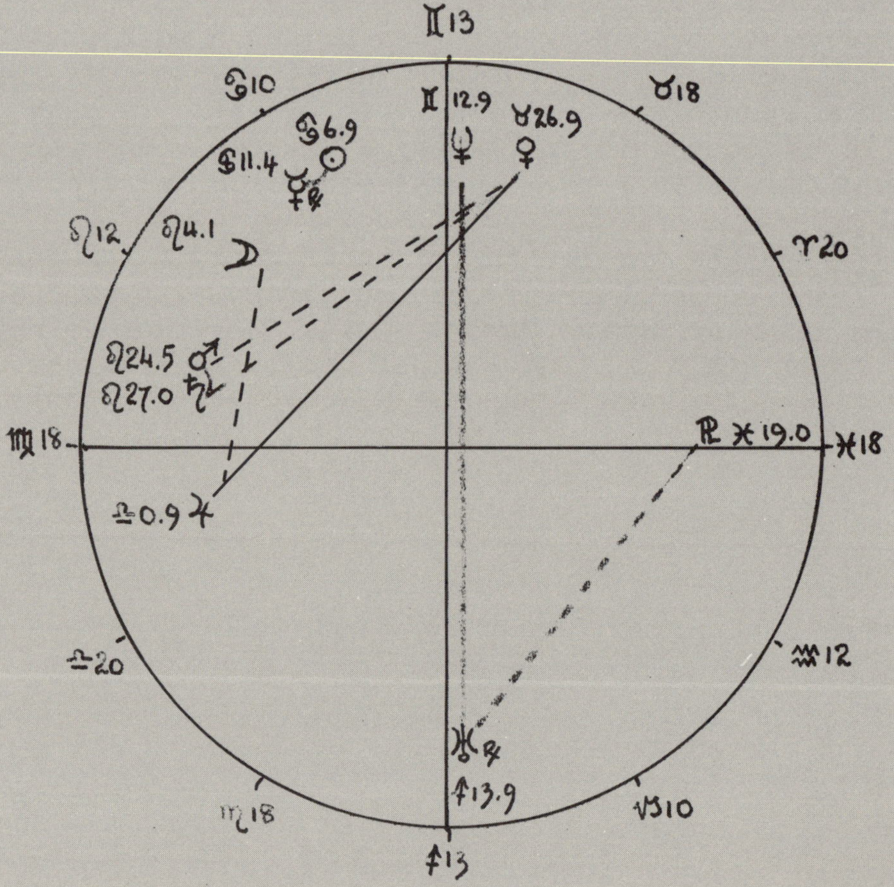

THE MEMOIRES OF SIR JAMES MELVIL OF HAL-HILL: (&c) NOW PUBLISHED FROM THE ORIGINAL MANUSCRIPT. By George Scott, Gent. London. 1683. (p.69)

The Queens Majesties reckoning being near run out, she caused me to dispatch for England, to be in readiness to give an accompt of the news of her delivery to that Queen; leaving a Blanck in her Letter to be filled up either with a Son or a Daughter, as it should please God to grant unto her. And to require the Queen of England to send hither in her name, such of hers as she knew to be best instruments for entertaining good love and friendship betwixt them, to be Gossips, as also to satisfie her concerning the most part of Killegrew's demands.

All the while I lay within the Castle of Edinburgh, praying night and day for her Majesties good and happy delivery of a fair Son. This prayer being granted, I was the first who was thereof advertised by the Lady Boin in her Majesties Name to part with diligence the 19th. of June 1555 (sic) betwixt Ten and Eleven in the morning. By Twelve of the Clock I took Horse, and was that night at Berwick. The fourth day after, I was at London, and did first meet with my Brother Sir Robert, who that same night sent and advertised Secretary Cicil of my arrival, and of the Birth of the Prince, desiring him to keep it quiet till my coming to Court to shew it my self unto her Majesty, who was for the time at Greenwich, where her Majesty was in great mirth, dancing after Supper. But so soon as the Secretary Cicil whispered in her Ear the news of the Prince's birth, all her mirth was laid side (sic) for that night. All present marvelling whence proceeded such a change, for the Queen did sit down putting her hand under her Cheek, bursting out to some of her Ladies, That the Queen of Scots was Mother of a fair Son, while she was but a barren stock.

THE PERPETUAL CALENDAR: HATFIELD HOUSE

1566. 19·June, was borne James at Edinburgh inter horae 10 et 11 matutino.

In the hand of Secretary William Cecil, who was also an astrologer.

HOLINSHED'S CHRONICLES OF ENGLAND, SCOTLAND, AND IRELAND.
Vol. V. Scotland. Edition 1808. London. page 618.

And vpon the ninteenth day of the same moneth of Iune, betwixt 10 and 11 of the clocke before noone, hir grace was deliuered of a goodlie man-child, to the great comfort of his highnesse, and all hir subiects, whereof the nobilitie did greatlie reioise.

<u>Note</u>: 17th century astrologers usually drew schemes for 9h.10m. a.m. presumably following George Buchan (1506-1568) who wrote "atque decimo nono junii paulo post horam nonam equinoctialem filium peperit". He was James's tutor and should have known, but the first-hand evidence of Sir James Melvil and Sir William Cecil seems invincible.

ROBERT DEVEREUX
2nd earl of Essex

1566.11.10

Calculated for Netherwood, Herefordshire 52N2 2W34 on Sunday November 10 1566 at 9h.45m. a.m. on the sundial, from the tables of Hynes, Schoch and Foelsch.

The son of Walter Devereux (1540) the 1st earl, who attempted to colonize Ireland; and father of the 3rd earl, Robert Devereux (1591) who became famous first through his infelicities with Frances Howard (1590), and thereafter as a parliamentary general.

Tropical zodiac
Campanus houses
VP: 11°12'
RA MC: 201°39'
☊: ♏12°

	MC			AS		
MS. houses:	21♎40	♏12	♏29	19♐0	♑22	♓15

☉	☽	☿	♀	♂	♃	♄
27♏12	11♏4	11♏18	0♏3	29♏46	27♎50	13♍29
27.7	11.0	11.4	0.7	29.7	27.6	12.6

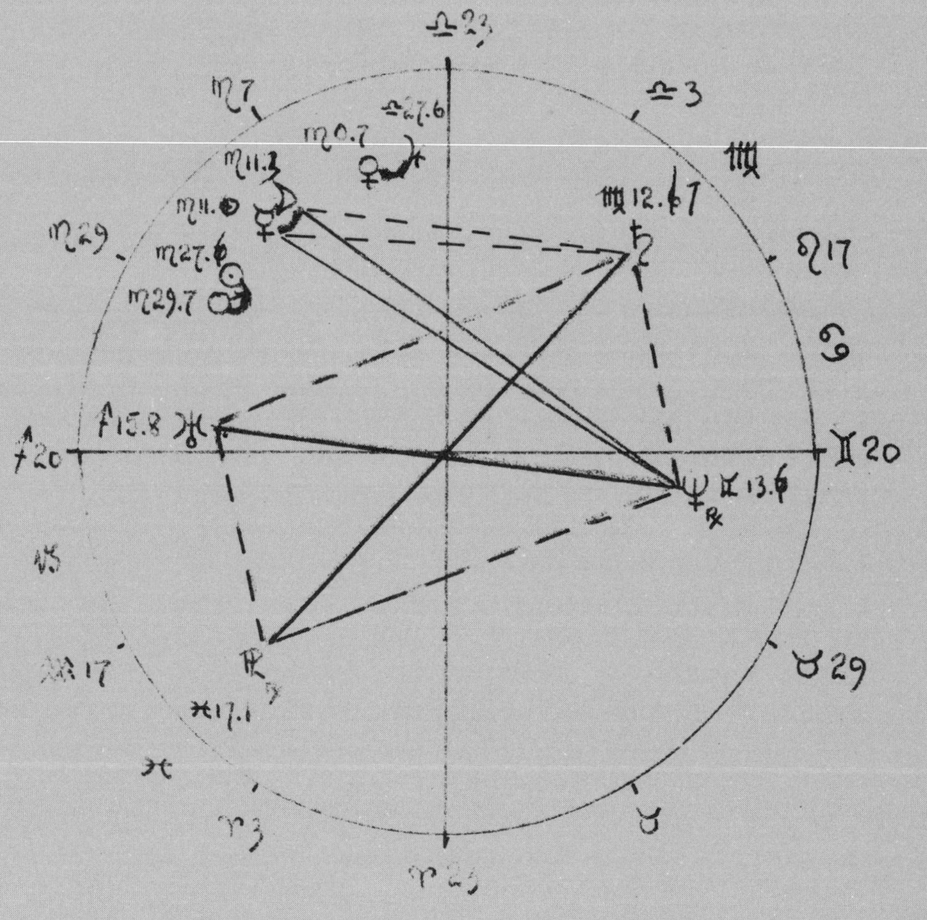

BM SLOANE MS.1697 "ASTROLOGICAL MISCELLANIES"
This MS. has no history but in my opinion the bulk of the entries therein, especially the nativities and other figures, were made several years before the end of the 16th century. The author was presumably an amateur astrologer who knew Essex sufficiently well to ascertain early "accidents" of his and the birthtime of his son. It is curious that an enemy of Essex, Henry Brooke (1564) should appear on the page opposite to him. The remaining nativies, Robert Sackville (1561), Domina Russell (1540), Domina Carrill (1558), and horary figures for the Countess of Derby, cast for 1599, suggest an aristocratic student moving in the same circle. The nativity of Robert Devereux (the 2nd earl) is labelled:

> 1566 Die 9 hora 21 m. 45 p.m. Novemb. ♄ Patris (with Comitis Essex added in another hand; the label on the son's horoscope which is beside this one is marked Filij, with Essex added in another hand).
>
> The following notes appear below:
> 1585 He fell into a ditch & was almost drownd in going a hunting in September.
> 1588 In the end of March a burning Ague. In the beginning of June a swelling in the fact & hurt with a fall on his leg from a horse
> In another hand is added "Comitis Essex Genit decollat 1601" and from a note under the son's geniture it is plain that this second hand wrote at the time of the civil war.

THE CATALOGUE OF HONOR: OR, TREASURY OF TRUE NOBILITY PECULIAR AND PROPER TO THE ISLE OF GT. BRITAIN: &c. THOMAS MILLES. 1610

> Robert Deuereux, Earle of Essex after his father, borne at Nethwood, the 10. of Nouember, 1567. (p.863)
> Walter Deuereux, borne at Chartley, the last of October, 1569. was slain at the siedge of Lisbon, his elder Brother, Robert Deuereux, earle of Essex, giuing the first assault. (p.863)

BODLEY ASHM. MS.243
This book contains a great variety of papers bound together, and at fol.163 there is a note on Essex (post mortem) together with a number of data concerning the births of royal or noble persons, perhaps copied from some collection of nativities:

> Robert E: of Essex Nat: 1566. ii Novemb ♃ 10^h. 28′. P.M. Beheaded

The same appears in Francis Bernard's notebook BM SLOANE MS.1683.

BODLEY AHSM. MS.423
Mostly astrological papers in the hands of Ashmole and Lilly. ff. 62-73 contain data from Dr Napier's diaries, 1598 to 1635. Including:

> Earle of Essex Natus Nov. 11. 1567

But this note by Napier was made late, on April 14 1609.

In my view the only data worthy consideration are those of Sloane 1697.

WILLIAM LAUD 1573.10.07

Born in humble circumstances, he matriculated at St John's College, Oxford, and subsequently won a scholarship there. He became the King's Chaplain for James I, Bishop of Bath & Wells under Charles I, elected Chancellor of the University of Oxford 1630; refused two offers of a cardinal's hat; became Bishop of London in 1628, Archbishop of Canterbury in 1633. Beheaded on Tower Hill in 1645.

Calculated for Reading 51N28 0W58: Wednesday October 7 1573 at 5 a.m. on the sundial, from the tables of Hynes, Schoch and Foelsch.

Tropical zodiac
VP: 11°7′
Campanus houses
RA MC: 96°51′
☊ ♊ 28.3.

Lilly's places

☉	☽	☿	♀	♂	♃	♄
♎23°30′	♓3°10′	♎19°	♏14°	♍10°	♊4°52′	♏25°56′

Although this nativity is doubtful as regards time, it does, together with the nativities of Strafford, Oliver Cromwell & Charles I, provide an excellent proof that a close ☌ of ☉☿ denotes a dictatorial man – a theory developed by Erna Bastian.

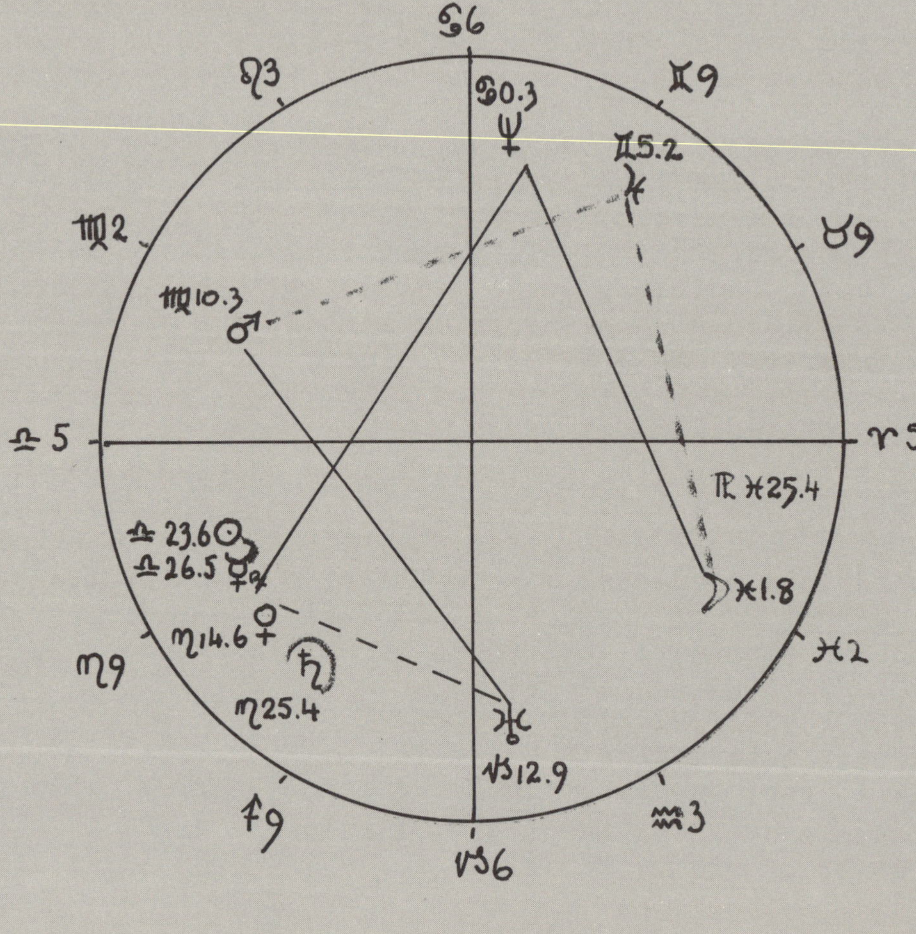

LAUD'S PERSONAL DIARY PRESERVED IN ST JOHN'S COLLEGE, OXFORD
Natus fui Octob. 7. 1573. Redingi.

A COLLECTION OF ANCIENT AND MODERNE PROPHESIES &c... THE NATIVITIES OF THOMAS EARLE OF STRAFFORD, AND WILLIAM LAVD LATE ARCHBISHOP OF CANTERBURY, HIS MAJESTIES GREAT FAVORITES; ASTROLOGICALL JUDGEMENTS UPON THEIR SCHEAMES; &c ...
BY WILLIAM LILLY STUDENT IN ASTROLOGIE... LONDON... 1654.
Willm. Laud Arch. Bpp. Cant. borne A^{o} 1573 die ☿ 7. Octob. 4 hor. 57'. mané. Sub. Poli. 52.

BODLEY MS. ASHM. 243. fol 216 and 218 reproduce Lilly's data without enlightenment.

OPUS REFORMATUM: OR A TREATISE OF ASTROLOGY. &c.
BY JOHN PARTRIDGE, PHYSICIAN TO HER PRESENT MAJESTY, AND STUDENT IN ASTROLOGY. LONDON... MDCXCIII. (page 108)

This man (Laud), I am informed, was born of mean Parentage in the Town of Reading, and from thence brought up at the Hospital fit for the University, to which he was sent, and spent his time for divers years among those men of Learning, after which he was preferred in the Church, where he advanced by degrees, till he came to be Bishop of Canterbury; and I remember, he was 40 years of Age before he grew into any publick fame and repute. Now, it is something strange that his Nativity and Time of Birth should be known to any man, because he was born of obscure Parents, then brought up among Strangers that never mind or inquire into these Curiosities, having so many Children under their Tuition, which would be an endless work, if they should make that their Study, which is very rare. But besides, the Births of men are seldom minded, till they begin to advance in preferment; no, nor then neither, till they come to a degree of considerable height above the Horizon of their Birth; and 'tis well known, that he was towards 50 years of Age before he made any considerable Figure in his Imployment. All which considered together, makes me much doubt and mistrust the truth of the Figure, when I find it so difficult to gain a Nativity in the Parish where I live, tho born not above 24 or 25 years before.

The Figure given by Partridge is the same as that reproduced by William Lilly and John Gadbury and noted by Elias Ashmole, in each case without any mention of source.

BEATRICE CENCI 1577.2.6

Daughter of Francesco Cenci and his wife Ersilia Santacroce: her disreputable father eventually imprisoned her and her step-mother, Lucrezia Petroni, in a lonely castle near Rome for three and a half years, where they suffered great privations; after an absence of nearly two years, Francesco returned there on St Lucy's day (13 December) in 1597, and at once beat her unmercifully with a bull-pizzle. From that time onwards she decided to have him killed, and to get this done she gave herself to the castellan Olimpio Calvetti, a very handsome married man of about 45. Eventually, with the complicity of her three brothers in Rome, and her step-mother, she induced Calvetti to kill her father on 9 September 1598. The crime was discovered and a famous trial took place and confessions extracted by torture. In the meantime, Calvetti had been murdered and Paolo had died of fever. By order of Pope Clement VIII, Beatrice Cenci, her step-mother Lucrezia Cenci, and her eldest brother Giacomo were executed in a dreadful manner, publicly, on 11 September 1599. Between her father's death and her execution, Beatrice gave birth to a child by Olimpio Calvetti.

Calculated for Rome 41N54 12E30, Wednesday 6 February 1577, 4h.18m. p.m. apparent time, from Schoch with the solar refinement of Hynes. Pluto from Foelsch.

Tropical zodiac
VP: 12°6′
Campanus houses
RA MC: 34°41′
☊: ♓ 23.9
℞: ♓ 29

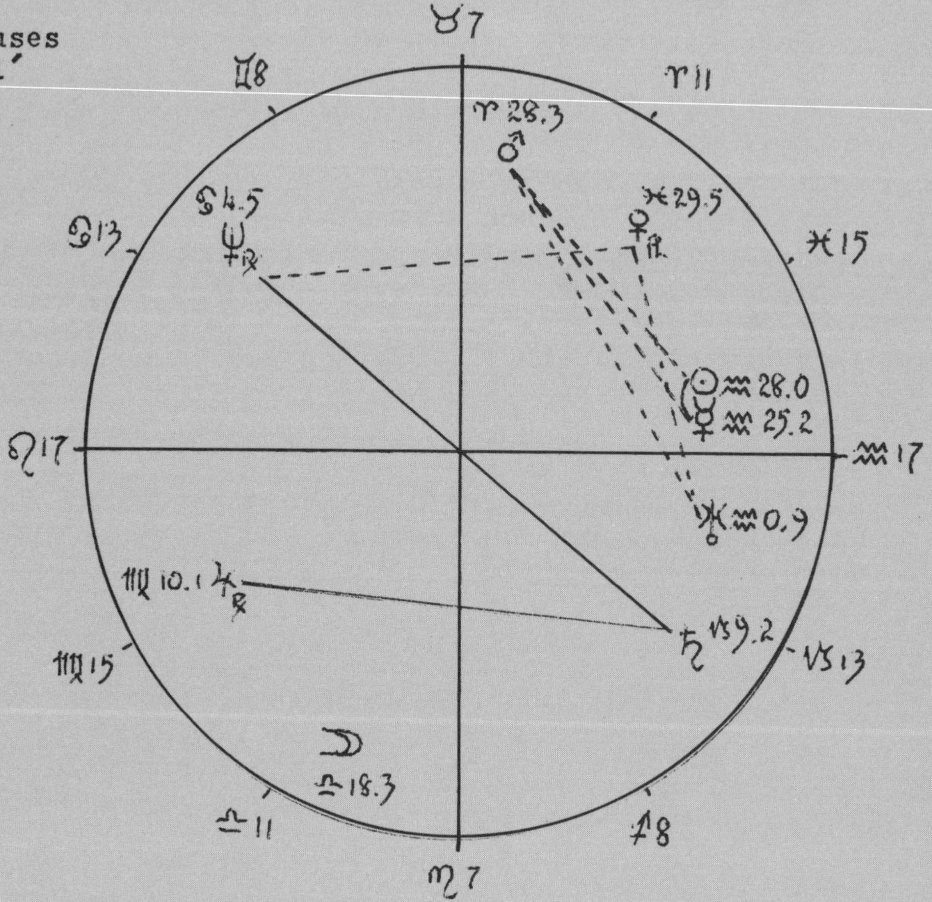

The date and time are from *Beatrice Cenci* (New York, 1933) by the Italian scholar Corrado Ricci, where (p.8) he quotes a note by her father that Beatrice 'was born at the 23rd hour on Wednesday, the 6th day of February, 1577' - from the MMS. *Memore dei Cenci* in the Vittorio Emanuele Library at Rome.

In Rome, where the Cenci lived, the year began on the first day of January, and time was reckoned in 24 equal hours beginning at sunset. Sunset on 5 February was at 5h.33m. p.m. LMT. The 23rd hour was therefore at 4h.33m. LMT, or 4h.18m. apparent time. But it is unlikely that Beatrice was born precisely at that moment.

Corrado Ricci's book is exhaustive, but it can be supplemented in several details by *Le procès des Cenci*, by Gustavo Brigante Colonna and Emilio Chiorando, Payot, Paris, 1937.

FRANCES HOWARD 1578.7.27

Daughter of Thomas, viscount Howard of Bindon & 2nd son of Thomas duke of Norfolk. She became successively Mistress Pranell by her first husband; countess of Hertford by her second; and duchess of Richmond by her third husband.

Calculated for Lytchett, Dorset, 5N43 1W58 on Sunday July 27 1578 at 9h.30m p.m. sundial time, from the tables of Hynes, Schoch and Foelsch.

Tropical zodiac
Campanus houses
RA MC: 278°45'
VP: 11°3'
☊: ♓ 25.5

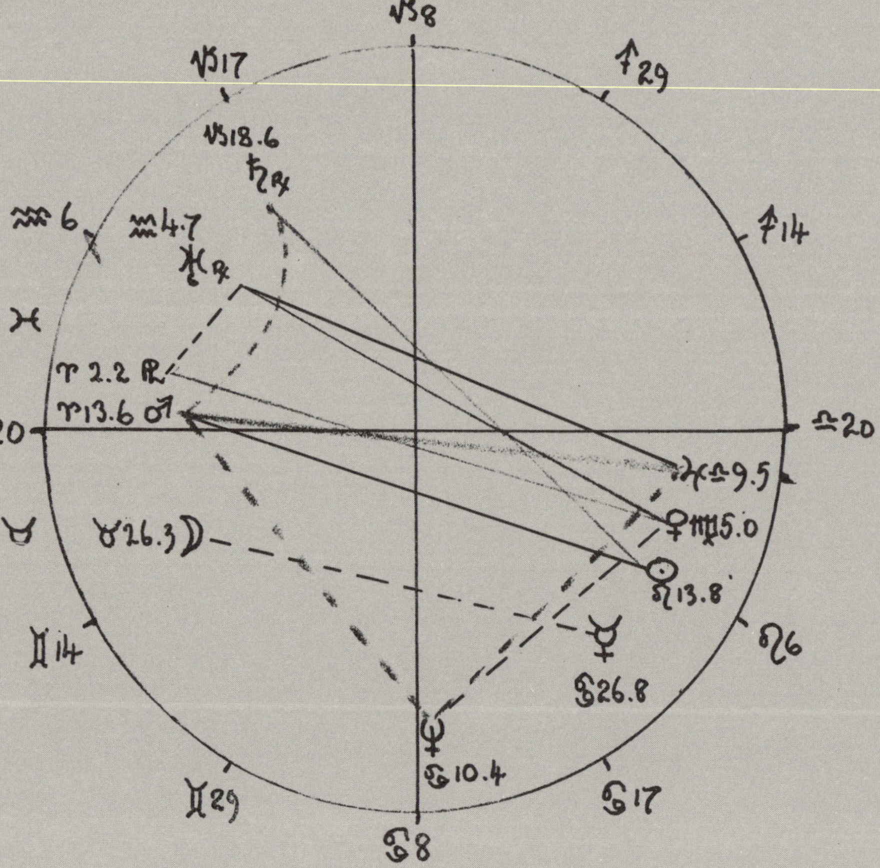

BODLEY ASHM. MS.423: fol.59
Her nativity is here drawn by Dr Simon Forman whose client she was, there are several horary questions set down for her by Forman, one of which reads: "4 Aug, 1597. 5^{H}·20′ she supposed herself to be with child." On the verso is another for her first husband, Henry Pranell, born February 27 1565 - presumably 1565/6.
Frances Howard daughter of the Lord $Visc^{t}$: Bindon borne the 27 of July 1578. 9^{H}.30′ P.M. at Lichet in com' Dorset.

THE PRIVATE DIARY OF DR JOHN DEE
She also consulted John Dee, apparently during her second marriage as he refers to her as Countess of Hertford. His time is 15 minutes earlier than that of Forman

Note: Dee was born in 1527 and Forman in 1552.

In a short but interesting account of this Frances Howard by J.H. Jesse in his MEMOIRS OF THE COURT OF ENGLAND DURING THE REIGN OF THE STUARDS (vol.1., pages 215-219) she appears as beautiful, eccentric and proud. Nevertheless her first marriage, to a wealthy vintner of London, is a little surprising seeing that her two grandfather's were dukes: Thomas duke of Norfolk on the father's side and Edward duke of Strafford on the mother's. But her second husband was not only an earl but the eldest surviving son of Edward Seymour, first duke of Somerset, the Protector, by his second wife Anne. And her third husband was duke of Lennox and duke of Richmond, ~~eldest~~ second son of Esmé the first duke of Lennox.

Data concerning her husbands in so far as I can obtain them are:

(1) Pranell (b.1566-1599) 12 years her senior, married
(2) Seymour (b.1539-1621) 39 years her senior, married 1600, she 22.
(3) Stewart (b.1574-1624) 4 years her senior, married 1622?, she 44.

Frances Stewart died in 1639 on October 8 without issue.

Her second marriage, to Sir Edward Seymour, earl of Hertford, in December 1600, is said by the DNB to have been performed in a clandestine manner without banns or licence and not in the parish church. Thomas Montford, the priest, was suspended for 3 years for performing it. The courtship of her third marriage also seems to have been carried on in a peculiar and over-romantic manner. She was Seymour's third wife (following Lady Catherine Grey and Frances Howard, daughter of William Lord Howard of Effingham); and the third wife of Ludovick Steward (following Sophia Ruthven, daughter of the earl of Gowrie, and Jane Campbell, widow of the Hon. Robert Montgomerie).

EDWARD LORD HERBERT OF CHERBURY 1583.3.3
Duellist, ambassador, writer, poet

Calculated for Eyton Salop. 52N30 3WO on Sunday March 3 1582/3 at 30m. past midnight sundial time, by the tables of Hynes, Schoch and Foelsch.

Hypsomatic zodiac
VP: 10°58′

RA.MC.180°2′
☊ ♐26.5

Tropical zodiac
Campanus houses

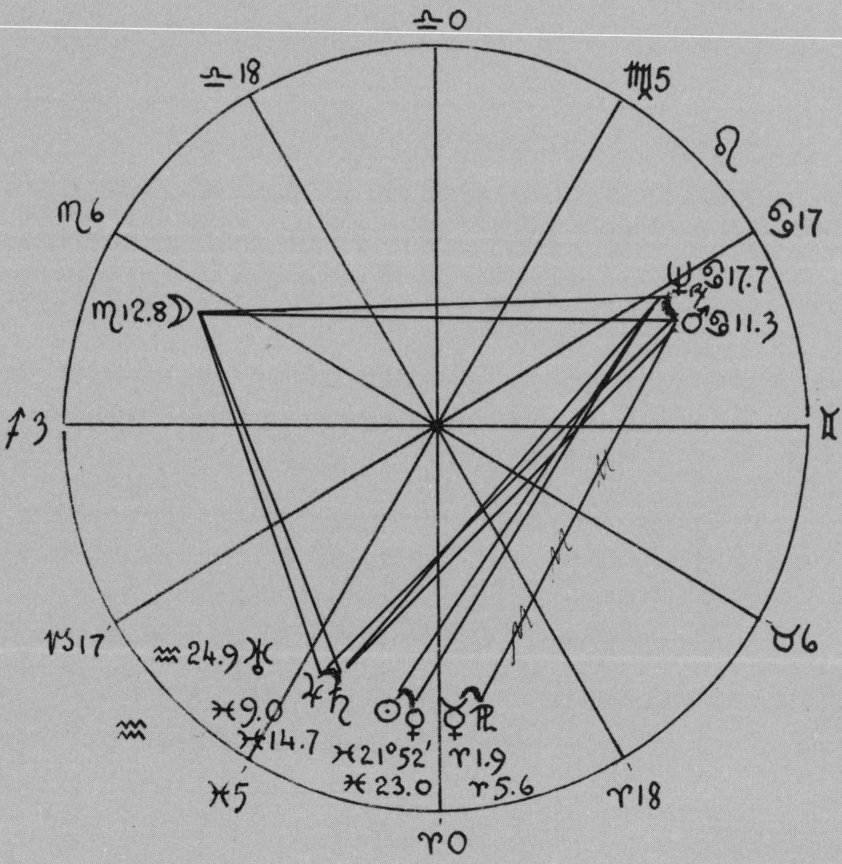

The Autobiography of Edward, lord Herbert of Cherbury: edited, with an introduction, by Will H. Dircks. London. 1888.

page 16. I was born at Eyton, in Shropshire (being a house which, together with fair lands, descended upon the Newports by my said grandmother), between the hours of twelve and one of the clock in the morning

According to the introduction the date of birth is indicated by the title of some commemorative verses: in diem natalitium, viz., 3 Mar. The year is given as 1582-3, presumably on the authority of Sidney L. Lee: The Life of Lord Herbert (Nimmo, 1886).

Enc. Brit. says he went to Paris (1608), volunteered for service in Low Countries in 1610; thence to Italy and back in England in 1617. Ambassador to France 1619, recalled 1621 but resumed 1622. Dismissed 1624. Member of council of war 1632. Died 1648.8.20.

He wrote "De Veritate" which combines a theory of knowledge with a partial psychology: a method for the investigation of truth and a scheme of natural religion. Also "De religione gentilum" a natural history of religion.

LADY FRANCES HOWARD 1590.5.31
Countess of Essex and Somerset

Calculated for Greenwich (the place of birth being unknown) on Sunday May 31 1590 at 6h. a.m. on the sundial, from the tables of Hynes, Schoch, and Foelsch.

Hypsomatic zodiac
VP: 10°53′

RA MC 347°50′
☊ 6.4 ♌

Tropical zodiac
Campanus houses

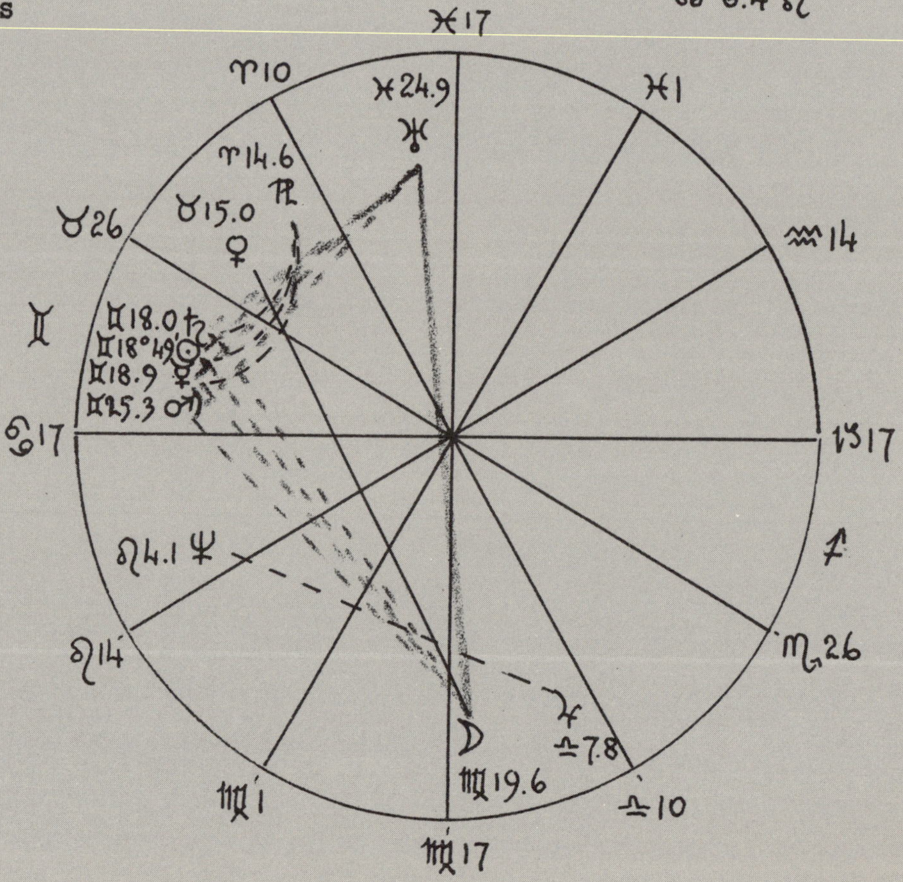

Bodleian Ashm.243. fol.162. This MS. is a thick folio with a great variety of pieces bound together. Two pages after the entry quoted below there is a list of the King of Bohemia's Children supplied by William Lilly.

Countess of Essex (after of Somerset) Nata 31 May 1590. 6^{H}. A.M.

B.M. Sloane 1683 "F. Bernard nativities of Eminent Persons" which is a tall book of 182 ff. which once belonged to Francis Bernard M.D. who was Physician to James II. and to St. Bartholomew's Hospital. He was born in 1628. The book appears to have been kept round about 1660, and the entry below was made in the form of a rough note.

Countess of Essex & Sommerset May 31 1590 6^{H}: AM.

Ashm. 174. p.149: note in Ashmole's hand:

Frances Howard (wife of Robt. Earle of Essex) borne the 26 of Aug. 1591. die 4. 8^{H} P.M. upon ye houre.

ROBERT DEVEREUX   1591.1.11
3rd Earl of Essex

Calculated for London on Monday January 11 1590-1 at 8 h. p.m. sundial time, from the tables of Hynes, Schoch, and Foelsch.

Hypsomatic zodiac
VP: 10°52′

RA MC 63°39′
♌ 24.4 ♋

Tropical zodiac
Campanus houses

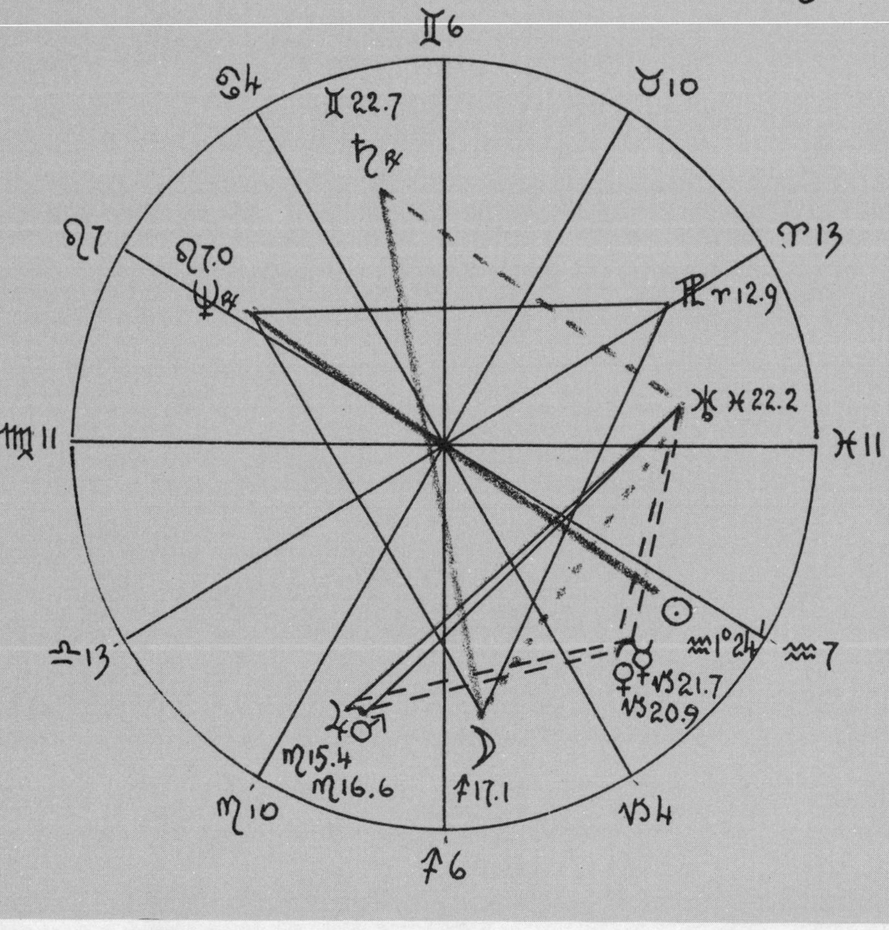

B.M. MS. Sloane 1697 "Astrological Miscellanies"
I could not ascertain the owner of this MS. or when it was written. There are only a few nativities drawn in it, the chief being at the verso of fol.54, where there is a nativity of Robert Devereux: Earl of Essex together with "ffilii Essex", or his eldest son Robert who succeeded him. Opposite, at fol.55, are the nativities of Robert Sackville, 2nd earl of Dorset, and Henry Brooke, 8th lord Cobham, born respectively in 1561 and 1564. On the verso of fol.53 there is the nativity of "nobillissima matrona D.R." who is given in the index as Dña Russell. Above the nativities of Sackville and Brooke is written "De parentibus"; while the nativity of Dña Russell is accompanied by many directions covering 1593 to 1619: as she was born in 1540 this period was perhaps to see when she would die and suggests that they were worked in 1593.

In view of the fact that the 2nd earl of Essex is given his title and the 3rd earl is not even given a name it may be supposed that his nativity was cast while he was still an infant. Taking this together with the directions for Lady Russell one may suppose that the work was done about 1593. It should be noted that extra notes were added to the nativity of the 2nd earl after his death, in the same hand as did the former notes.

The data for the 3rd earl are 1591 Monday January 11 8h. 0m. p.m.

Lives and Letters of the Devereux, Earls of Essex by Walter Bourchier Devereux, London, 1853.
Page 9: it is stated that Robert Devereux was baptized at St. Olave's in Hart Street, London, on January 22, 1591.

GEORGE VILLIERS 1592.8.29
1st duke of Buckingham of that name

Calculated for Brooksby in Leicestershire, 52N48 1W10, Tuesday 29 August 1952 at 4.45 a.m. by the sundial, from the tables of Hynes, Schoch & Foelsch.

Tropical zodiac
VP: 10°51′
Campanus houses
RA.MC. 58°0′
☊ ♊ 23.0

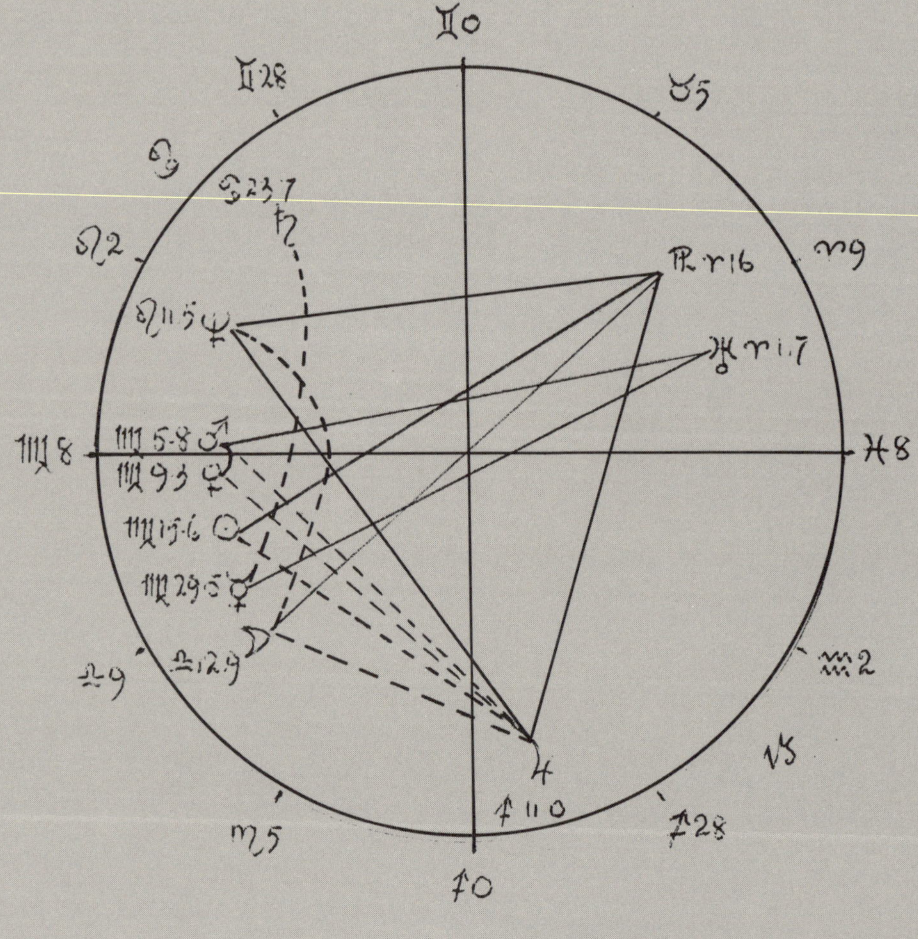

Dr. Richard Napier (1559-1634) seems to be the direct or indirect source of all available data. But the two entries in his note books conflict in the year of birth, and in the relationship of astronomical time (from noon) to named days of the week:

(a) 1622.ix.13 "Duke of Buckingham borne Aug: 28 ♃. 15^{H}. p.m. 1595"
<u>MS. Ashm.423. fol.66v</u>. <u>Aug</u>. <u>28</u> <u>was</u> <u>a</u> <u>Thursday</u>.

(b) 162$\frac{7}{8}$.i.31 "G. Villiers D: of Buck. nat^{9} ♂ 28 Aug. 1592 16H. 45′p.m."
<u>MS. Ashm.423. fol.69v</u>. <u>Aug</u>. <u>28</u> <u>was</u> <u>a</u> <u>Monday</u>.

<u>Note</u> (<u>b</u>) has the greater weight. On 30 January 1628 Buckingham's son George was born; on 31 January Napier recorded Buckingham's own birth; on the day after he recorded the son's birth (not shown below). Presumably he was in contact with the family, perhaps with the duke himself. Moreover, (b) leaves no doubt as to the day intended, because the planetary places attached show Sun in Virgo 15.26 and Moon in Libra 12.4, which agree with <u>Tuesday</u> <u>29</u> <u>August</u>, that is, 16h.45m. from noon on Monday 28 August.

Every discovered recording is based in one way or another on (b). John Gadbury in <u>Collectio Geniturarum</u> adhered to Tuesday 29, but "rectified" the time to 2.12 a.m. in his customary exaggerated fashion. Others, however, interpret the evidence as the early morning of Monday 28 August, thus taking the point of departure as noon on Sunday and ignoring the indication ♂. Thus, <u>Ashm.243</u> fol.185 has "28 Aug: 1592 4H:40′A.M. at Brookesby in Leicestershire". In <u>BM MS. Sloane 1683</u>, Dr. Francis Bernard writes the date as "27 August, and the time as "$14^{H}24'$" presumably to agree with his friend Gadbury in time though not in date. <u>MS. Ashm.240. fol.79</u> has "28 Augusti Ho: 16. M. 45", but is otherwise confused. John Aubrey is of no assistance as he merely copied (a) and (b) from Ashmole.

There remains the biography by Sir Henry Wotton (1568-1639), published fifty years after Buckingham's birth and fourteen after his death. This confirms 1592 as the year, but introduces further confusion regarding the day.

> A short View of the Life and Death of George Villiers, Duke of Buckingham. Written by Sir Henry Wotton, Knight, late Provost of Eaton Colledge. London. Printed by William Sheares. 1642
> <u>BM Press mark 1416.d.38</u>
>
> I find him born in the year of our Saviour 1592, on the 28th of August, at Brooksby in Leicestershire... At Portsmouth, on Saturday, being the twenty-third of August of that current year (1628)... died this great peer, in the thirty-sixth year or his age complete, and three days over.

This was repeated unchanged in the 2nd edition (1651); but the editors of the 3rd (1672) and 4th (1685) editions, observing that the age at death disagreed with the date of birth, changed the latter to 20 August. Sir Henry Wotton does not say where "I found him born", but a not unlikely guess would be some nativity derived from Napier.

Data on George Villiers conflict, though all derive from the Diary of Dr. Richard Napier (1559-1634). His two entries differ in the year and in the method of recording astronomical time, and this last factor places the date in doubt. Napier's entries are::

a) 13 Sep. 1622: "Duke of Buckingham borne Aug: 28 ♃. 15H p.m. 1595"
28 Aug. 1595 was a Thursday, as shown.
<u>Ashm.423. fol. 66v</u>.

b) 31 Jan. 1627/8: " G. Villiers D: of Buck. nat9 ♂ 28 Aug. 1592. 16H.45′p.m."
28 Aug. 1592 was a Monday, not a Tuesday, but the Sun is shown in ♍ 15.26 and Moon in ♎ 12.4 in Aubr. 23. fol.121v slip, which were the positions on Tuesday 29 August.
<u>Ashm.423. fol. 69v</u>.

Recording (<u>b</u>) <u>has the greater weight</u> because it was noted one day after the Brith of Buckingham's son George, and the day before George's own birth was noted. Presumably Napier received both items together, perhaps from the duke himself. Thus birth would appear to have taken place on Tuesday 29 August 1592 at 4.45 a.m.

Other interpretations are in Ashm.243. fol.185 which has 28 Aug: 1592 4H:40′a.m. at Brookesby in Leicestershire. Francis Bernard in Sloane 1683 fol.42, and John Gadbury, adopt the same criterion with 27 Aug. 1592 and an astrnomical time of 14H24′p.m.—in accordance with Gadbury's love of excessive rectification.

THOMAS WENTWORTH 1593.4.13

Eldest son of Sir William Wentworth* and his wife Anne*, daughter of Sir Robert Atkinson of Stowill, Gloucester.* After leaving Cambridge he received the honour of knighthood, sat inParliament for Yorkshire. Created Baron Wentworth in 1628, Privy Councillor and President of the Council of the North; Lord Deputy of Ireland in 1632. For his services in Ireland he was created Earl Strafford. Beheaded on Tower Hill in May 1641. The married thrice.

Calculated for London: Good Friday April 13 1593 at 3 p.m. on the Sundial, from the tables of Hynes, Schoch and Foelsch.

Tropical zodiac
VP: 11°50′
Campanus houses
RA MC: 76°4′
☊: ♊ 11.8

William Lilly's places:

☉	☽	☿	♀	♂	♃	♄
♉2°53′	♒1°26′	♉6°14′	♊16°27′	♒1°47′	♑21°48	♋20°39′

It appears that Lilly used Stadius.

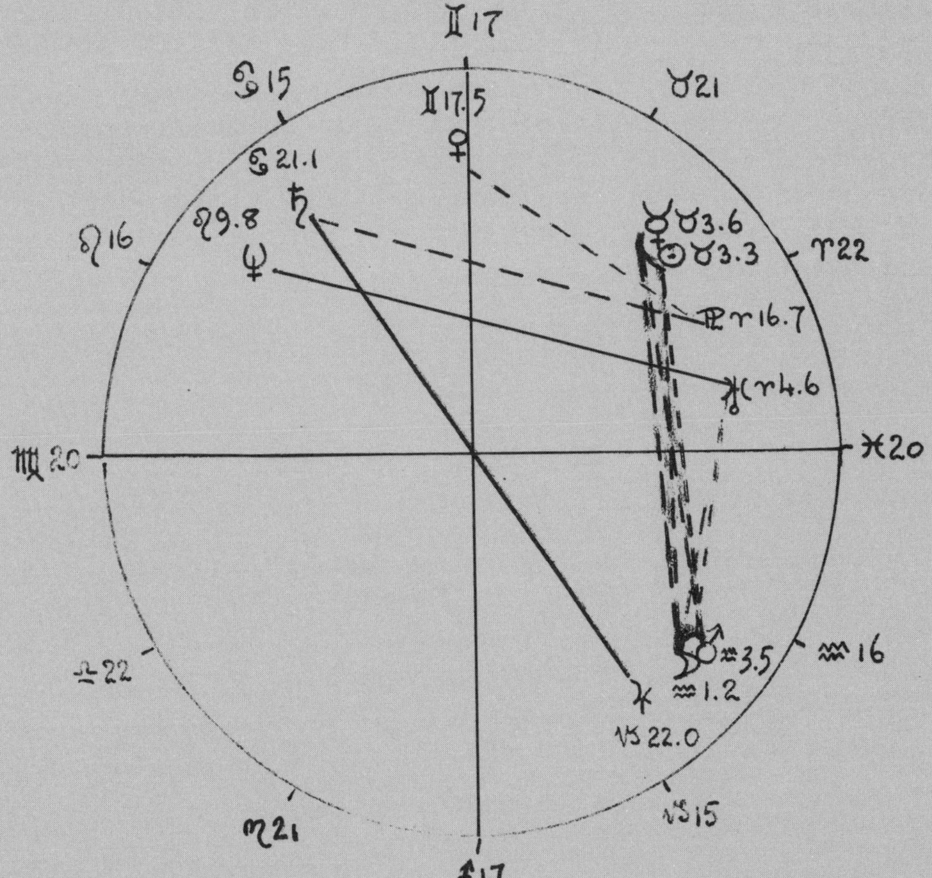

* some doubt about this

A COLLECTION OF ANCIENT AND MODERNE PROPHESIES CONCERNING THESE PRESENT TIMES, WITH MODEST OBSERVATIONS THEREON. THE NATIVITIES OF THOMAS EARLE OF STRAFFORD, AND WILLIAM LAVD LATE ARCHBISHOP OF CANTERBURY, HIS MAJESTIES GREAT FAVORITES; ASTROLOGICALL JUDGEMENTS UPON THEIR SCHEAMES; AND THE SPEECH INTENDED BY THE EARLE OF STRAFFORD TO HAVE BEENE SPOKEN AT HIS DEATH.

BY WILLIAM LILLY STUDENT IN ASTROLOGIE. IN GYRO VERTIMUR OMNES. LONDON. PRINTED FOR JOHN PARTRIDGE AND HUMPHREY BLUNDEN, AND ARE TO BE SOLD AT THE SIGNE OF THE COCKE IN LUDGATE STREETE, AND THE CASTLE IN CORNEHILL. 1645.

Thomas Earle of Strafford, borne Aº 1593 die ♀ 13 Aprill 3 hor: 7 P.M. Sub lat: 51 33:

THE DICTIONARY OF NATIONAL BIOGRAPHY says he was born at the house of his mother's father in Chancery Lane and was baptised at St Dunstan's-in-th-West,

BM MS. SLOANE 1683, a Notebook of Dr Francis Bernard, labelled F. BERNARD NATIVITIES OF EMINENT PERSONS, and bearing his signature on the last page: Francis Bernard was physician to James II.

(f.8) Comes Straffordia Thomas Wentworth 1593 13 Aprill: 3h.7 p.m. Illustrissimus Dominus Galloway Baro de Dunkeldia dixit illum Natum fuisse Hora Meridiana.

Concerning this nativity I could find nothing useful amongst Elias Ashmole's MSS. but it is just possible that Wentworth's birth was recorded and that William Lilly knew of it.

This, like the nativities of Laud, Cromwell and Charles I. is an excellent example of the truth of Erna Bastian's theory that a close conjunction of Sun and Mercury makes it impossible for the native to understand wishes other than his own, and therefore makes dictators and autocrats.

THOMAS WENTWORTH: Delineation of William Lilly.   1593.04.13

I must now speak to the sons of Art, and render Astrologic all reasons for the rise and fall of this strong, (but unhappy Cedar.)

The signes wherein the ☽ and ☿ are posited, the aspects of the Planets to the Sun, and the Angles, and amongst themselves, do herein much conduce for perfect discovery of the inclination, wit, and judgement of the Native, &c.

☿, ☽, & ♂ in fixed signes, and in aspect or conjunction each with other, according to that in Ptol.lib.3.fol.181."The significators of the wit and fancy in fixed signes, incline the Native to be firm and stable in his results, intelligent, full of policy, stubbornly resolute, greedy of honour, of sharp conception, and implacable."

In that Mars is far more strong then Mercury or the Moon, being in □ aspect with the one, and conjunction with the other: the violence of his will did many times oversway his judgement; for when those two Planets ☿ and ☽ vincuntur à contraria conditione, sunt praecipites, habent irritos impetus, & facilè incurrunt in offensionem: The power of Mars being greater then of the ☽ or ☿, this (otherwise admirable man) his inclination prompted him to such irregular and headstrong enterprises, as he easily ran into displeasure for them. And who so will read Ptol.lib.3.fol.194. what the familiarity of Mars with Mercury may incline unto, he tels you:"It makes subtill men in devising stratagems, violent, foreseeing or well weighing dangers, able on the sudden to give councell, mischievous to their enemies, and doing curtesies to friends."

For the judgement, with, and understanding of this Gentle man, hear this one generall rule exactly, as we all know, verified in him; ☿ and the ☽ in □ aspect, produceth a sharp and admirable understanding, but for the most part violent and turbulent in all his actions; to adde to this his too too great capacity, he had ♂ with the ☽, and ☿ neer the ☉, both in fixed signes imboldening his spirits, and adding stiffe confidence to his conceptions: and it could be no little help unto him, that he had the ☽ and ♄ in reception, as also ☿ and ♀, &c.

It may be enquired, from what grounds or Aphorisins in Astrology, this Gentleman should attain to so great advancement ?

From the Luminaries, as they are posited and in aspect each to other, he could expect no advancement or honour, without strugling envie and much repining. Indeed I remember about 1625. or 1626. whilst he took part with the Subject against Prerogative oppressions, he was much esteemed of the people, and hated at Court: But about 1627. being poisoned with the Presidentship of the North, he was never after beloved of the people, nor much at Court, &c. This is by the way.

The heavens from his birth promise preferment; for ♀ culmin ates, and ☿ Lord of the tenth and she are in reception by house, the strongest that may be, his part of fortune posited in the

regall house, with fixed stars of the nature of Mars and ☿, and its dispositor in signo fixo. We have reception betwixt Saturn and Jupiter, (though they are in opposition) both beholding the ascendent, ♄ with a ⚹ sinister, ♃ with a △ dexter: He hath ♀ Lady of his substance most strongly elevated in the tenth; an argument of great riches from regall hand, or great offices. And if you enquire by what means? Venus being significatrix of honour, as here, Cum favore, donis, honoribus, auget animi magnificentiam. Mercury Lord of his honour, Prudentia acquirit dignitatem. When Venus signifies preferment, or honour, its by favour, gift, &c. When Mercury, its by prudence and wisedom that dignity is obtained. These were verified in this Nativity; for solely by his wisdom, and the favour of his Prince, he obtained his height of preferment. I now come to shew reasons in Astrology concerning his death, and its manner; why it was not naturall, but violent.

Saturnus in medio Coeli semper objicit hominem periculis. Saturn in the mid Heaven always involves a man in dangers. Orig. fol.717.

An infortune joyn'd to the Sun, or Moon infortunate in the same degree, threatens great inconveniences, yea though he were a King . Card.lib.2.Apho.32. Then ☽ in □ to the ☉, and ♃ in opposition to ♄, denotes extream perils, and strong enemies. Card.gen.73.

In whose Nativity the ☽ and ♃ are infortunate, though for many yeers things go prosperously with him, he shall at last be most miserable. These Aphorisms are all exactly verified in this Nativity.

But now for his violent death; In a nativity, "when Mars beholds the ☉ or ☽ ill placed, or infortunate in humane signes, it doth import the Native to come to his end by civil broils, or to be slain by his enemies: But if we proceed, Mars signifies, such shall lose their heads, or be deprived of some of their members."Ptol.lib.4.fol.239. Not to strain or inforce a judgement beyond Art, we will examine our Nativity: Here is ☉ the temporal light in the eighth, and afflicted by the □ of ♂ Lord of the eighth; and Anareta in a humane and violent signe: Here is ☿, Lord of the ascendant sub radiis ☉, in □ to ♂ the sole Interfector; Here's ☉ and ☽ in □, and the ☽ wholly infortunate and oppressed by her partil ☌ with Mars. "Both the lights oppressed but of one infortunate Planet; the other malevolent either being in a violent signe, or infortunate, and having any dominion in the eighth, argue a violent death." I will conclude onely with this Aphorism, "When Mars is in configuration, either with the Sun or Moon; he that is then born, perishes by some famous kinde of death, or else by the command of his Prince in displeasure, or by judgement of Magistracy or Authority." No death is more eminent then to die on the Scaffold; so did he: And that he died by order of Magistracy, its evident; for he was adjudged to his death by the House of Peers, the highest Magistracy of England.

Mars, Lord of the eighth in an humane signe, for the manner of his death, shews mortem ab homine per arma, &c. All men know he was decapitated (May 1641) by the publike Officer, &c.

He was imprisoned when the Medium Coeli came to the opposition of the ☽ without latitude; and beheaded when the Mid-heaven came to opposition of the ☽ with latitude, and to the opposition of the beams of Mars; when he had lived 48 yeers compleat, and one moneth.

Medium Coeli ad ☍☽: Populi odia, dignitatum & officiorum jacturam: vpon this direction the Parliament imprisoned him (Decemb.1640) and deprived him of his Offices, &c.

Medium Coeli ad ☍♂: "The Mid-heaven to an opposition of Mars, threatens many evils, as well to the native by his own defect, as also from others; whereupon its best he fear that a publike death befall him not.

Thus have I communicated to posterity this Noble mans Nativity; and that speech by him intended to have been delivered at his death, then which I never in my life perused a more significant one: But he is dead, and may be numbred amongst the greatest wits this kingdom ever bred, and as a Nobleman amongst the most infortunate.

He had three Wives; the first, the Earl of Cumberlands daughter; his second, the Earl of Clare's; his third surviving, was a Knights daughter: He was President of the North, Lord Deputy of Ireland, &c. and was capable of any dignity his Prince or Countrey could afford him.

(Here follows the speech given to his brother, Sir George Wentworth, "from whose Original Copy under the Earls own hand, this is word for word transcribed.")

HENRY FREDERICK STUART 1594.2.19
Prince of Wales

Firstborn of James VI & I of Great Britain and Anna of Denmark. He was Duke of Rothsay, Earl of Carrick, Baron of Renfrew, and Steward of Scotland as heir apparent to the Scottish Crown. He became Duke of Cornwall on his father's accession to the Crown of Great Britain, and he was created Prince of Wales and Earl of Chester on 4 June 1610. He died in London on 6 November 1612.

Calculated for Stirling castle, 56N7 3W56, Tuesday, 19 February 1593/4 at 3h.30m. a.m. apparent time, from Schoch and Foelsch, with the solar refinement of James Hynes.

Tropical zodiac
VP: 10º50′
Campanus houses
RA MC: 214º23
☊: ♉24.4

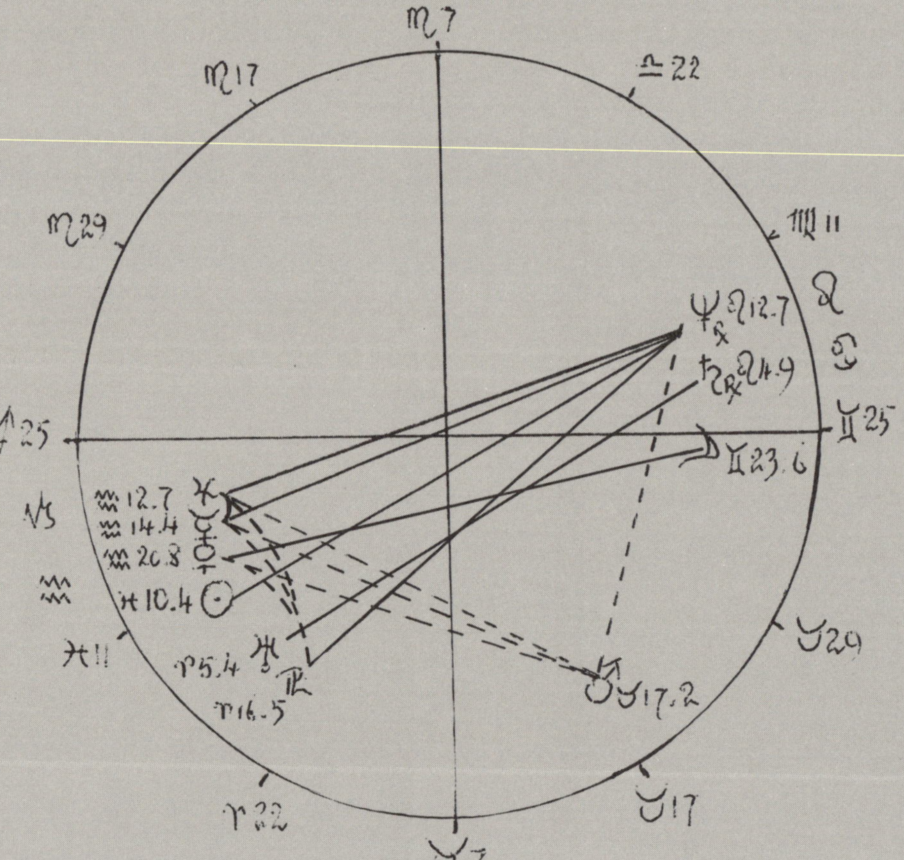

1594 Upon Tuesday the 19. of Februar, the Queen was delivered, in the Castle of Stirline, of a man childe, betwixt three and four in the morning, who after was named Prince Henrie.

<u>The True History of the Church of Scotland</u> / From the beginning of the Reformation, unto the end of the Reigne of King James VI. Written by That learned and laborious Servant of Christ Mr. David Calderwood. At the Appointment of the General Assembly. 1678.

Prince Henry: 19 Feb: 1593. 15. H P.M.

<u>Bodley MS. Ashm. 332</u>, f.13v. On the opposite page is a note concerning his sister "Lady Elizabeth", similar in character, with the time shown from previous Noon alongside the civil date. The entries appear to be by Ashmole and at least some were received from William Lilly.

Note on his affair with Frances Howard, daughter of Thomas Howard, Earl of Suffolk, Lord Treasurer, and his wife Catherine Knyvet, born 31 May 1590 (q.v.), apud The Murder of Sir Thomas Overbury, by William McElwee, p.37:

> "But far the worst influence of all was the Court itself. The atmosphere of cut-throat competition, of open and unscrupulous self-interest and almost continuous self-indulgence, would have undermined the character of most girls of her age... In the glittering world in which she moved and danced—'A beauty', as even her enemy, Wilson, wrote, 'of the greatest magnitude in the horizon of the Court', so that 'every tongue grew an orator at that shrine'. Her first lover was Prince Henry, that perfect pattern of a prince, whose love of athletics, friendship for Raleigh, and passionate interest in ships and ship-building had already endeared him to the British public. He seemed to have every precocious virtue of mind and body and every quality of royalty that his father and brother lacked, and he made a rapid conquest of the sixteen-year-old Countess, though Court gossip was unable to say with certainty how complete it was. It was certainly a serious love affair, since even the puritanical D'Ewes, who worshipped the Prince's memory all his life, was reluctantly forced to the conclusion that she was his hero's mistress."

Lady Frances had been married symbolically to Robert Devereux, Earl of Essex in January 1606, after which he had gone abroad to finish his education, and she went to Court with her mother to complete hers. When Essex returned home at Christmas 1609, the affair with Prince Henry had ended, and Frances had veered to the King's favourite Sir Robert Carr.

Henry took to his bed with typhoid fever on 25 October 1612 and died on 6 November, his last words being "Where is my dear sister?" He left her a chain set with diamonds and a tablet of diamonds.

HENRI II. DUC DE MONTMORENCY 1595.4.20

Mont-morency premier Chrestien que Roy en France: premier Seigneur de Mont-morency que Roy en France: premier Baron de France: sur son tymbre port un Paon qui fait la roue; son cry est 'Dieu ayde au premier Chrestien'; son mot est 'Sans Tache'.

Calculated for Chantilly 48N52 2E17, Sunday 20/30 April 1595 at 8h.30m. p.m. apparent time, from Schoch with the solar refinement of James Hynes and Pluto from Foelsch.

Tropical zodiac
VP: 10°49′
Campanus houses
RA MC: 164°55′
☊: ♉1.8
♇: ♈19°

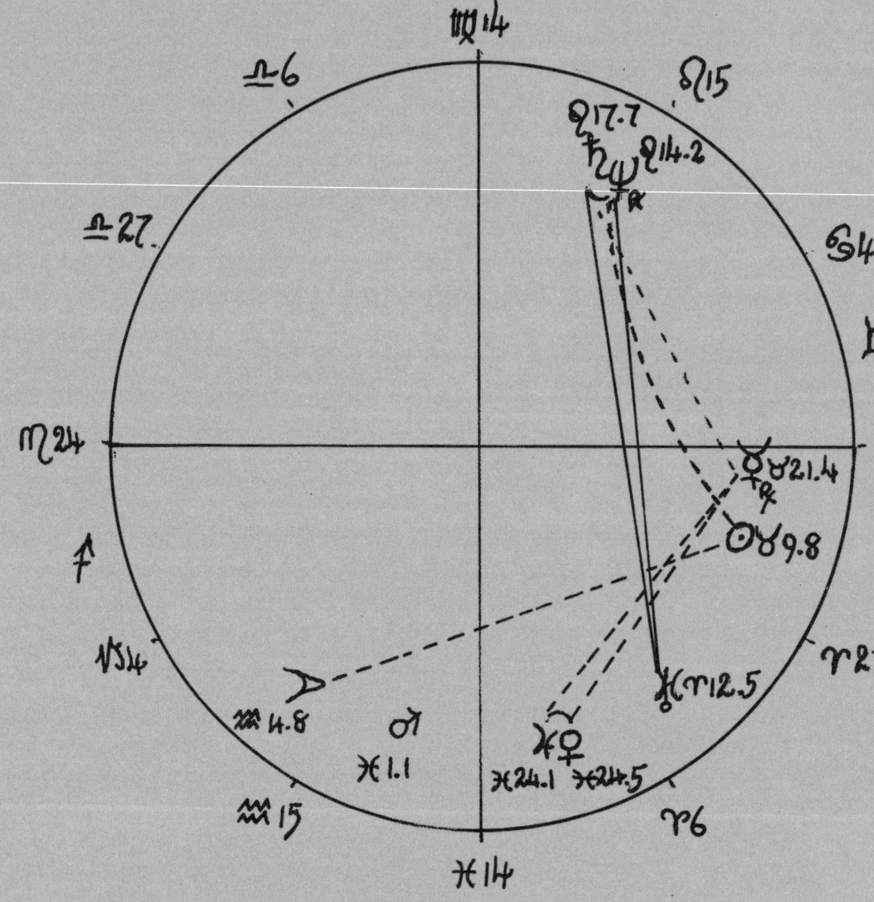

<u>The Magnificent Montmorency: The life and death of Henri duc de Montmorency 1595-1632</u>
by Cyril Hughes Hartmann, M.A., B.Litt.
George Routledge & Sons, Ltd. London, 1928

p.1 'At half-past eight in the evening on the 30th of April, 1595, a son and heir was born at his Château of Chantilly to the Constable Henri de Montmorency, the head of one of the most illustrious families in all France.

John Partridge printed in his "Defectio Geniturarum" a figure of this man by Morinus "Astrologia Gallica", pp. 131-132, with the following label:-

Dux Montmorancii, natus die 30. aprilis, hor. 10. min. 10 P.M. 1595. Sub Lat. Paris. (sic.) 49.

FREDERICK V., COUNT PALATINE OF THE RHINE 1596.8.6
King of Bohemia.

He was an elector of the Holy Roman Empire, son of the Protestant leader, Frederick IV. of the Palatinate, and Louisa Juliana of Nassau, a daughter of William the Silent. His father died when he was 14 and he took up government four years later. He had already married Elizabeth, Princess Royal of Great Britain, daughter of King James I, on 14 February 1612/3. He was crowned king of Bohemia in Prague on 4 November 1619, but was driven out in the following year. He died at Mayence on Tuesday, 19/29 November 1632.

Calculated for Heidelberg, 49N24 8E47, Friday, 6/16 of August 1596 at 10h.30m. a.m. apparent time, from Schoch and Foelsch, with the solar refinement of James Hynes.

Tropical zodiac
VP: 10º48′
Campanus Houses
RA MC: 123º22′
☊: ♈ 6.8

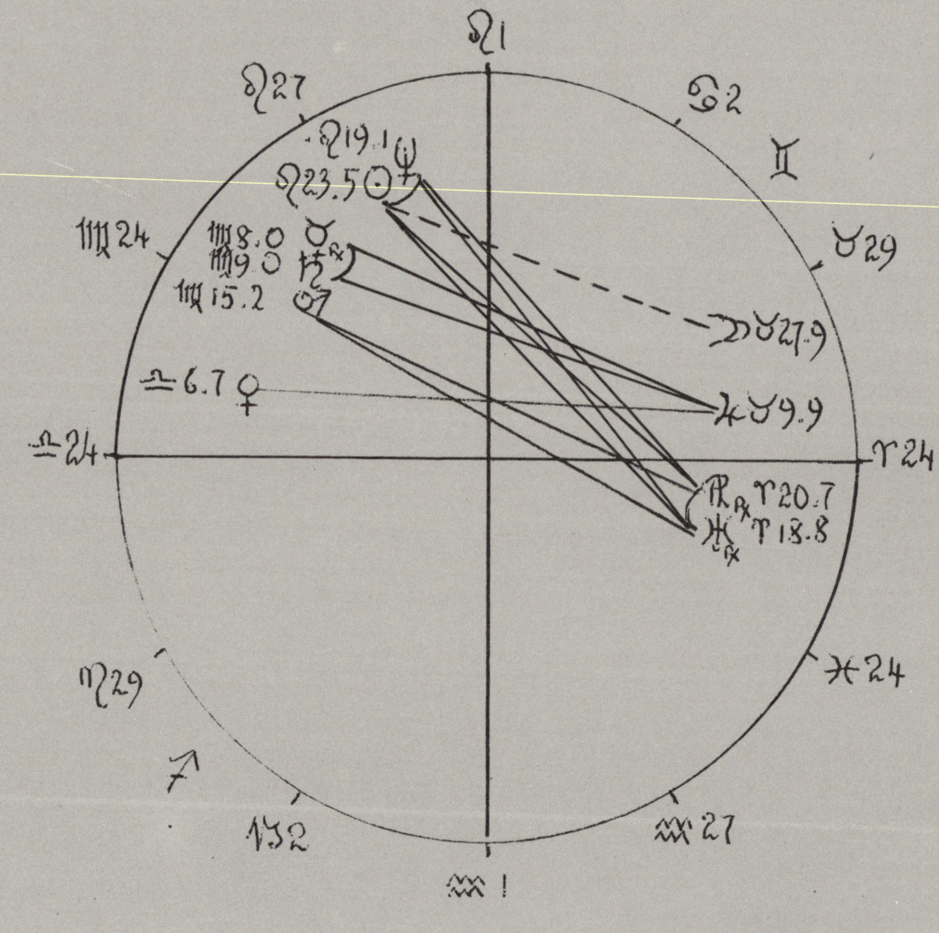

"Left a minor in 1610, Frederic was brought up at Sedan by his mother's sister's husband, Henri de la Tour d'Auvergne, Duc de Bouillon, a celebrated Huguenot of very decided Calvinistic opinions, and a tendency, even more decided, to intrigue. Frederic naturally grew up to be the staunch Calvinist that both is birth and education tended to make him, but he was also a particularly cultured young man, with a taste for the pleasures of life—fêtes, pageants, and all things sumptuous." p.123

"Frederic celebrated his eighteenth birthday, which was also his legal majority, on 16 August (N.S.), and took the government of his dominions into his own hands; he was naturally influenced by his ministers, Christian of Anhalt, the Dhonas, Solm, and Camerarius, all of whom were bigoted Calvinists, and indifferent statesmen." p.132

When Frederick & Elizabeth fled from Prague in November 1620, after disastrous defeat by the Imperial army outside the walls: "they left behind them the crown, the most important State documents, and the archives of the Union, which fell into the hands of the Imperialists. When all was done they passed through the disheartened populace, crossed the bridge, and held a Council in a citizen's house in the old town. The ministers and nobles implored the King to stand firm, reminded him of his coronation oath, and pointed out that if he would stay in his capital there might be a chance of victory still. But Elizabeth would not fly to safety and leave her husband in danger, and Frederic would not let his wife remain in such great peril. Elizabeth was always the very first consideration with Frederic, so, regardless of country, religion, and honour, and only thinking of each other, they marshalled their scattered followers and fled." p.150.

From Elizabeth, Queen of Bohemia in "Five English Consorts of Foreign Princes" (pp.113-174), by Ida Woodward, Methuen, London. (N.D. but c. 1911)

No contemporary recording has been found for Frederick and Elizabeth, but Bodley's MS. Ashm. 243 has, at fol.169v. drawn nativities of them, although that for Elizabeth is cast for 18 instead of 19 August. Earlier in the same MS., at f.164v. there is a list of the "King of Bohemia's Children" which seems to have been obtained by William Lilly from one of his European correspondents. Possibly both sets of data are from the same source. It is noteworthy that the list of children contains only the first 11 of the 13 born to Frederick and Elizabeth, ending with Charlotte, born 1628. The data for Frederick (Ashm. 243. fol.169v.) are:-

Frederick King of Bohemia Nat. 16. Aug: 1596 $10^{H}.30'$ A.M. Heidelberg. ♀ stil. vet. 6 Aug.

ELIZABETH STUART 1596.08.19

Princess Royal of Great Britain

Eldest daughter of James VI & I of Great Britain and Anna of Denmark. On 14 February 1612/3 she married Frederick, Count Palatine, crowned King of Bohemia on 4 November 1619. They were driven out of Prague in the following year by Imperial forces and after various misfortunes Frederic died in 1632. Elizabeth died in London on 13 February 1661/2. Their sons Rupert and Maurice played a distinguished part in the English civil war; but this marriage is chiefly remarkable for conveying the Royal Line of Great Britain to the Hanoverians through the marriage of their daughter Sophia (1630-1714) to the elector of Hanover, Ernest Augustus, duke of Brunswick-Luneburg.

Calculated for Dunfermline, 56N5 3W28, Thursday, 19 Aug. 1596 at 4h.45m. a.m. apparent time, from Schoch & Foelsch with the solar refinement of James Hynes.

Tropical zodiac
VP: 10º48′
Campanus houses
RA.MC: 48º57′
☊: ♈6.1

This time is of astrological origin or another, of similar source gives 2 a.m. which would mean MC ♈8 & AS ♌6. The figure is therefore uncertain.

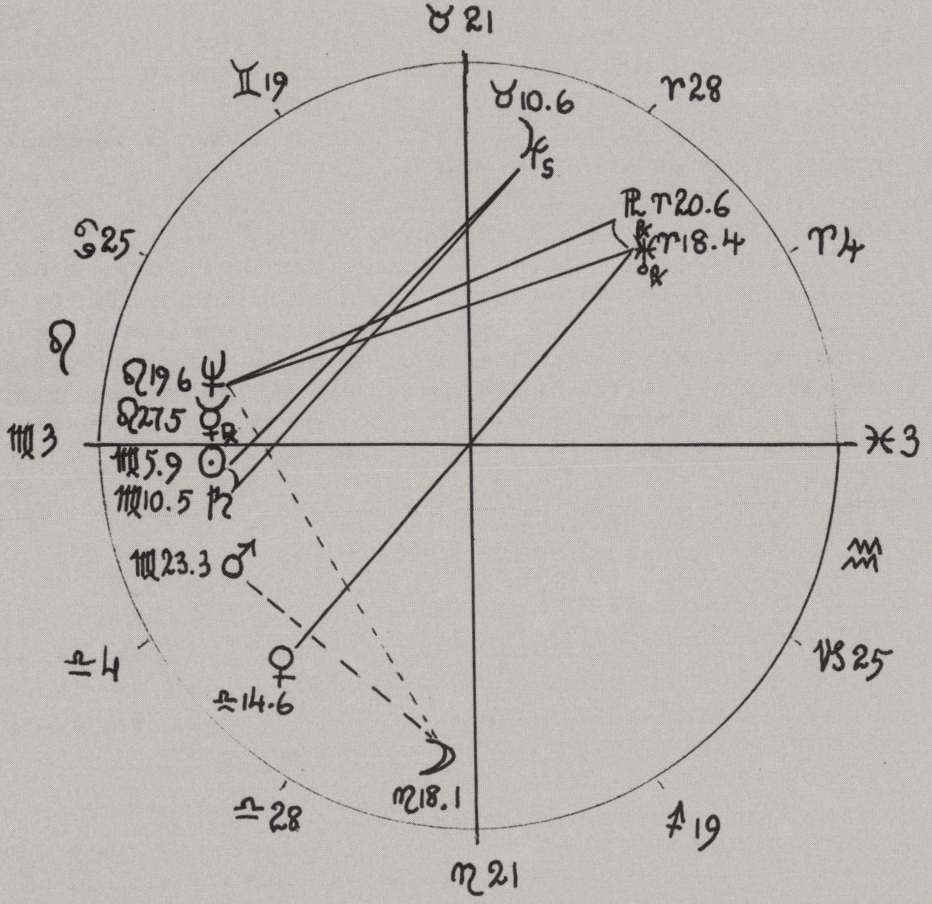

1596 The Queen was delivered of a maid Childe at Dumfermline, upon the 19. day of The Baptism was delayed till the 18. of November, which was celebrat at Halyrudhouse, and the name Elizabeth imposed.

The True History of the Church of Scotland / From the beginning of the Reformation, unto the end of the Reigne of King James VI. Written by That learned and laborious Servent of Christ Mr David Calderwood. At the Appointment of the General Assembly. 1678.

Lady Elyzabeth eldest daughter to k. James & wife to frederick the prince Ellector Pallatine was borne the 19th daye of August. 1596.

BM MS. Harl. 1368. A large 8vo notebook kept by Sir Henry St. George the Elder (1581-1644), for heraldic purposes: he was Garter King of Arms. This note regarding Elizabeth is at fol.1, following another regarding the birth of Charles Prince of Wales, later Charles I.

In her "Elizabeth of Bohemia"(1938), Carola Oman quotes a poem by J. Maxwell entitled "Princess Elizabeth's happie entry into the World" and published at the time of her marriage. This makes a point of the fact that her natal day was "The festivall of that holy Matron and Martyr St. Thecla (19 August) and next unto St. Helen's Day (18 Aug.)."

These authorities leave no doubt of the date, although I do not find St. Thecla on 19 August either in English or in Roman usage, but St. Helen's feast was on 18 August. The date is especially important, because the only times found by me (among Ashmole's MSS.) both show ~~19 August as~~ their dates in questionable ways.

Lady Elizabeth: 19 Aug: 1596. 14^{H}. P.M.

Bodley Ashm. 332. fol.14. Together with a note of the birth of her brother Henry, but this differs by half an hour from the time given for him by David Calderwood. Doubt arises because of the notation from Noon. However, as both notes show this style of notation without affecting the day of the month, this for Elizabeth can be taken to mean 19 August 1596, 2 a.m.

Eliz: Q. of Bohemia Nata 18. Aug: A.M. 4.^{H}45'. Lat 57 stilo vet (NB: the places are worked for 18 August.)

Bodley Ashm. 243. fol.169v. together with the nativity of her husband. In the same MS. at fol.164v there is a list of Elizabeth's children, presumably from William Lilly, compiled between 1629 and 1630. This seems to me the more acceptable, especially as it is for sunrise, but I have reworked it for 19 August.

ELIZABETH STUART 1596.08.19

"In studying the life of the 'Queen of Hearts', one finds several striking inconsistencies in her character. That she was loyal, brave, amiable, and possessed great personal charm is conceded by all her biographers. And an exaggerated idea of her place and power, an almost irresponsible prodigality and an unreasoning bigotry seem out of harmony with her natural temperament, and can only be explained by the influence of her environments during her most impressionable years...

"Elizabeth's purity and rectitude are shown by the fact that she passed through a Court, said by a modern historian to have been the most corrupt in England since the time of William Rufus, without being contaminated...

"Notwithstanding her capacity for friendship, Elizabeth was rarely influenced through her emotions; she inspired love without reciprocating it, and stimulated deeds of self-sacrifice and devotion which she received in the spirit of a queen rather than that of a woman. The only person she loved passionately was her husband, and the one occasion on which she was dominated by feeling rather than thought was when she believed his life to be in danger. But even he did not guide her.

"No woman known to history has been so completely master of her fate as Elizabeth; no Bothwell, Mazarin, nor Potemkin influenced her career. Circumstances were often too strong for her, human personalities never. Her follies were due to errors of judgment, not to emotional impulse.

"The one good and happy influence at Court was that of Prince Henry. Elizabeth loved him with all the hero worship of which she was capable, and he was deply attached to her. 'He loved her', says a contemporary, 'so dearly that he desired to see her always by him, and (at least) they did visit each other once in two days.'" ...

"She was always quite ready, even anxious, to sacrifice the future to the present, and far too generous and honourable to withdraw a figt or a promise. No influence was strong enough to prevent foolish actions, but the folly once committed, she always took the most high-minded course that was open to her."

From <u>Elizabeth, Queen of Bohemia</u> in "Five English Comsorts of Foreign Princes" (pp.113-174), by Ida Woodward, Methuen, London. (N.D. but c. 1911)

Elizabeth loved literature, wrote herself and encouraged others, her own writings being mostly on religious subjects. She spoke English, French, Italian, German, Dutch, Latin.

"The Plague", from William Lilly's book *Monarchy or no Monarchy in England*, printed in 1651.

"A Praga", do livro de William Lilly Monarchy or no Monarchy in England, *impresso em 1651.*

"The Fire of London", from William Lilly's book *Monarchy or no Monarchy in England*, printed in 1651.

"O Incêndio de Londres", do livro de William Lilly Monarchy or no Monarchy in England, *impresso em 1651.*

"The Banks of the Thames During the Fire", from William Lilly's book *Monarchy or no Monarchy in England*, printed in 1651.

"As Margens do Tâmisa Durante o Incêndio", do livro de William Lilly Monarchy or no Monarchy in England, *printed in 1651.*

COMPLETE LIST, IN CHRONOLOGICAL ORDER, OF THE NATIVITIES RESEARCHED BY THE AUTHOR: year, month, day, name (* in the first volume; in this book, nativities from the year 1133 to 1596)

LISTA COMPLETA, EM ORDEM CRONOLÓGICA, DAS NATIVIDADES LEVANTADAS PELO AUTOR: ano, mês, dia, nome (constantes do 1º volume; neste livro estão as natividades do ano 1133 ao ano 1596)*

*1133.03.05 - Henry II of England, surnamed Fitzempress
1155.02.28 - Henry the Young King
*1157.09.08 - Richard Cor Leonis
1158.09.23 - Geoffrey of Brittany
1162.10.13 - Eleanor Queen of Castille
*1165.08.21 - Philip II of France
*1167.12.24 - John "Lackland", King of England
1187.09.03 - Lewis VIII of France, surnamed The Lion
1207.10.01 - Henry of Winchester
1208.02.01 - D. Jaime de Aragon
1209.01.05 - Richard of Cornwall
1239.06.17 - Edward I of England
1242.06.25 - Beatrice, duchess of Brittany
1245.01.16 - Edmund, surnamed Crouchback
1245.04.30 - Philip III of France (Le Hardy)
1273.11.23 - Alfonso of Bayonne
1274.07.11 - Robert the First of Scotland, "The Bruce"
1279.03.11 - Mary of Windsor
*1284.04.25 - Edward II of England
1300.06.01 - Thomas of Brotherton
1301.08.05 - Edmund of Woodstock
1304.07.20 - Fraunceys Petrak (Francesco Petrarca)
1306.05.06 - Eleanor (3rd.child of Edward I and his 2nd.wife)
*1312.11.13 - Edward of Windsor
1315.08.15 - John of Eltham
1320.04.18 - D. Pedro I de Portugal
*1330.06.15 - Edward of Woodstock
*1338.01.21 - Charles V of France
1338.11.29 - Lionel of Antwerp
1345.10.31 - D. Fernando de Portugal
*1355.01.07 - Thomas of Woodstock
1355.08.16 - Philippa of Clarence
1358.04.11 - D. João I de Portugal
1366.04.04 - Henry of Lancaster

1367.01.06 - Richard II of England
1368.12.03 - Charles VI of France
1371.05.28 - Jean Sans Peur
1372.03.13 - Lewis, duke of Orleans
*1386.09.16 - Henry V of England
1389.11.09 - Isabel de France, 2nd.Queen of Richard II
1392.12.09 - D. Pedro de Aviz K.G.
1394.03.04 - D. Henrique de Portugal K.G.
*1401.10.27 - Catherine de Valois
1403.02.22 - Charles VII of France
1421.12.06 - Henry VI of England
1423.07.03 - Lewis XI of France
*1428.11.22 - Richard Neville, Earl of Warwick
1432.01.15 - D. Afonso V de Portugal
1439.08.10 - Ann Plantagenet, duchess of Exeter
1442.04.28 - Edward IV of England
1443.05.17 - Edmund Plantagenet of York
1443.05.31 - Margaret Beaufort
1444.09.22 - Elizabeth Plantagenet of York
1446.05.03 - Margaret Plantagenet of York
1449.10.21 - George Plantagenet, duke of Clarence
*1452.03.10 - D. Fernando V de España
*1452.09.21 - Girolamo Savonarola
1452.10.02 - Richard III of England
1455.05.04 - João II of Portugal
1456.06.11 - Ann Neville
1457.01.28 - Henry Tudor (The Usurper)
1456.12.08 - Leonor Queen of Portugal
1462.06.27 - Lewis XII of France
1466.02.11 - Elizabeth Plantagenet of York
*1469.07.01 - D. Manuel I de Portugal
1470.06.30 - Charles VIII of France
1470.11.02 - Edward V of England
1476.01.26 - Anne de Bretagne
1476.09.11 - Louise de Savoie
*1478.02.07 - Sir Thomas More
1480.04.18 - Lucrezia Borgia
1486.09.20 - Arthur Tudor
*1489.11.28 - Margaret Tudor, Queen of Scotland
*1491.06.28 - Henry Tudor

1492.04.11 - Margaret of Agouleme
1492.04.20 - Pietro Aretino
1492.07.02 - Elizabeth Tudor
1494.09.12 - Francis I of France
1496.03.18 - Mary Tudor
1499.02.21 - Edmund Tudor
1499.10.13 - Claude of France
1500.02.24 - The Emperor Carlos V of Germany
1500.11.02 - Benvenuto Cellini
1502.06.06 - João III of Portugal
1503.02.02 - Katherine Tudor
1506.04.08 - Fatidicae Mulieris (an example from Hieronymus Cardanus)
1511.01.01 - Henry Tudor
*1512.01.31 - Cardinal Dom Henrique of Portugal
1512.04.10 - James Stuart
1515.10.08 - Lady Margaret Douglas
*1516.02.18 - Mary I of England ("Bloody Mary")
1516.03.11 - Henry Brandon, Earl of Lincoln
1517.07.16 - Frances Brandon
*1519.03.31 - Henry II of France
*1519.04.13 - Catherine de Medici
1520.08.10 - Magdelaine de France, Queen of Scotland
1520.09.13 - Sir William Cecil, K.G., Lord Burghley
1521.06.08 - Infanta Da.Maria de Portugal, "a sempre noiva"
1527.05.21 - Philip II of Spain
*1533.02.28 - Michel D'Ayquem, Sieur de Montaigne
1533.04.24 - William of Nassau, surnamed "The Silent"
*1533.09.07 - Elizabeth I of England, "The Virgin Queen"
1534.09.07 - Robert Dudley, Earl of Leicester
1536.01.29 - male Tudor stillborn, son of Ann Bullen by Henry VIII
1537.10.12 - Edward VI of England
1540.09.17 - Walter Devereux, Earl of Essex
*1542.12.07 - Mary Stuart
*1544.01.19 - François II de France
1547.02.26 - Sir George Carey
1549.11.01 - Anna of Austria
1550.06.27 - Charles IX of France
*1551.09.19 - Henri III de France, the last Valois
*1552.12.31 - Dr. Simon Forman, astrologer and conjuror
1553.05.14 - Marguerite de Valois

*1553.12.14 - Henri IV of France
1554.01.20 - D. Sebastião de Portugal
1554.06.05 - Donna Elizabeth of Austria
1555.04.22 - Jane Fromonds (Dr. John Dee's 2nd. wife)
1558.08.08 - George Clifford
1560.07.08 - Margaret Clifford, née Russell
1563.03.05 - Sir John Coke
1563.06.23 - Joan Cooper, wife of Sir Edward Kelley
1564.11.22 - Henry Brooke
1566.06.19 - James Stuart
1566.11.10 - Robert Devereus, 2nd. Earl of Essex
1573.10.07 - William Laud
*1575.04.26 - Maria de Medici
1564.08.21 - Winifred Goose (client of Dr. John Dee)
1577.02.06 - Beatrice Cenci
1578.07.27 - Frances Howard
1583.03.03 - Edward Lord Herbert of Cherbury
*1588.04.05 - Thomas Hobbes Malmesburiensis
1590.05.31 - Lady Frances Howard
1591.01.11 - Robert Devereux, 3rd. Earl of Essex
1592.08.29 - George Villiers
*1593.01.18 - William Backhouse, alchemist
1593.04.13 - Thomas Wentworth
1594.02.19 - Henry Frederick Stuart, Prince of Wales
1595.04.20 - Henri II, Duc de Montmorency
1596.08.06 - Frederick V, Count Palatine of the Rhine
1596.08.19 - Elizabeth Stuart, Princess Royal of Great Britain
*1599.04.25 - Oliver Cromwell
1600.11.19 - Charles Stuart, "The Martyr"
*1601.03.24 - John Booker, astrologer
*1601.09.17 - Lewis XIII of France, "Le Juste"
*1602.05.01 - William Lilly, astrologer
*1602.11.22 - Elizabeth of France
*1603.07.11 - Sir Kenelm Digby
1605.04.08 - Mary Stuart (who died in infancy)
*1606.02.10 - Chrétienne de France, Madame Royale
*1607.04.16 - Monsieur, Duc d'Orléans (never had a christian name)
1607.07.14 - Wenceslaus Holler, artist
*1608.04.25 - Gaston Jean-Baptiste de France, Duc d'Orleans, Monsieur
1608.12.08 - George Monk, duke of Albermarle, K.G.

1608.12.09 - John Milton, poet
1609.02.18 - Edward Hyde, Earl of Clarendon
*1609.11.15 - Henriette Marie de France, La Reine Malheureuse
1610.10.19 - James Butler, 12th Earl and 1st duke of Ormonde
*1611.03.01 - John Pell, D.D., linguist and mathematician
1615.11.12 - The Rev. Richard Baxter
1618.07.14 - Cornet George Joyce of Whaley's Regiment
1619.09.19 - Major-General John Lambert
1619.12.17 - Prince Rupert of the Rhine, K.G.
1621.01.06 - Prince Maurice of the Rhine
1621.07.22 - Sir Anthony Ashley Cooper
1625.07.27 - Admiral Sir Edward Montagu, K.G.
*1626.03.12 - John Aubrey, Esquire, F.R.S.
*1626.12.08 - Queen Christina of Sweden
1627.05.29 - Anne Maria Louise d'Orléans, la Grande Mademoiselle
1627.01.01 - (1628?) John Gadbury, physician and astrologer
1628.01.30 - George Villiers, 2nd. duke of Buckingham
1628.07.11 - Henry Howard of Norfolk, F.R.S.
*1628.09.14 - Dr. Francis Bernard, physician
1628.12.26 - Mrs. John Gadbury (1st. wife)
1629.04.29 - Ruth Nedham (3rd. wife of William Lilly)
1629.05.13 - Charles James Stuart
1629.11.20 - Ernst August of Guelph
1630.05.29 - Charles II of Great Britain and Ireland
1630.10.13 - Sophia, Electress of Hanover
1631.08.09 - John Dryden, dramatist and poet
1631.11.04 - Mary Stuart, Princess Royal, Princess of Orange
1632.12.17 - Anthony Wood, historian
1633.10.14 - James II of Great Britain and Ireland
1635.12.28 - Elizabeth Stuart
1637.03.17 - Anne Stuart
*1638.09.05 - Louis XIV de France et de Navarre, le Roi Soleil
1638.11.25 - Dona Catarina de Bragança
*1640.01.01 - Arthur Coga (English pioneer in blood transfusion)
1640.07.08 - Henry of Oatlands, Earl of Cambridge, Duke of Gloucester
1640.09.21 - Philippe d'Anjou, "Monsieur", Duc d'Orléans
1641.05.12 - Barbara Villiers
1642.03.03 - Hester Davenport, comedian
1642.03.15 - Anna Maria Brudenell, countess of Shrewsbury
1643.08.21 - D. Afonso VI de Portugal

1643.01.24 - Charles Sackville, courtier and poet
1644.06.16 - Henrietta Anne d'Angleterre, duchesse d'Orléans
*1644.08.06 - Louise-Françoise de la Vallière
1645.03.29 - Mary Davis
1645.04.26 - John Gadbury's mistress
1646.08.31 - Louise Renée de Pénancoet de Kéroualle
1646.12.01 - Jane Bickerton
*1647.07.08 - Frances Teresa Stewart, "La Belle Stuart"
*1648.04.04 - Grinling Gibbons, sculptor and carver
1648.04.26 - D. Pedro II de Portugal
1649.08.31 - Charles Pamphlin
*1650.02.02 - Nell Gwyn, comédienne of The King's Playhouse, Drury Lane
1650.11.14 - William III of Orange and Great Britain
1651.02.11 - Ann Scott, duchess of Monmouth and Buccleuch
*1645.08.09 - George Parker, astrologer and maker of ephemerides
*1655.04.11 - Matthew Tindal, English deist and philosopher
1660.05.28 - George Lewis
1660.05.29 - Sarah Jennings, duchess of Malborough
1660.08.11 - Henrietta baroness Wentworth
1662.04.30 - Mary Stuart
1664.03.20 - Madam Taylor
1665.02.06 - Anne Stuart
1674.08.02 - Philippe, Duc d'Orléans, Régent de France
1688.06.10 - James Francis Stuart
1689.10.22 - Dom João V de Portugal
1707.01.20 - Frederick Lewis, Prince of Wales
*1707.05.13 - Carl von Linné or Linnaeus, Swedish botanist
1709.10.22 - Princess Anne
*1710.02.15 - Louis XV de France
1710.03.16 - Louise-Julie de Mailly-Nesle
1711.05.30 - Princess Amelia Sophia Eleanor (Emily)
1713.05.30 - Princess Caroline Elizabeth
1714.05.26 - Dom José I de Portugal
1717.11.02 - George William
1721.04.15 - William Augustus, duke of Cumberland
1722.12.29 - Jeanne-Antoinette Poisson, marquise de Pompadour
1723.02.22 - Mary (4th. daughter of George II of Gt.Britain)
1724.12.07 - Louisa (5th. daughter of George II of Gt.Britain)
*1729.04.21 - Catherine the Great of Russia
1732.02.11 - George Washington

1734.12.06 - Dona Maria I de Portugal
1737.07.31 - Princess Augusta
1738.05.24 - Prince George William Frederick
1739.03.14 - Edward Augustus
1740.12.30 - Elizabeth Caroline
1743.08.19 - Jeanne Béqus, Madame la Comtesse du Barry
1743.11.14 - William Henry, duke of Gloucester and Edinburgh
1745.10.27 - Henry Frederick, duke of Cumberland and Strathern
1749.03.08 - Louisa Anne
1750.05.13 - Frederick William
1751.07.11 - Caroline Matilda
1756.01.27 - Wolfgang Amadeus Mozart
1758.05.06 - Maximilien-Marie-Isidore de Robespierre
1758.11.27 - Mary Robinson, née Darby
1762.08.12 - George Augustus Frederick
1763.08.16 - Frederick, duke of York
1765.08.21 - Willialm Henry, duke of Clarence
1767.05.13 - Dom João VI de Portugal
1767.11.02 - Edward Augustus, duke of Kent
1768.05.17 - Princess Carolina Amelia Elizabeth
1768.11.08 - Princess Augusta Sophia
1770.12.16 - Ludwig Van Beethoven
1771.06.05 - Ernest Augustus, duke of Cumberland
1773.01.27 - Augustus Frederick, duke of Sussex
1774.02.24 - Adolphus Frederick, duke of Cambridge
1776.04.25 - Princess Mary (4th. daughter of George III of Gt. Britain)
1777.11.03 - Princess Sophia (5th. daughter of George III)
1783.08.07 - Princess Amelia (6th. daughter of George III)
*1786.01.25 - Benjamin Robert Haydon, painter
1797.01.31 - Franz Peter Schubert
1798.10.12 - Dom Pedro de Alcantara, Dom Pedro I do Brasil
1799.05.20 - Honoré de Balzac
1802.10.26 - Dom Miguel de Portugal
1804.12.06 - Wilhelmine Schroeder-Devrient, German soprano
*1805.04.02 - Hans Christian Andersen, writer of fairy tales
1818.05.05 - Karl Marx
1819.02.08 - John Ruskin, art critic
1821.03.19 - Sir Richard Burton, linguist, translator, explorer
*1825.12.02 - Dom Pedro II do Brasil
1826.07.04 - Stephen Foster, composer of American folk song

1837.02.23 - Maria Rosalia Rita de Castro, Spanish poet
1837.04.05 - Algernon Charles Swinburne, English poet
1840.11.21 - Victoria Adelaide, Princess Royal
*1846.07.29 - Dona Isabel, Princess Imperial of Brasil
1852.05.24 - Robert Bontine Cunninghame Graham
1864.01.08 - Albert Victor
1864.11.24 - Henri de Toulouse-Lautrec
*1867.05.26 - Mary of Teck
*1874.11.30 - Sir Winston Churchill, K.G.
1887.09.07 - Edith Sitwell, poet and writer
1889.05.05 - Reimar Von Vullow Radum, pianist, mystic, recluse
1890.11.22 - General Charles de Gaulle
1896.05.22 - Cyril Fagan, rediscoverer of the Fixed Zodiac
1911.12.28 - Erna Bastian, astrologer